马克思主义中国化丛书

总主编　王宗礼

实践活动的生态化问题研究

谢平振◎著

中国社会科学出版社

图书在版编目（CIP）数据

实践活动的生态化问题研究／谢平振著．—北京：中国社会科学出版社，2016．12

（马克思主义中国化丛书）

ISBN 978－7－5203－0581－5

Ⅰ．①实…　Ⅱ．①谢…　Ⅲ．①社会实践—生态化—研究　Ⅳ．①C915

中国版本图书馆CIP数据核字（2017）第120545号

出 版 人　赵剑英
责任编辑　喻　苗
责任校对　闫　萃
责任印制　王　超

出　　版　中国社会科学出版社
社　　址　北京鼓楼西大街甲158号
邮　　编　100720
网　　址　http://www.csspw.cn
发 行 部　010－84083685
门 市 部　010－84029450
经　　销　新华书店及其他书店

印　　刷　北京君升印刷有限公司
装　　订　廊坊市广阳区广增装订厂
版　　次　2016年12月第1版
印　　次　2016年12月第1次印刷

开　　本　710×1000　1/16
印　　张　17.75
插　　页　2
字　　数　223千字
定　　价　76.00元

出版前言

马克思主义自诞生以来，在指导工人运动和社会主义革命、建设、改革的过程中，取得了举世瞩目的光辉成就，深刻地改变了世界格局和人类社会的发展走向，为人类社会昭示了新的发展前景。尽管马克思主义的反对者们一再声称马克思主义已经过时，但当人类社会发展出现困境时，人们却不约而同地回到马克思的思想资源中寻求破解困境的灵感，以马克思主义为指导的社会主义制度也在遭遇挫折后焕发出新的生机和活力。从一定意义上来说，当代资本主义社会之所以能摆脱过去周期性经济危机的魔咒，也得益于马克思主义对资本主义制度的深刻批判。无论是19世纪中后期欧洲资本主义克服经济危机的努力，还是2008年世界金融危机后马克思主义著作在西方世界的热销，无论是马克思被西方思想界评为“千年第一思想家”的现象，还是马克思主义不断地被他的敌人所诋毁，无不显示出马克思主义巨大的思想影响力和持久的生命力。

马克思主义的巨大思想影响力和持久的生命力来自其科学性和真理性。正如习近平总书记在《在哲学社会科学工作座谈会上的讲话》中所指出的，“马克思主义尽管诞生在一个半多世纪之前，但历史和现实都证明它是科学的理论，迄今依然有着强大生命力。马克思主义深刻揭示了自然界、人类社会、人类思维发展的普遍规律，为人类社会发展进步指明了方向；马克思主义坚持实现人民解放、维护人民利益的立场，以实现人的自由而全面的发展和全人类解放为己任，反映了人类对理想社会的美好憧憬；马克思主义揭示了事物的本质、内在联系及发展规律，是‘伟大的认识工具’，是人们观察世界、分析问题的有力思想武器；马克思主义具有鲜明的实践品格，不仅致力于科学‘解释世界’，而且致力于积极‘改变世界’。在人类思想史上，还没有一种理论像马克思主义那样对人类文明进步产生了如此广泛而巨大的影响”。

马克思主义并没有穷尽真理，它是随着时代的发展和人类实践活动的发展而不断发展的。作为一种科学的世界观和方法论，作为一种“伟大的认识工具”，马克思主义必须不断地直面时代发展变化的挑战，回答不同历史发展阶段提出的重大课题。在马克思和恩格斯生活的时代，虽然资产阶级统治已经在主要资本主义国家得以确立，资本主义制度正处在上升时期，但资本主义社会的固有矛盾已经开始暴露，无产阶级和资产阶级的矛盾已经日趋显现，在这样的历史背景之下，马克思和恩格斯面临的时代课题，就是站在无产阶级的立场上，揭示资本主义社会的内在矛盾，探讨资本主义社会的运动规律，为社会主义制度取代资本主义制度提供理论论证。马克思正是通过唯物史观和剩余价值学说这两大发现，实现了社会主义由空想到科学的发展，为当时工人运动的发展提供了科学的指南和正确的方向。19 世纪末到 20 世纪 20 年代，资本主义社会发展到了一个新的阶段，即帝国主义阶段，资本主义社会的固有矛盾呈现出了新的特征，由于资本主义经济政治发展不平衡规律的作用，帝国主义之间的矛盾尖锐化，人类社会进入了一个以战争和革命为时代主题的新时代。面对时代主题的变化和工人运动面临的新形势新任务，列宁深刻地分析了帝国主义阶段资本主义社会基本矛盾的变化，探讨了帝国主义时期的主要矛盾和发展规律，深刻揭示了社会主义可以在一个国家率先取得胜利的历史必然性，领导俄国无产阶级和人民群众推翻了沙皇专制统治，建立了人类历史上第一个社会主义国家，实现了社会主义由理论到现实的伟大转变，开辟了人类历史的新纪元，也为后世提供了坚持和发展马克思主义的光辉范例。

“十月革命一声炮响，给我们送来了马克思主义。”马克思主义传入中国之时，正值中华民族处在亡国灭种的民族危亡关头，中国社会正处在半殖民地半封建社会的深渊。自1840年鸦片战争以来，古老的中国遭遇“三千年未有之大变局”，一批批先进的中国人不断探寻着救国救民的道路，封建社会的开明人士推行的洋务运动失败了，资产阶级维新派发动的维新变法运动也没有取得成功，洪秀全等人发动的旧式农民起义失败了，孙中山等人领导的资产阶级民主革命运动也夭折了。马克思主义传入中国以后，使正在苦苦寻求救国救民之道的中华民族的优秀分子找到了新的希望。以李大钊、陈独秀等人为代表的中国人开始研究马克思主义、宣传马克思主义，马克思主义与中国工人运动相结合，产生了中国共产党，从此，中国革命的道路才展现出了光明的前景，中华民族的命运才出现了历史性的转机。

但是，如何在一个半殖民地半封建的落后的东方大国实现民族独立、人民解放进而建立社会主义制度，是马克思、恩格斯乃至列宁从未遇到过更不可能回答的问题。这是历史和时代给中国共产党人提出的新的严峻课题。对此，中国共产党人进行了艰苦的探索。以毛泽东同志为代表的中国共产党人，顺应时代要求，把马克思主义的普遍原理与中国的实际相结合，创造性地推进了马克思主义中国化，实现了马克思主义中国化的第一次历史性飞跃，形成了马克思主义中国化的第一大理论成果——毛泽东思想。正是在毛泽东思想的指导下，中国人民经过艰苦卓绝的努力，推翻了帝国主义的殖民统治，建立了新中国，实现了民族独立和人民解放，建立了社会主义制度，为中国社会的进步和中华民族的发展奠定了坚实的基础。

社会主义制度的建立，深刻地改变了中国社会的基本结构和基本面貌，为中国社会的进步奠定了坚实的基础。但是在一个生产力水平十分低下、农村人口占绝大多数、封建传统根深蒂固的东方大国，建设什么样的社会主义、如何建设社会主义，是历史和时代给中国共产党人提出的又一崭新的课题。对此，中国共产党人进行了不懈的理论探索与实践探索，其间有挫折、有教训，也有成功的喜悦。改革开放以来，以邓小平同志为代表的中国共产党人，坚持实事求是的思想路线，把马克思主义的普遍原理与中国的实际相结合，实现了马克思主义中国化的第二次理论飞跃，形成了包括邓小平理论、"三个代表"重要思想、科学发展观等在内的中国特色社会主义理论体系。正是在中国特色社会主义理论体系的指导下，中国社会主义建设和改革事业才取得了举世瞩目的伟大成就。

历史和实践已经证明，坚持和发展马克思主义，是我国革命、改革和建设事业取得成就的根本保障。但是，我们也要清醒地看到，当今时代，随着经济全球化、政治多极化、社会信息化、文化多元化向纵深发展，人类社会面临的各种矛盾和问题空前复杂，意识形态领域的斗争愈演愈烈，马克思主义也面临许多新的挑战。坚持和发展马克思主义，必须要深入研究马克思主义的基本原理，特别是要深入研究和学习马克思主义的经典著作，拨开各种强加于马克思主义身上的迷雾，还马克思主义以本来面目；坚持和发展马克思主义，还必须坚决反对对待马克思主义的教条主义和实用主义态度。马克思主义不是僵死的教条，也不是随意剪裁的"百宝箱"，如果不顾历史条件的变化，把马克思主义经典作家针对特定历史条件、特定情境讲过的每一句话，都当成普遍真理，照抄照搬，显然不是对待马克思主义的正确态度，而如果凡事都要从马克思主义经典作家的著作中去寻找答案，按照主观需要裁剪马克思主义这个整体，随意从马克思主义的经典著作中寻章摘句，同样也不是对待马克思主义的正确态度；坚持和发展马克思主义，还必须不断地推进马克思主义的中国化、时代化和大众化，必须坚持运用马克思主义的立场、观点和方法，研究和回答我国改革开放和社会主义现代化建设中的重大理论问题与实际问题；坚持和发展马克思主义还必须在真学、真信、真懂、真用上下功夫，要认真研究马克思主义经典著作，掌握马克思主义的立场、观点与方法，把握马克思主义的思想精髓，自觉地用马克思主义的世界观和方法论，分析问题，指导实践。

坚持和发展马克思主义必须不断深化对马克思主义的理论研究。改革开放以来，中央高度重视马克思主义理论研究，深入推进马克思主义理论研究与建设工程、马克思主义理论学科建设、马克思主义学院建设，马克思主义理论研究正在向纵深发展。但正如习近平总书记所说，我们“也有一些同志对马克思主义理解不深、理解不透，在运用马克思主义立场、观点、方法上功力不足、高水平成果不多，在建设以马克思主义为指导的学科体系、学术体系、话语体系上功力不足、高水平成果不多。社会上也存在一些模糊甚至错误的认识。有的认为马克思主义已经过时，中国现在搞的不是马克思主义；有的说马克思主义只是一种意识形态说教，没有学术上的学理性和系统性。实际工作中，在有的领域中马克思主义被边缘化、空泛化、标签化，在一些学科中‘失语’、教材中‘失踪’、论坛上‘失声’”。因此，加强马克思主义理论研究是高校马克思主义理论学科和哲学社会科学工作者义不容辞的光荣使命。

西北师范大学马克思主义学院有着悠久的办学历史和较为深厚的学术积淀，其前身是1953年成立的马列主义教研室，1959年成立了政治教育系，开始招收思想政治教育专业本科生。经过历代学人的辛勤耕耘，现已成为甘肃省重要的马克思主义理论学科人才培养和学术研究基地，学院设有马克思主义基本原理和思想政治教育两个二级学科博士点，马克思主义理论一级学科硕士学位点，拥有马克思主义理论博士后科研流动站，马克思主义理论学科为甘肃省省级重点学科。学院拥有一支政治立场坚定、结构合理、业务水平较高的师资队伍，近几年来编辑出版有《马克思主义理论研究》连续出版物。为了进一步加强马克思主义理论学科建设，提升中青年教师的教学科研能力，学院组织中青年教师进行科研攻关，编写了这套“马克思主义中国化”书系。希望本丛书的出版能够为马克思主义理论学科教学科研人员和其他读者提供学习和研究马克思主义参考材料，也希望得到专家学者的批评指正。

王宗礼

西北师范大学马克思主义学院

2016 年 12 月 10 日

目　　录

导　　论

习近平总书记曾在不同场合多次强调马克思主义哲学是我们的“看家本领”，不学哲学的人必须要有“哲学思维”，学哲学的人必须要有“问题意识”。因而，本书对实践活动生态性转化与发展的马克思主义哲学探析主要就是围绕现时代生态环境问题以及由此引起的人的问题、社会问题的根源性探索和源头性治理展开的，是从哲学的高度，尤其是马克思主义哲学的基本立场观点方法、以实践的思维对生态文明建设全面科学推进具体路径的理论探究，目的就是要为实现我国经济社会生产生活与生态自然环境资源能源间的本真和谐可持续，以及整个人类社会内部的公平正义和谐可持续，并最终实现每个个体人的全面自由可持续性生存与发展提供理论参照。

一　选题的背景和意义

（一）问题的提出

自20世纪五六十年代生态环境问题在西方凸显，西方理论界，尤其是西方哲学界、生物科学界等，就最先开始了对人类自身行为、人类文明（这里主要是工业文明）自身发展的生态反思，对人与自然的关系，以及自然资源能源、生态自然环境在人类经济社会发展中的地位与作用，和人在自然面前的本真地位与作用，做了各种分析与研究，并给出了各种颇有建树的理论成果。这些都对人类单向度地战胜自然、征服自然、掠夺自然的严重社会后果，进行了精确批判和价值规导。现实实践中，也的确对人与自然关系由不和谐逐步走向和谐，尤其是对西方社会的生态自然环境的改善，起到了其理论应有的社会意义和实践效应。但是，这些理论又都有着其自身难以克服的历史局限性，因而，无法根源性解决日益恶化的现时代生态环境问题。

更为重要的是，这些曾在西方区域性产生的生态环境问题，目前正在我国粉面登场并有愈演愈烈的趋势，尽管其在中国产生的原因与西方有异，但是，在最根源性还是有其共同之处的，并且已经严重冲击到了我国社会主义现代化建设的全面科学展开，严重影响了我国人民的生命健康安全、和谐幸福生活，以及我国经济社会发展的公平正义和谐可持续。

我国各族人民在中国共产党的领导下，也在 20 世纪七八十年代以来，对自然资源能源在我国经济社会发展中的社会作用给予了积极肯定，对我国的生态环境问题进行了颇有成效的实践改造，并积极参与国际生态环境问题的协作处理。尤其是，党的十七大报告明确指出，建设生态文明的当代意义和社会价值，明确规导我国社会发展的未来走向，要求把我国建设成为“两型社会”（即资源节约型、环境友好型社会），并初步探索节约资源能源和保护生态自然环境的产业结构、增长方式、消费模式等，要求我国经济社会发展模式，尤其是物质生产生活方式的生态性转化，并开始逐步形成全社会范围内普遍遵循的循环经济、绿色生产、绿色生活、绿色出行等具体生态性实践标准，使得主要污染物、废弃物等的排放得到有效控制，生态环境质量得到明显改善，生态文明理念在全社会开始逐步牢固树立。

党的十八大报告更是着重强调并独立成篇地论述全力推进生态

文明建设指向未来、规导现在的社会意义和价值，把我国社会主义事业总体布局由“四位一体”推进为“五位一体”，指出：生态文明建设是关系人民福祉、关乎民族未来的长远大计；强调在面对我国资源约束日趋紧张、环境污染日益严重、生态系统退化每况愈下的严峻形势，全国人民必须牢牢树立尊重自然、顺应自然、保护自然的生态文明理念，必须把生态文明建设放在我国特色社会主义现代化建设进程中优先考虑的战略地位，并贯穿于物质文明建设、精神文明建设、政治文明建设、社会文明建设的各个环节、各个方面和全过程，努力建设美丽中国、实现美丽中国梦，即实现中华民族的伟大复兴和科学性、永续性发展。

而党的十八大更具历史意义的智慧决定就是：明确把生态文明建设的相关内容和要求写进了新修订的党章，以此作为每一个中国共产党党员，尤其是各级党政领导干部投身于我们现时代正在进行的社会主义现代化建设实践的行为准则、价值标准；把生态文明建设上升为党治国理政、国家发展战略、社会发展模式、文明形态更替的历史高度，从而构建了我国社会主义和谐理论的新发展，我国文明思想体系的新进展，以及马克思主义社会实践自然观在中国的新发展；同时，又明确把生态文明建设作为我国全面建成小康社会的重要社会实践目标之一，这更是极大地振奋和整合了社会各界力量积极推进伟大中国梦构建的社会实践。

尤其是，在随后跟进的社会发展中，以习近平同志为核心的党中央顺应时代要求、响应民众呼声、立足我国实际、坚持问题导向、从国际视野出发，在治国理政上逐步提出并积极践行“四个全面”的战略布局，即全面建成小康社会、全面深化改革、全面依法治国、全面从严治党的新战略目标、战略举措，并在党的十八届五中全会进一步提出新形势下推进我国社会更加科学全面发展的“五大发展理念”，即创新、协调、绿色、开放、共享的新发展理念，并首次提出以人民为中心的总体发展思想。这里无论是“四个全面”的整体战略布局，还是“新发展理念”的科学提出，都充分彰显了党大无畏的担当精神和全心全意为人民服务的高尚品格，都是从人与自然和谐共生共演共同发展基础上人的发展视角、社会发展视角，为生态文明建设的全面落实提供了更加充实有力的政治保障。

由此，全国真实地掀起了生态文明建设实践的新浪潮，并在理论界尤其是哲学界、科学界等也都掀起了生态文明建设理论研究的新高潮。科学发展观、可持续发展观、和谐发展观、生态文明发展观等开始在全社会范围内生根发芽，并开始开花结果，经济社会发展的生态效益开始彰显其最大优越性和极大魅力。

由此，党的生态文明理念、生态文明思想体系、生态文明建设实践等有了切实的推进与发展，对世界生态环境问题的科学处理做出了理论上和实践上的巨大贡献。这是党在新的社会历史大背景下，顺应时代潮流，对人与自然的本真关系，人在自然、社会中的应有角色的重新再认识和科学定位，是对经济社会自身发展规律、人类文明自身发展规律、自然生态系统自身运行规律认识的深刻升华，更是对人民群众自身发展新需求、新期待的科学回应和政治保证。

但是，尽管如此，生态环境问题的区域性爆发、全球化影响，并未得到根本治理和有效控制。空气污染、水污染、土壤污染、环境污染、生态破坏、物种减少、全球气候变暖、极地冰川溶解、海平面上升、资源能源的枯竭等，并未随着人们生态理念、生态意识、生态价值观的逐步形成，以及生态实践的不断推进而根本改观；相反，却有着愈演愈烈的趋势：生态环境问题到处是触目惊心，环境安全、生态安全、食品安全、饮水安全、呼吸安全等非传统安全问题更是令人胆战心惊，资源能源的告竭更是令人不寒而粟，大有一发不可控的危机局面。由此引发的人与人、人与社会、甚至人与自身间的问题越来越复杂、尖锐，致使，现代人的生命健康安全、和谐可持续生存与发展受到了越来越大的冲击，人在过着一种自取灭亡、自掘坟墓的惊恐生活，人们的幸福感、骄傲感、安全感被击打得无影无踪。

那么，为什么会出现：生态环境问题越治理越严重，人与自然关系越协调越尖锐，人与人、人与社会、人与自身间矛盾加剧，以致整个地球生态系统的有机运行出现严重颓败，整个人类社会发展出现严重阻滞，人类社会生活如履薄冰等矛盾现象呢？这其中原因，很难一语道破。对此，不同人有着不同见解，不同社会、不同国家有着不同的处理；但是，这绝不是一个仁者见仁、智者见智的问题。同一问题的真理只有一个，任何事情的科学处理都只是在对其本质根源性认识基础上的多方面综合考量。就是说，我们在看待任何事情、处理任何问题时，都必须对其本质根源有个清晰认知，并在对其根源本质的认识基础上多方面综合考虑，然后才能找到相对比较优化的处理方案，才有可能从根本上解决问题。同样，对生态环境问题的处理、人与自然矛盾的处理，以及以自然为中介的人与人、人与社会、人与自身矛盾的处理，也即生态自然环境安全、人类生存与发展的可持续性问题的处理等，都必须对其问题产生的本质根源进行科学探索、哲学分析。

本书正是基于对生态环境问题产生的本质根源的哲学探索，以实践的思维来寻求生态文明建设科学推进的具体路径。就是说，生态环境问题的日益全球化已经把人类自身的发展、人类文明的演进推到了悬崖边缘，人的生命健康安全、可持续性生存与发展岌岌可危。而现有的环境伦理、生态理念等并不能从根源上有效地解决这些问题。现实问题倒逼理论发展。生态文明正是回应这一时代要求，“横空出世”的。

生态文明主要处理的就是人与自然间的矛盾，以及以自然为中介的人与人、人与社会、人与自身间的矛盾，也即经济社会发展与自然资源能源、生态自然环境之间的矛盾，其实质就是人类社会自身的可持续性生存与发展、人类文明的可持续性演进和更迭，是继工业文明之后，人类又一高级文明形态，是人类社会未来发展的新模式，更是对待自然的实践新模式。生态文明建设就是要从文明的高度、社会形态的历史演进上来构建人与自然更高阶段上的本真和谐可持续，其基本路径就是人类一切实践活动的人文性生态转化与发展，而路径选择的原则是顶层设计、全面参与、上下结合、整体推进。

就是说，只有生态文明才能从根本上解决现时代生态环境问题、解决人与自然，以及以自然为中介的人与人、人与社会、人与自身间的矛盾，才能从根本上实现人与自然的和谐可持续，以及根本保证人类自身、人类文明的和谐永续性存在与发展。这既是一个重大的理论问题，更是一个重大的现实问题。而生态文明建设得以科学推进的具体化，即生态环境问题得以科学解决的现实路径，就是实践活动的生态性转化与发展，这与生态环境问题产生并继续恶化是同一个路径（即实践路径），只是二者方向正好相反。实践生成一切、发展一切、并规导一切，一切事物、现象、问题都是在实践中得以产生、发展、修正并最终趋向消亡的。

生态环境问题，最终根本意义上，就是由实践活动单一的极端物质利益性价值取向造成的，并是以自然的私有化、资本化、工具化为基础和前提。这种单一的极端物质利益性实践活动只考虑人对自然的加工、改造、利用、征服、掠夺、役使，而从不考虑自然自身的整体性、完整性、系统性运行，也从不考虑人对自然的修复、保护、建设与美化，其特性是非生态性甚至反生态性的。尽管现时代旨在改善人与自然关系、解决生态环境问题的生态伦理思想风起云涌，各种生态环保运动也蓬勃发展；但是，人对自然的实践活动整体上仍然是以单一的极端物质利益创造、享用为主导，生态环境问题仍在全球范围内持续性恶化。

正如发展中的问题需由发展来解决一样，实践中的问题仍需实践来解决。所以，面对如此境遇，我们必须对人类实践活动本身进行探析，彻底改变目前以极端物质利益性创造与享用为唯一价值追求的非生态性实践活动，实现实践活动由非生态性甚至反生态性向生态性的根本转化，并在此过程中，逐渐消除自然的私有化、资本化、工具化，实现自然的人文性共享、共建、共同发展；以期由此来根本解决人与自然的对立、异化，而走向本真的和谐统一，即人与自然矛盾的双重和解，真正人类社会历史的开始。这样的实践活动所孕育出的人类文明就是生态文明，换言之，生态文明的具体化就是人类实践活动的生态化，而人类实践活动生态化发展的理论升华就是生态文明论，二者一定意义上可以说就是内容与形式、抽象与具体的关系。

（二）研究的目的和意义

对人类实践活动生态化发展的哲学探析，其实质就是，对生态环境问题产生的本质根源进行哲学探析，对生态文明建设实现路径的哲学探析，其根本目的就是要真正实现人与自然的和解、实现人类自身的和谐可持续性生存与发展，进而实现整个人类文明自身的永续性演进。这一尝试性研究对于根本解决现时代生态环境问题、大力推进我国生态文明建设、实现美丽中国梦、满足我国人民日益渴求的生命健康安全、和谐幸福生活，以及我国经济社会发展的可持续增长具有重大的理论意义和现实意义；同时，还有利于我们在更高层次上深化对实践活动本身，以及实践活动在人类社会历史发展中的特有地位和作用的科学认识，进而在新的实践中进一步丰富、发展、完善马克思主义哲学，尤其是与时俱进地推进马克思主义社会实践自然观在中国的最新发展与应用；从而，在最根本意义上，引领人类实践活动新发展、塑造社会未来发展新模式、开辟人与人、人与自然矛盾解决新路径。

1. 理论意义

问题倒逼理论发展。任何社会性研究都是对实现问题的理论回应，面对问题，都首先需要从理论上对其做出本质根源性认识，只有理论的更加成熟才有实践更高层次的发展；而这一本质根源性理论认识本身就是理论自身与时俱进地发展，既是对以往人类智慧结晶更加符合实际的理论升华，更是对现实问题科学解决经验的理论提升。

第一，对人类实践活动生态化的理论探析，在理论上有助于深化对生态伦理自然观思想的科学理解，进而推进马克思主义生态自然观在中国的现代化继承与发展，实现马克思主义哲学、马克思主义思想理论体系在中国的全面和谐可持续发展。

自我党成立以来，马克思主义思想理论体系，尤其是马克思主义哲学思想即实践辩证的历史唯物主义思想一直都是我党的指导思想。在此思想指导下，我党领导全国各族人民成功进行了新民主主义革命、社会主义革命和社会主义现代化建设等实践活动，尤其是党的十一届三中全会之后，以邓小平同志为核心的第二代党中央领导集体运用马克思历史唯物主义生产力动力论思想和实践改造世界的能动性思想等成功开启并推进了中国的改革开放这一最大历史实践，实现了中国人民在经济社会发展上的民族自立自强。而现在，我们在以习近平同志为核心的党中央领导下所进行的伟大的生态文明建设实践，更是在马克思主义哲学思想尤其是马克思主义社会实践自然观的科学思想指导下积极推进的。没有马克思主义思想理论体系——尤其是马克思主义哲学思想的科学指导，就没有中国共产党的诞生，就没有新中国的东方屹立，更不会有13亿多人的社会主义现代化建设和生态文明建设实践的科学推进。

然而，过去很长一段时间，我们对马克思主义思想理论体系、马克思主义哲学思想、马克思主义中国化发展研究，更多的是侧重于其有关经济、政治、文化、科技、革命等方面，而很少关注其生态伦理思想、环境哲学思想，致使马克思主义哲学在中国发展的严重生态缺失，造成马克思主义哲学思想、马克思主义思想理论体系在中国的片面继承与发展，甚至出现对马克思主义的书斋化研究、教条化运用。所有这些都与马克思主义本质不相容，同时，也给那些反马克思主义者、非马克思主义者对马克思主义的怀疑、批判、否定、攻击提供了可乘之机。尤其是面对现时代生态环境问题全球爆发的困境，这种片面继承与发展的马克思主义更显得捉襟见肘，失去了其应有的时代活力和生命力。

马克思、恩格斯虽然没有独立成篇地集中论述生态环境思想，但是，其行文中所内含的生态哲学思想极其丰富深邃，并以人文关怀为本，强调人与自然整体辩证的实践生成与发展。现时代生态环境问题的全球爆发，迫使我们对马克思主义生态哲学思想进行继承性系统研究、探索与发展。由此，近几十年我国理论界、哲学界对马克思主义生态思想的研究也是硕果累累，尤其是，我国生态文明建设理念的提出与实践的大力推进，更是极大推动和丰富了马克思主义哲学在中国的生态发展，对我国乃至整个世界的生态环境问题的科学处理，做出了应有的理论贡献。但是，生态环境问题并没有得到根本解决，生态文明建设才刚刚起步，人类实践活动还远未步入生态化发展的科学轨道，新的社会实践亟须新的科学理论来支撑，而理论更高层次的新发展更是需要新的社会实践来验证和推进，因此，我们对马克思主义生态哲学思想的研究、探索还任重道远。

另外，马克思主义哲学思想，以及整个马克思主义思想理论体系的发展、完善也不是故步自封的，更不是闭门造车式的自我封闭式发展，其自身辩证实践的特性决定其发展的开放性、历史性、继承性。马克思、恩格斯也曾多次强调其论述的基本原理的实践运用，“随时随地都要以当时的历史条件为转移”①，恩格斯也曾多次谈道：“我们的理论是发展着的理论，而不是必须背得烂熟并机械地加以重复的教条。”② “马克思的整个世界观不是教条，而是方法。它提供的不是现成的教条，而是进一步研究的出发点和供这种研究使用的方法。”③

所以，面对现时代越来越复杂尖锐的生态环境问题、面对国内外为此问题的解决而给出的众说纷纭各有侧重的生态环境伦理思想、面对马克思主义哲学、马克思主义思想理论体系在中国发展的生态缺失等，我们必须回归马克思主义哲学的实践革命性、批判性，重视人类实践活动本真的社会历史地位、作用与功能，强调人对自然的实践活动双重特性即生态性与非生态性，也即生态利益性与物质利益性的辩证整合。只有这样，我们才能真正科学合理地探析生态环境问题产生并恶化的本质根源、辨析已有的各种生态环境伦理思想，并在此基础上大力推进马克思主义哲学、马克思主义思想理论体系在中国的全面科学的继承与发展，真正做到理论与实际相结合而辩证发展，即理论源于实践、高于实践，并指导实践、复归于实践，也即接受实践的检验、丰富和发展。

所以，对人类实践活动本身的哲学探析，也即对人类实践活动生态性转化与发展的马克思主义哲学辨析，就显得如此重要，既是时代赋予我们的历史使命和责任，更是马克思主义哲学本身发展的必然。

---

① 《马克思恩格斯文集》第 2 卷，人民出版社 2009 年版，第 5 页。

② 《马克思恩格斯文集》第 10 卷，人民出版社 2009 年版，第 562 页。

③ 同上书，第 691 页。

第二，对人类实践活动生态化发展的现时代研究，在理论上有助于大力推进中国特色社会主义和谐理论、发展理论，以及中国特色社会主义文明思想体系的新发展，有助于大力推进对整个人类社会历史发展规律、人类文明发展规律的科学认识与把握。

马克思主义哲学对人类文明的重大贡献，就是对人类社会历史发展的唯物主义哲学探析、对人类社会实践生成与发展的生态社会自然观的辩证论述等。在此之前和其后的西方思想家、哲学家、理论家等大多忽视甚至直接反对对人类社会历史发展的唯物主义研究、实践辩证研究，他们大多强调，人类社会历史发展的神学动力论、人的欲望动力论、思想动机论、物质利益论等，甚至推崇个人和英雄的社会历史发展的决定作用。这些思想在特定的人类社会历史发展阶段，是有其特定的可取之处、合理之处，也都对当时的人类社会历史的发展、文明的进展起到了特定的推动作用。但是，这些思想都不是对人类社会历史发展规律、人类文明演进规律的准确科学的认识与把握，都未真正意识到"人—自然—社会"在实践中的相互生成、互为中介、辩证发展的本真关系，因而无法从根本上解决人类社会历史发展的公平正义和谐可持续性等事关民生的大问题，甚至，给人类社会历史发展带来意想不到的人为灾难和毁灭。生态环境问题的区域性爆发、全球性影响，尤其是现代西方推行的全球生态殖民主义政策与实践给人类可持续发展带来的毁灭性打击，就是很好的证明。

中国作为社会主义国家，就是在科学的马克思主义哲学思想理论体系指导下开展中国特有的革命和建设实践的，并由此形成了极具中国特色的社会主义革命与建设的思想理论体系。尤其是有中国特色的社会主义和谐理论、发展理论，以及社会主义文明思想体系的实践生成与发展，更是对人类社会历史发展规律、人类文明发展规律的科学认识和把握做出了特有的历史贡献，并切实有力地推进了人类文明、人类社会历史的科学和谐的发展。这既是中国共产党人对人类社会历史发展客观诉求的科学回应，更是对人类自身对幸福、健康、安全等主观诉求的历史回应。

但是，马克思主义哲学与中国具体实践相结合而诞生的理论之果实——中国特色社会主义革命与建设思想理论体系也不是一成不变、一劳永逸的。其本身就是在中国特色社会主义革命与建设实践中生成与发展的，是对中国特色社会主义革命与建设实践问题处理的理论升华，同时又反过来进一步指导现实实践问题的科学解决，并接受现实实践的检验、丰富与发展。因此，其自身必然要随着具体实践问题的变化而不断地调节、整合、完善，从而不断实现自身的螺旋式辩证发展，不断彰显其理论的生命力与活力。其实，任何一种思想理论体系都不只是理论问题而更是实践问题，“并在实践中使之革命化”[①]。“凡是把理论引向神秘主义的神秘东西，都能在人的实践中以及对这个实践的理解中得到合理的解决。”[②]

所以，面对我国日益严重的经济社会发展与生态自然环境资源能源间矛盾这一最大实际，我们必须在马克思主义哲学思想理论指导下实现中国特色社会主义思想理论体系的生态性发展，适时地处理我国人民日益增长的生态利益需求和物质利益需求间的矛盾，以期为我国经济社会发展的更和谐有序可持续、人们社会生活的更健康安全幸福，以及个人发展得更全面自由提供强有力的生态保障和物质保障。

而要真实地做到这一点，就必须首先实现人对自然的一切实践活动生态性转化与发展，这里的实践活动既包括对自然的加工改造利用又包括对自然的修复保护建设，内容涉及经济政治文化科技教育甚至军事国防等社会生产生活的方方面面。只有实践活动的生态

---

① 《马克思恩格斯选集》第1卷，人民出版社1995年版，第55页。

② 同上书，第56页。

化发展才能克服传统实践活动的非生态性给生态自然环境带来的毁灭性损坏，才能实现生态自然环境有机运行基础上的人的发展、社会发展，进而才能实现人与人、人与社会、人与自身间的真正公平正义和谐可持续。

所以，在生态文明理念日益普及化、全民化的历史大背景下，我们对实践活动的生态化发展进行马克思主义哲学探析，目的就是要根源性克服传统实践活动生态缺失的历史影响，实现实践活动生态化发展的常态化。这一理论研究不但是在理论上极大地推进了马克思主义哲学思想理论在中国的科学性生态化全面继承与发展，更是结合中国特有的历史实际丰富发展了中国特色社会主义和谐理论、发展理论，以及中国特色社会主义文明思想体系，从而使其更加符合中国实际、更具中国特色、更能彰显其面对实践问题的无限生命力与活力。

2. 现实意义

从尘世的物质生产、生活与交往中解读人类社会历史的实践生成、演化与发展，强调从矛盾着的物质性社会实践活动中废除私有制、私有财产，实现人与人在生态自然环境、自然资源能源上的全民共享共建共同发展，进而实现人类实践活动生态化科学发展基础上的人与自然整体辩证和谐可持续性共生共演共同发展；既满足了当代人现实发展的需要，更是为后代人更加科学和谐美好幸福的生存与发展提供了强大的生态安全保障和丰富的自然资源能源以及使人怡情益智的生态自然环境。这一研究在形式上是主观的，而内容上却是客观的，其研究的可行性就在于现实问题的科学解决。

第一，对实践活动生态化发展的理论探讨、哲学分析，在实践上有助于大力推动我国现时代生态环境问题的现实解决，真实地实现我国社会历史发展的合规律性、合目的性、合生态性延续，彰显社会主义制度、社会主义本质的最大优越性。

生态环境问题无国界。最早在西方发达资本主义国家爆发的生态环境问题，凸显了人与自然的对立与异化，并严重威胁到了人类自身的生命健康安全和谐幸福可持续，其危害已经远远超出人类自身所能承受的底线。这一危害同时也严重威胁了我国特色社会主义现代化建设实践的可持续推进，并给我国人民生产生活的公平正义和谐幸福带来了极大破坏性冲击，造成我国经济社会发展上的生态缺失、生态不可持续，以及我国人民社会生活上的非公平正义和个人发展上的人性缺失等；同时，也从反面说明了，整个人类社会是一个有机联系、辩证发展的统一整体，并与整个生态自然环境完整系统运行“同命运”“同呼吸”“共生死”。

生态环境问题不容忽视。生态环境问题的实质就是人自身的问题，生态危机就是人类危机，是人在对自然的认识、加工、改造、开发、利用过程中所凸显的人的问题，即以自然为中介的人与人、人与社会、人与自身的问题，其实质就是人与人在自然资源能源利益上的不公平非正义占有与享用。这是人与自然同源同根同性的内在本质决定的，人与自然是相互影响、相互作用、互为中介、共生共演、辩证一体的。这一问题不得到根本有效的解决，人类社会就会充满邪恶、恐惧甚至人类自身的毁灭，如此，人类获得的不是“幸福”，而是“不幸”，“不是自由地发挥自己的体力和智力，而是使自己的肉体受折磨、精神遭摧残”①。现实生活中，人类发展的片面性、需求的异化性、价值选择的扭曲性，以及人世间的一切不平等、不公正、不和谐，包括整个阶级社会中或有阶级存在的社会中所经常上演的各种战争等，归根结底，是因人们对自然资源能源的不公平占有、掠夺、享用造成的；反过来，又进一步加深了人对自然资源能源的更加疯狂的不公平掠夺、占有和破坏，生态环境问

① 《马克思恩格斯选集》第1卷，人民出版社1995年版，第43页。

题由此一发而不可控。

我国虽是社会主义国家，人民群众当家做主，生产资料所有制以公有制为主体，在中国共产党的英明领导下，全国人民、海内外侨胞万众一心、攻坚克难，经济社会发展取得了令世人惊叹的巨大成就，人民生活水平极大提高；但是，由于各种主客观原因，我国也出现了日益严重的生态环境问题，并由此引发了一系列社会问题，人民的生态利益、生态安全需求与日俱增。“我们不要过分陶醉于我们人类对自然界的胜利。对于每一次这样的胜利，自然界都对我们进行了报复。”①

生态环境问题不可怕。人是感性的自然存在物，更是理性的社会存在物，人的伟大就在于能够理性地驾驭感性，进而反思过去、修正现在、规划未来，人有能力也有责任过好未来的每一天，处理好人世间的每一个问题。因此，面对现时代生态环境问题给我国经济社会发展和人民生产生活带来的严重阻滞，我们必须反思我们过去对自然的一切行为与理念，实现实践活动方式由非生态性甚至反生态性向生态性的革命性转化，实践上，做到对自然的保护与开发并举，并以保护优先。

这是因为人类社会历史的本真发展就是合规律、合目的、合生态的辩证实践过程，是人的尺度和物的尺度的辩证实践统一，这也是人与动物最本质的历史性区别。“动物只是在直接的肉体需要的支配下生产”，且只是“生产自身”，因而，“动物和自己的生命活动是直接统一的”，并且“只是按照它所属的那个种的尺度和需要来建造”，所以，动物只是被动地适应自然、顺应自然而生存；而人却不只是如此，而更多是在“不受肉体需要的影响”下进行生产，不只是生产自身，而更是“生产整个自然界”，人能够把“自

① 《马克思恩格斯选集》第4卷，人民出版社1995年版，第383页。

己的生命活动本身变成自己意志的和自己意识的对象”，并能够“按照任何一个种的尺度来进行生产”，且“懂得处处都把内在的尺度运用于对象”，因此，人不只是能够完全按照自然的本性、本质，即“按照美的规律来构造”，[①] 更是能够完全按照自己的本性、本质来积极主动地协调整合人与自然间关系，实现人的生命活动自由自觉自主自律地全面生成与发展。而人类社会也正是在这一矛盾统一体中螺旋式辩证演进与发展的。

我国生态文明建设的现时代提出，就是要从实践活动的生态性发展的路径来根本解决我国的生态环境问题，解决我国现代化建设实践过程中出现的人与自然的矛盾，以及以自然为中介的人的矛盾；使得我们对自然的一切实践活动完全控制在我们所能掌控的局面当中，完全控制在自然自身的净化能力、再生能力，以及对人类发展的承载能力等范围之内，既能推进我国经济社会发展、人民幸福生活、民族伟大复兴等，又不对我国生态自然环境造成不可修复性危害，实现发展中的保护、保护中的建设、建设中的可持续，推动我国经济社会发展的更公平正义和谐可持续，彰显社会主义制度、社会主义本质的最大优越性。

所以，对实践活动生态化发展即生态文明建设具体化的现实路径所进行的马克思主义哲学探析，就是要在实践上推进我国经济社会合规律、合目的、合生态的辩证发展、本真发展，从根源性上消除生态环境问题的社会影响，化危机为机遇，变问题为动力。

第二，对实践活动生态化发展的理论探讨，在实践上有助于全球性生态环境问题的根源性解决，有助于整个人类社会向更高级文明形态——生态文明的演进，有助于人类社会走出一条人与自然、人与人、人与社会、人与自身辩证和谐可持续的新发展模式，进而

---

① 《马克思恩格斯选集》第1卷，人民出版社1995年版，第46—47页。

为人性的本真回归、真正人类社会历史的开始，即共产主义的理想实现创造必然的历史性基础和前提。

尽管，生态环境问题最早只是在西方发达资本主义国家爆发，西方理论界、科学界、哲学界等也都对生态环境问题的危害、根源、本质、解决路径等做了大量的研究和探讨，也的确形成了一系列各有侧重的生态环境伦理思想，并为此问题的解决提出了相关务实的解决途径；但是，生态环境问题仍在频繁地区域性爆发并已经严重影响到整个人类社会的可持续性生存与发展，人与自然的矛盾、以自然为中介的人的问题并未得到根本有效解决，尤其是其生态殖民主义政策的全球扩张，更是进一步加深了生态环境问题的全球爆发，并造成了全球的进一步不公平、不公正、不和谐、不可持续。

人类社会究竟要何去何从，人究竟如何才能真正实现自身生存与发展的全面自由和谐可持续，成了现时代整个人类必须认真思考的最大实际问题。而西方生态环境理论未能给出科学合理的根源性解决方案的根本原因在于，西方生态伦理没有提出合规律、合目的、合生态的生态文明思想，没有形成具有科学真理性价值的生态文明思想理论体系，没有找到人与自然真正解放的生态文明建设实践路径。

中国共产党人以极强的历史使命感、生态责任感，在马克思主义哲学思想，尤其是马克思主义社会实践自然观指导下，并结合我国传统生态智慧以及国外生态伦理思想，顺应时代潮流，根据我国的具体国情所提出的生态文明新理念、生态文明建设实践新路径等，正是对人类社会历史未来发展方向、模式也即人类文明未来发展方向、模式的科学认识与把握。生态文明作为一种更高级别的人类文明形态，是对工业文明的批判式继承与超越，是工业文明的生态化发展，是对人类一切实践活动的生态性、科学性、人文性改造，既是中国的，更是世界的；其超阶级的特性，更是决定了整个人类社会历史殊途同归的未来发展、人类文明的未来走向，即人与自然、人与人矛盾真正和解基础上的人的自由全面发展的共产主义未来走向、未来发展。

所以，只有生态文明才能真正根源性解决全球性生态环境问题，才能真正引领人类文明新发展，塑造人类社会未来发展新模式，才能真正实现人对自然的共享共建共同发展，才能真正消除自然私有化、资本化、工具化基础上的人类社会的一切不公平非正义。而生态文明的科学推进、全面展开，在现实生活中就实际地表现为人类实践活动的生态化发展，其具体要求就是对自然的保护与开发并举并以保护优先，其核心理念就是生态利益的全球化、生态安全的全民化、生态公平的可持续化，其目的就是人与自然的整体辩证和谐可持续，并外在表现为人对自然的保护建设修复与美化。

因此，实践活动的生态化发展就是要在确保生态自然环境安全可持续基础上实现人的发展、社会发展，既关注人的发展，更关注自然的发展，强调人与自然在实践活动中的辩证融为一体而发展，是人类走出现时代生存与发展困境的科学路径。这也就是实践活动生态化发展哲学探析在实践上的社会意义与价值，尽管对其理论的哲学探析还远未成熟、完善，现实生活中，实践活动的生态化发展也远未形成常态，但是这并不能改变其发展的科学性、历史必然性。

二　国内外研究现状

（一）国外研究现状

自有人类以来，人与自然间就展开了既对立又统一的矛盾辩证发展，人对自然的认识加工改造开发与利用就从未停止过。人生于自然、源于自然并发展与自然之中，最后复归于自然，这就是人类社会历史发展不可违背的自然法则、必然规律。自然是人的无机身体、精神的无机界，人是自然的创造者更是守护者。

无论中国的古代还是西方的古代，都有着极其丰富的生态环境伦理思想与智慧，其共性就在于对自然的整体敬畏。这是由当时的生产力发展水平低下，即人们对自然的认识加工改造能力的相对有限性造成的，是其当时的社会科学技术尚不发达造成的。因此，在漫长的中西方古代，人类社会历史的发展与自然间的矛盾对立并未极端化、全球化、危机化，生态环境问题并未像现时代这样危及整个人类的可持续性生存与发展，所以，古代西方的生态伦理思想并未形成独立学科，且整体上是以人与自然的“原始性和谐一体”为主。

人类进入工业文明时代以来，人对自然的控制力、统治力陡然加强，人与自然处于完全对立矛盾甚至异化当中，主客二元分立的思维占据主导，人对自然的加工改造利用成为人类实践活动的主题，人类追求的是自然向着有利于人的方向转化即社会物质财富的创造与享用，自然完全处于人的控制之下、成为人征服、掠夺的对象。人类为了自身所谓的幸福生活对生态自然环境、自然资源能源进行过度开发与利用，并表现为生态自然环境的严重破坏、自然资源能源的严重枯竭，以及生产生活垃圾废弃物污染物等的大量排放等，极大地导致了生态自然环境自身运行的困境甚至出现断层。自然再也无法承受、容忍人的肆意妄为、妄自尊大，自然开始了对人类非生态性甚至反生态性行为的报复，生态环境问题开始区域性爆发全球性影响并有继续恶化的趋势。

人类再也不能像过去那样悠然自得地生存于自然之中了，如梦初醒般地意识到：自然不只是人类物质财富之源，更是人类生存之基、发展之本；人与自然不只是二元分立的关系，更是主客辩证一体的关系；人对自然不只是加工改造利用与转化，更是要对自然进行保护修复建设和美化。“人对自然界的关系直接就是人对人的关系”，人类“保护自然就是保护人类，建设自然就是造福人类”。[①]而所有这些又都取决于人类实践活动是生态性或是非生态性的发展，这里涉及的是人类实践活动方式的科学与否、生态与否，并不是人类实践活动本身。而人类实践活动方式的任何转化又都必须而且“只有通过实践的途径，只有借助于人的实践的力量，才是可能的”[②]。所以，生态环境问题的科学解决不只是“认识的任务，而是一个现实的、生活上的任务”[③]，即不只是理论的任务，而更是实践的任务。

由于生态环境问题最早是在西方社会发生。因此，人类开始对自身行为进行反思，开始积极主动地寻求人与自然的矛盾化解，寻求人类自身的可持续性生存与发展等生态理念、环境伦理思想与理论，最早也是在西方社会应运而生的。这些生态环境思想与理论都是人类智慧的结晶，都是人类文明的一部分，都对生态环境问题的切实解决起到了一定的积极作用。其中，有着人类中心主义的解读、非人类中心主义的解读和生态马克思主义的西方解读，以及现时代的生态现代化解读等，并且，他们分别给出了自己的理论解决方案。实践中，涌现了大量生态环境保护运动、绿色经济政治文化运动、生态社会主义运动等旨在保护环境、改善生态、探求人类可持续生存与发展的新社会运动，以及各种环保组织，并要求从社会法律法规体制机制甚至制度上给予保障。随之，也出现了各种相关的独立学科、交叉学科，尤其是生态环境学、生物科学、生态哲学、环境哲学、环境伦理学等新兴学科更是如雨后春笋般蓬勃发展，各种生态学术探讨也竞相争艳。

---

① 胡锦涛：《在中央人口资源环境工作座谈会上的讲话》，《人民日报》2004 年 4 月 5 日，第 1 版。

② 马克思：《1844 年经济学哲学手稿》，人民出版社 1979 年版，第 80 页。

③ 同上。

西方现当代对生态环境问题、人与自然关系的理论思考、哲学探析、科学研究等都取得了巨大成果，尤其是生态思想的哲学探讨更是使人类对自然、人与自然关系有了更加深入的理解。尽管，这些理论在很多观点上是分歧的甚至是相对立的；但是，他们的共性就是如何实现生态环境问题的根本解决，都是对危及人类生命健康安全和谐幸福生活甚至可持续性生存与发展的生态环境问题所进行的思考，都是对人与自然关系由不和谐逐步向和谐转化的研究，都是要极力保护和改善人类生活其中的生态、自然、环境。至此，人与自然的关系，自然的社会作用、人文价值，以及以自然为中介的人与人、人与社会的关系开始正式进入人类自身发展研究视野中，人类社会文明的演进开始被注入新的生态环境血液。

人类中心主义的解读又被称为人类中心论，非人类中心主义的解读又被称为生态中心论；但它们都不是统一的学术流派，而是针对人与自然关系理论是以人为中心还是以生态为中心所做的整体划分，其理论差异或者说其理论争执的焦点主要表现在：自然除了相对于人的工具性价值之外是否还具有其自身内在具有的不依赖于人的价值即内在价值，以及自然是否应该获得人赋予它的伦理道德关怀等问题。

人类中心主义整体上认为：在人与自然关系中，人是唯一价值主体，只有人才具有创造价值的内在价值，自然只是具有相对于人的工具性价值，其本身并不具有不依赖于人的内在价值；因而，人的价值创造、价值实现等高于一切，且人与自然间不具有直接的伦理关系。但是，人类中心主义并不否定人对自然应负有保护建设修复的责任：人的生存与发展是离不开整体稳定和谐有序运行的生态自然环境，人与自然间是相互作用、相互影响、共存共荣的；但是，在人与自然关系中，人是实践活动的主体、是主动的，自然则是完全消极被动的，人与自然间的一切运动变化都取决于人而不是取决于自然；所以，人与自然间由不和谐到和谐的转化即生态环境问题的解决必须由人来执行。“人之所以为人，正是在于他有一种‘关爱自然，讴歌生命’的伟大情怀，有一种追求‘天人合一’的崇高理想。”[①] 就是说，人类中心主义认为人类所从事的一切对待自然的实践活动是否合理、是否科学，以及如何进行实践等，最终都是以人类自身利益的创造与享用为其真正出发点和归宿，目的是要在使自然向人的转化过程中实现人的发展和社会发展。人类中心主义在西方人与自然关系理论思想的演化与发展中基本上处于主流，在实践中也基本上处于主导地位，并随着人类认识水平和实践能力的不断提升，以及人类文明的不断演进而不断丰富和发展，其最新、最完善的代表就是“可持续发展伦理思想”[②]。

非人类中心主义整体上认为：生态自然万物本身具有和人一样的内在价值和自身生存与发展的权利，这种内在价值就是生态系统的自我进化、自我生成的创造性，并表现为自然界内部物质能量信息循环转换基础上各种物种的生成与发展；强调自然生成的人并不比其他生命优越，人只是生态自然万物中的普通一员，并与其他一切生命体紧密相连、相互依存；因而，人必须赋予生态自然万物以人的伦理道德关怀，尊重生态自然万物自身运行的内在价值和权利，像敬畏自己的生命意志一样敬畏生态自然万物的生命意志，并把这些作为自己内在的德行追求、精神信仰和外在的行为规则，对已经造成的损害，人类有责任对其进行补偿和修复。就是说，生态中心论认为地球上的一切生物物种和所有的生命个体都是具有内在价值的生态自然系统自身运行的产物，都具有自我存在与发展的自然必然性和权利，彼此间都是平等的；

---

① 赵勇等：《西方人与自然伦理关系思想述评》，《西北农林科技大学学报》（社会科学版）2005 年第 6 期。

② 张坤民：《可持续发展论》，中国环境科学出版社 1997 年版，第 38 页。

所以，人们对其采取的唯一正确的态度就是尊重、关怀、照顾，并给所有生命体以生存和发展的自由和空间，而不是功利性的单一强调人对自然万物的征服与掠夺。

由此可见，非人类中心主义是对人类中心主义的批判，更多是从伦理学的视角对自然的价值进行了学理的论证，强调自然万物的平等权利和人对自然万物的伦理道德关怀。但是，二者也并不是绝对地完全对立、水火不容的，一定意义上，可以说，也是学理研究上的互补，使人对自然、人与自然关系，以及人在自然中的地位、作用、功能、责任等有了更为全面的科学认识，从而，更好地指导人类实践活动生态化的转向。然而，事实上二者并未实现理论研究上的有机融合，因而，实践上也各有其片面性、局限性；于是，西方另一些学者专家、仁人志士把理论研究的目光转向了马克思有关人与自然关系的哲学思考，试图把生态伦理思想与马克思主义思想理论体系相结合而寻求生态环境问题的社会解决。由此，形成了西方又一新的生态伦理学思潮——生态马克思主义或叫生态社会主义。

生态的西方马克思主义理解主要是从生态环境问题产生的社会根源、制度根源来探求人与自然的和解，是马克思主义思想在西方发展的一个分支，延续了传统马克思主义的革命批判精神，并把批判的重点放在了对资本主义社会制度的生态批判，由此引出了生态环境问题的生态社会主义解决，即把生态环境问题的解决和社会制度的变革相结合的道路。至此，生态环境问题被纳入社会政治领域，与阶级斗争、制度变革相联系；因此，此问题的解决必然是对资本主义的生态社会主义改造，并强调生态正义基础上的生态生产力的发展。“这种观念避免任何的反人类主义，也拒绝对自然的崇拜和自然的神秘化；并强调人类的精神性；否认人是一种天生的污染者，人的污染恶习是社会制度的原因；人不同于其他动物，但仍属于自然界。"[①] 就是说，生态马克思主义是对人类中心主义和非人类中心主义的批判和超越，是对马克思主义辩证自然观和社会历史批判精神的生态性继承与发展，强调人在追求自身利益、满足自身需要时，不能对自然进行非理性的野蛮占有和破坏，并把生态环境问题的根源看作是资本主义制度自身无法克服的缺陷；由此对资本主义制度进行了生态的社会主义批判，从而为生态环境问题的现实解决提供了新的社会主义解决路径。

由此可见，生态马克思主义最大亮点就是充分挖掘了马克思主义思想理论体系中的生态思想及其渊源，并与马克思主义哲学思想、政治经济学原理、科学社会主义理论相融合，根据现时代的特殊需要，突出强调马克思主义阶级斗争理论在生态环境问题解决中的特殊作用，即生态环境问题的解决需要人的解放和社会的解放并以此为终极目的，为此需要消除阻碍这一解放运动的资本主义阶级压迫制度。换言之，生态马克思主义极大地推动了传统马克思主义现时代的生态发展，从而为生态环境问题的现实解决提供了新的马克思主义解决路径。当然，生态马克思主义对传统马克思主义的解读也有偏差和"不切实际的理论延伸"甚至误解，在某些方面突出了生态环境问题的"表象"研究却冲淡了对其"本质"[②] 的更深层的分析等。因而，实践上也就具有很大的不可操作性。

生态现代化的解读是20世纪最后20年里随着西方发达国家"以环境为导向的工业社会转型"这一历史背景下应运而生的，"反映了西方发达国家在社会经济体制、科学技术政策和思想意识形态方面发生的生态化转向，揭示了人类社会从传统现代化走向生

---

① ［英］戴维·佩珀：《生态社会主义：从深生态学到社会正义》，刘颖译，山东大学出版社2005年版，第354页。

② 赵闯等：《西方生态马克思主义思想探析》，《辽宁大学学报》（哲学社会科学版）2010年第3期。

态现代化的社会结构性变革的实质。”[①] 至此，生态环境问题被正式纳入社会“独立的关注领域”，纷纷建立“专门处理环境事务的部门机构”，制定“专门的环境质量标准以及相应的环境政策”，开始尝试“用法律行为准则去约束人们参与环境事务的行为”，以一种“实用主义方式”来解决生态环境问题。由此，“生态现代化概念在环境政治学与环境社会学领域”被广泛使用，其思想宗旨就是“使技术的生态副作用最小化的同时，使技术的正作用得以最大化发挥”，以此来确保“经济增长与环境保护”的同步进行。生态现代化思想与可持续发展理念一样，都是通向未来“环境新纪元”的必然产物，从而开启了人类社会环境政治实践、环境社会实践的新历程，使生态环境问题的处理由过去的事后“补救性”治理为主转向了事前“预防性”建设为主，并由此转变了“环境保护只会增加成本”这一传统意识进而形成“防止污染有回报”[②] 这一新理念。

由此可见，生态现代化概念的提出及其内涵的不断丰富与发展一定意义上可以说是社会变革理论的延伸，是对传统现代化单一追求所谓的工业化、城市化发展的生态批判与矫正，其重点强调的是科学技术的生态化转向、经济发展的生态化转向、政府职能的生态化转向等，并表现为政策制定的生态化转向；实践中，把环境问题推向了公众并纳入政治议程，使公众成为现代社会进行“生态重建”即社会结构性生态重建实践活动的主体和基础力量，重视国家政府和人民大众在生态环境问题解决中整合力量的历史作用。就是说，生态环境问题的生态现代化解决更侧重于实践活动的实际可操作性，寻求的是“理论逻辑与实践操作相互协调”，并已经成为当今西方社会的主流实践方式，并为生态环境问题的现实解决提供了

① 黄英娜等:《20 世纪末西方生态现代化思想述评》，《国外社会科学》2001 年第 4 期。

② 同上。

诸多可资借鉴的经验。但是，由于其把生态环境问题产生并恶化的根源只是看作社会结构的不合理，并不涉及对资本主义制度的生态批判，自然仍被视为经济社会发展的附属物、只具有工具性价值，并未改变被人类单一征服役使支配的地位；同时，由于其只关注资本主义社会内部的生态转型，并不涉及发展中国家的生态治理、环境改善，相反，对广大发展中国家却是推行“生态殖民主义”政策；因而缺乏世界公平正义性和可持续性而具有狭隘的阶级利益性。

另外，当代西方社会还有一些仁人志士、学者、理论家、哲学家等甚至开始把生态环境问题解决的思考，转向对中国古代的生态环境智慧的研究，试图将现当代的生态环境理论研究成果与中国传统文化中的丰厚生态环境思想相糅合，以期寻求生态环境问题解决的新理论支点。这一理论研究虽然没有形成规模、社会影响力也不大，但毕竟也是对生态环境问题解决的理论新尝试。

总之，整体上，西方这些生态环境理论研究都没有找到生态环境问题的本质根源，都不是对人类社会历史唯物主义实践观的研究，都没有看到生态环境问题背后隐藏的人类实践活动生态缺失的真正根源，都不是对人类实践活动本身生态性辩证发展本质的探讨；因此，都有其自身的不足和局限，都不能从根源上解决人与自然的矛盾。

（二）国内研究现状

最早爆发在西方的生态环境问题很快也在中国出现了：植被破坏、水土流失、土地沙漠化、河床枯竭、污水横流、垃圾遍野、资源告竭、生态物种减少、空气污染、气候变暖等，并夹杂着各种自然灾害、天灾人祸向中国人民狂袭而来；对中国人民的生命健康安全造成了巨大危害，甚至直接威胁到我国经济社会的可持续性发展；并由此引发了我国社会发展上的各种社会问题和人的问题，旧的问题没解决，新的问题又层出不穷。

中国人民再也不能对此视而不见、充耳不闻、置之不理了，于是，各类学者专家、仁人志士，尤其是哲学工作者怀着对国家民族极大的历史责任感和民族情怀以及对整个人类负责的态度开始对生态环境问题的根源性产生与解决进行理论上的探讨与研究，以期为我国生态环境问题的解决、人民生产生活得更安全健康幸福以及整个人类社会发展得更公平正义和谐可持续做出理论上应有的贡献。特别是随着我国生态文明理念的提出和实践的推进，各种旨在解决生态环境问题的思想理论学说更是粉墨登场、大放异彩，并大体由此形成了三个学理路径：中国传统生态思想的继承与发展；马克思主义生态思想的继承与发展；西方生态思想的引进与研究。

中国传统生态思想的继承与发展。中国有着几千年从未断层的优秀传统文化，并内含着的生态环境思想，并整体强调人与天地万物为一体的大一统人生哲学，而其传统文化的精髓就是在“天人合一”“物我相依”“神人合德”的生态环境理念基础上培育和发展的；由此，中国人民自古的实践生活就充满了敬畏自然、顺应自然、呵护自然的人文主义精神，并充满了对“天地与我共生，万物与我为一”（庄子·齐物论）的“人—自然—社会”和谐的幸福生活的向往与追求，等等。这些对我们寻求现当代生态环境问题的科学解决、生态文明建设的科学推进、人类实践活动的生态化转向与发展，以及人类自身的和谐永续性发展等有着思想理论上得天独厚的先决优势。

只是，“中国的传统是整体论者和人文主义者，不允许科学同伦理学和美学分离，理性不应与善和美分离”[①]，其最大特点就是，过分强调人合于天、听命于自然、顺从于“天理”的奴婢式、依附

① 葛荣晋主编：《道德与现代文明》，中国人民大学出版社1991年版，第257页。

性人生哲学，在人与自然关系上过分强调人对自然的敬畏、顺从、依附，即人对自然的道德伦理价值性，而基本否定了人在自然面前的积极性、主观能动性、创造性；因此，中国历史上的自然科学、社会哲学、生态思想等从来也就没有形成独立的发展，而只是糅合在中国传统文明之中。尤其是面对西方现代性的全球化发展、生态环境问题的区域性爆发全球性蔓延，其历史局限性就更是暴露无遗。

于是，一些学者专家对中国传统文化中蕴含的丰富生态思想进行了整体梳理和系统研究，并结合现时代特殊国情的需要而赋予其时代性、发展性，并主要是从儒、道、佛三个方面予以继承与发展。特别是在传统文化“复古”的今天即“国学”热越来越普及化、全球化的历史大背景下，面对我国的生态环境问题，更是促使了中国传统生态思想的现代化发展，并集中体现为“宇宙生成论、有机整体论、生命价值论和天人合一论”① 等几个层面的发展，突出强调传统生态思想中的人文主义精神、世界有机生成性、人与自然的“血肉相依”和谐统一性等，并把天人合一的生存方式看作人生追求的最高境界，以此来实现人与自然的本真和谐和整个宇宙的可持续性进化。这里既强调了人对自然的主观能动性、主体性、创造性，又突出了自然对人的基础性、制约性、自我生成性；从而使得整个社会的发展尤其是现代科学的发展、工业文明的发展等在更高的水平上返回了这种人与天地万物为一体的大一统人生哲学的观点。

马克思主义生态思想的继承与发展。马克思主义哲学传入中国之后，很快就与中国传统文明的精髓相容相长，并结合中国实际形成了具有中国特色的马克思主义发展即中国特色的革命理论、建设

① 佘正荣：《中国传统生态思想的理论特质》，《孔子研究》2001 年第 5 期。

理论发展。特别是，中国20世纪80年代实施改革开放以来，中国特色社会主义建设理论的现代化发展，使得马克思主义中国化进程更是充分彰显了理论与实践相结合、中西文化相糅合的人文价值、理论价值、社会价值。但是，由于过去现实实践的需要，我们过多强调的是马克思主义思想理论体系在经济、政治、文化、科技、革命等方面的中国化继承与发展，而相对忽视了其生态思想；从而造成了马克思主义思想理论体系在中国发展的生态缺失，使得马克思主义思想理论在现时代生态环境问题面前显得缺乏生机与活力，并给非马克思主义者、反马克思主义者批判、否定马克思主义思想理论的科学性提供了可乘之机，甚至据此提出马克思主义“过时”的论调，造成马克思主义思想理论现代化发展的窘迫境地。

因此，中国共产党根据现时代生态环境问题现实解决的需要、中国人民对生态安全和生态利益的需要以及整个人类社会公平正义和谐可持续发展的需要等，对马克思主义思想理论体系进行了生态的继承与发展；并结合中国传统生态环境文明思想的智慧，以及借鉴西方生态环境伦理思想中的积极成分，顺应时代潮流，提出了旨在根源性解决生态环境问题的生态文明建设思想理论体系；这是马克思主义生态思想在中国的最新发展成果，其核心思想主要集中在人与自然在实践中的相互生成、互为中介、辩证统一、和谐发展的理论研究上，并强调人对自然的实践活动中开发与保护并举并以保护优先的总体原则；具体到实践中就是实践活动的生态化发展，并表现为循环经济的绿色发展即绿色经济、绿色生产的发展，以及绿色科技、绿色生活、绿色消费、绿色出行等经济社会生产生活的方方面面。这是中国共产党集体智慧的结晶，更是人类文明的重要组成部分，是我们正确认识和科学解决现时代生态环境问题，进行社会主义现代化建设、生态文明建设，实现中华民族伟大复兴，构建社会主义和谐社会，推动美丽中国梦的早日实现，以及在21世纪中期全面实现小康社会的根本之路。

但是，目前有关生态文明建设的理论架构、生态文明建设实现的理论支撑和哲学论证尚处于初步阶段，尤其是生态文明建设实践的推进尚处于探索阶段，其学术研究理论成果过多流于书斋，其生态实践活动效果过多流于形式。生态文明建设任重道远，无论是实践还是理论的推进，还需每位中华儿女的不懈努力，还需一代代世人的精心打造；而这里最为关键的仍然是在马克思主义生态思想以及有中国特色的生态文明理论指导下的人类实践活动生态化转向与发展。这些问题的解决与实践的推进都需要我们进一步对马克思主义生态思想即马克思主义社会实践自然观进行更加深入细致的系统研究与发展。

西方生态思想的引进与研究。由于生态环境问题最早是在西方发达的资本主义国家爆发，因此，对生态环境问题的理论探讨、对人与自然关系的理论反思等生态伦理思想最早也是出现在西方；所以，面对我国的生态环境问题，国内一些学者专家把目光转向了对西方生态思想的引进与研究，并主要集中在对西方的人类中心主义、非人类中心主义、生态马克思主义，以及生态现代化的介绍与研究，甚至在此基础上对中西方生态思想进行比较研究，其中以对西方生态马克思主义的介绍与研究为最多。这些理论成果即时地反映了西方生态思想理论研究的最新发展动向和特征，为我们科学解决生态环境问题、实现马克思主义思想理论体系在中国发展得更科学全面提供了有益的借鉴。

总之，国内生态思想研究的三个学理路径并不是彼此互不相干甚至绝对的对立，而是互为补充性交互发展的，都对我国生态环境问题的科学解决、人与自然关系的和谐可持续发展，以及人的全面自由发展具有实际的理论指导意义，其中，以马克思主义生态思想的继承与发展为主导。但是，整体上，对实践活动生态性转化与发展本身的理论研究还不够深入，以及实践活动生态性转化与发展所需的配套性社会法律法规制度、思想意识观念等还不够完善、成熟，实践上，还有很多环节需要具体细化，还远未形成科学合理真实的生态性实践活动，生态环境问题仍在经济社会发展中进一步恶化。

三　本书的研究思路及其研究方法

（一）整体研究思路

“批判的武器当然不能代替武器的批判，物质力量只能用物质力量来摧毁；但是理论一经掌握群众，也会变成物质力量。理论只要说服人，就能掌握群众；而理论只要彻底，就能说服人。所谓彻底，就是抓住事物的根本。”[①] 就是说，理论的东西尽管还不是物质的东西，但是，它一旦被群众所掌握就会变成物质力量而推动社会的发展；之所以能够如此，这里最为核心的因素就是，理论实现了对事物本源的根本性科学认识，所以，人们能够在此科学性认识指导下形成科学合理的具体实践，进而推动事物的发展。所以，面对现实生产生活中的任何具体问题，我们都必须首先回到理论的梳理、研究和发展上，以期据此走出理论上的误区，消除实践上的失误。

本书研究的重点就是用哲学的观点，尤其是马克思主义哲学的基本立场、观点和方法，解读旨在实现人与自然、人与人矛盾解决的人类实践活动的生态性转化与发展在人类社会历史发展中特有的地位与作用，探析其自身的内在逻辑结构、本质内涵、性质特征，及其现实路径和意义，并从文明的高度、历史的视角审视生态环境问题的实践解决、人类社会未来发展走向，以及真正自由人的全面

① 《马克思恩格斯选集》第1卷，人民出版社1995年版，第9页。

和谐可持续发展。而贯穿全书的基本线索就是实践活动中生态意识的培养、生态责任的落实、生态权益的保护、生态公平正义的伸张等。所以，本书题目拟定为《实践活动的生态化问题研究》，文章包括导论、正文、结束语三大部分。

导论部分内容有：问题的提出、研究的目的和意义、国内外研究现状、论文的创新与有待继续研究之处、研究方法和研究思路等。这部分主要是为论文展开的合理性、必然性提供历史和时代的背景和理论渊源上的支撑以及论文整体框架的简介和论文的创新点与有待继续研究之处的梳理。

正文部分主要就是对人类实践活动生态性转化与发展的根源、哲学基础、本质内涵、性质特征及其实现路径和意义的内在逻辑进行细致的论述，具体又分为四章。

第一章主要是对实践活动生态缺失进行哲学的探析：指出实践活动本身就内含生态因素；但是过去人们只注重实践活动对生态自然环境资源能源的开发利用，而相对忽视了对生态自然环境的保护建设与修复和对资源能源的替代性研发与利用，这也就是实践活动的生态缺失；并由此分析了实践活动生态缺失的现实危害，指出实践活动生态化发展的历史必然性、紧迫性；最后分析了，实践活动生态缺失的根源，这也是实践活动生态化发展得以实现的路径，因为问题的产生和解决是同一个路径，只是二者的方向相反而已。小结部分主要是指出生态文明建设的实现、生态环境问题的解决重在根源性探索、源头性解决。

第二章主要是对实践活动生态化发展的哲学基础进行解读：指出实践活动生态化发展不只是有着现实的依据更是有着理论上的渊源，这就是马克思主义社会实践自然观，指出生态化的实践活动是马克思主义社会实践自然观本身内在具有的题中之意，并对此进行了分析，指出只有马克思主义社会实践自然观指导下的人类实践活动才能实现整个人类社会发展的生态性转化。小结部分主要是指出这里是从哲学的高度论证实践活动生态化发展的客观必然性、科学性。

第三章重点是对实践活动生态化发展的基本内涵、内在实质、性质特征、基本构成等进行哲学的分析：指出实践活动生态化发展基本要求就是人对自然的一切实践活动（包括物质的、精神的、直接的、间接的等）在创造物质财富、推进人的全面发展的同时必须赋予其严格细致的生态限制、必须对生态自然环境进行保护修复与重建，以及对资源能源的人文替代性研发与利用；其内在本质就是要实现人与人、人与自然矛盾的解决，推进生态文明建设的科学化全面发展。小结部分主要是指出对实践活动生态化发展的哲学探析，目的就是要论证生态化的实践活动在人类社会历史发展中不可替代的地位、作用与功能。

第四章是对实践活动生态化发展的实现路径进行哲学的探析：指出实践活动生态化发展的超阶级性使得全球协作成为可能、公平正义性使得全民参与成为可能；而其实现路径重在顶层设计、全面参与，并具体化为四个方面：理念的更新，行为的转变，生态科技的发展，以及相关法律法规制度的生态性发展等。这里主要就是通过生态人、生态意识、生态价值观的培养，来严格科学地落实生态责任，并具体表现为生态生产力的发展以及生态物质利益的生产生活，同时，又辅以适时而必要的生态性法律法规制度的政治保障。小结部分主要是指出在新的社会历史转型期，实践活动生态化发展的意义与价值，指出实践活动生态化任重道远。

结束语部分主要是指出实践活动生态化发展只有起点没有终点，强调人的生态责任意识和社会责任感。

（二）研究方法

本书是在科学的马克思主义社会实践自然观指导下，并结合相关的历史学、经济学、生物科学、环境哲学、生态科学等学科知识，以及中国古代的生态文明思想和西方生态环境伦理思想的最新发展成果，对生态环境问题的根源性解决、生态文明建设的科学推进、人类实践活动的全面生态化发展进行综合考量与分析。因而，其具体研究方法主要包括：历史与逻辑相统一；理论与实践相结合；坚持哲学的分析、探究为主，同时，又结合相关学科知识为辅的研究方法。

历史的东西是逻辑的东西的基础、逻辑的东西是对历史的东西的抽象与升华。本书正是从逻辑体系的分析对生态环境问题的根源性产生、人类实践活动生态化发展的实质内涵、内在本质、性质特征及其实现路径的选择和意义做出马克思主义哲学的科学分析与探究。最后，又落脚于生态文明建设现实推进的生态性实践活动本身的发展，由此进一步推进马克思主义思想理论体系在中国的全面科学继承与发展。

理论总是源于实践、高于实践、并反过来指导实践，最后又在实践中得到检验、丰富与发展；实践是理论得以成立、成熟、演进、发展的基础，并得到理论的指导而获得人类应有的效果。马克思主义哲学正是在实践中得以产生、丰富、发展的，是经过实践检验的真理与科学。因此，面对生态环境问题现实解决的需要和人民对生态安全、生态利益的需要，我们必须坚持马克思主义哲学的科学指导，推进实践活动的生态化发展，做到理论与实践相结合并由此获得各自的历史性丰富、完善与发展。

哲学是对自然科学、社会科学知识的进一步抽象与升华，而自然科学、社会科学却是对哲学的验证、丰富与发展；二者是相辅相成、相得益彰的共生共演。哲学、自然科学、社会科学等都是对现实问题的理论思考，都为人类实践活动的顺利进展提出了各自不同的理论支撑与论证。因此，我们面对任何实践问题、处理任何实践活动，都必须充分综合运用哲学与自然科学、社会科学的相关知识，并以哲学的探析研究为主导。只有这样，我们才能找到问题与事情的根源，才能形成对其的根源性本质认识，也才能找到对其解决的相对优化的解决方案。

四 本书的创新之处和有待进一步深化研究的工作

有关实践活动的理论论述相当丰富，但是，有关实践活动生态化的理论论述几乎没有；有关生态自然环境问题的理论探讨更是颇多，但是，从实践活动生态化的视角探析生态自然环境问题的解决之路径的理论至今不多；因此，本书的可能性创新之处就是通过对人类实践活动生态性转化与发展本身的哲学探析来探究生态环境问题的科学解决，同时，也必然会具有有待进一步深化研究之处。

（一）创新之处

本书选题的实践意义远远大于理论意义，其最直接的目的就是要处理现实的生态环境问题，但是，其对现实实践问题的处理所展现出的理论价值也是赫然跃于纸上的。可以对此选题做一下创新小结：

1. 视角的创新

本书是从人类实践活动生态化发展的视角探析人与人、人与自然矛盾的根源性解决；从哲学的高度看待生态自然环境问题的根源性产生和源头性解决，即人类实践活动的生态缺失与人类实践活动的生态化发展，实现了生态自然环境问题的处理由事后的解决到事前的预防的根本转化。

生态环境问题的处理是一个涉及人类社会内部是否公平正义以及人类社会自身是否能可持续生存与发展的大问题，因而对其问题的探讨既是一个重大的理论问题更是一个重大的现实问题。然而，现有的生态环境理论并未实现对此问题的根源性探索，因而也就很难实现对此问题的根源性解决；尽管这些理论论述都有其特定的可取之处，也对现实生态环境问题的处理起到了其理论应有的贡献，但是都有其不足之处，尤其是从人类实践活动生态化的视角探析生态环境问题解决的理论更是少之又少。

本书正是基于这点考虑，即对生态环境问题的根源性哲学探究，而对人类实践活动生态性转化与发展进行哲学的探析，并从人类文明的高度看待人类社会未来的发展走向、发展模式，探究生态环境问题产生的真正本质根源，并在对此本质根源性认识基础上进行哲学的综合考量，期望找到对此问题的相对最优化解决方案。

2. 内容的创新

根据笔者对自己现有的有关生态文明建设理论、生态环境问题理论的相关材料和文献的研读，发现这些理论论述大多未实现对生态环境问题产生的本质根源、性质特征、实质内涵进行系统的哲学探析与研究，更未对生态环境问题根源性解决后的人类社会发展的特性进行系统理论论证，其理论研究大多归于书斋，其实践效果大多流于形式；同样，更是很少有人对生态文明建设在实践中的具体化推进进行哲学上的探讨，也更是很少有人对人类实践活动生态化本身的本质内涵、性质特征、内在逻辑结构等进行哲学的探析，同时，对人的生态意识、生态责任、生态安全、生态利益间的本真关系强调不够。

本书正是基于此点考量，首先是对生态环境问题产生的根源，即人类实践活动的生态缺失，及其性质特征、实质、危害等进行哲学分析；其次是，对生态环境问题的根源性解决，即人类实践活动生态化发展，及其本质内涵、性质特征、内在逻辑结构，以及现实路径和意义等进行哲学探析；进而，指出生态化的人类实践活动在人类社会历史发展中的不可替代的特有地位、作用和功能，既是生态文明建设科学推进的具体化，更是人与人、人与自然本真和谐可持续，以及个体人真正全面自由发展的必经之路，深化了对实践活动本身的科学认识。

（二）有待进一步深化研究的工作

人类实践活动自身的发展总是受着众多因素的影响与制约，但是，根本上讲，其活动方式的转化是与生产力的发展水平、发展性质，以及人的需要的合理科学程度、人类社会内部的公平正义性程度等直接相关，它们彼此是内生性的相互生成、互为促进、共同发展的，并直接决定着人类自身的可持续性生存与发展。所以，人类实践活动生态性转化与发展也就不可能是一蹴而就、一劳永逸的，而是面临着众多可变性因素影响与制约，需要我们自觉自主自愿地不断进行理论上的突破性研究和实践上的历史性推进。

首先，理论上，我们需要对马克思主义生态思想做进一步的更加细致系统的研究，并结合其他相关学科理论尤其是相关生态伦理思想，对实践活动本身的内在结构、实际运行、遵循的原则，及其前期准备工作、后期修正工作等进行哲学探析，力求我们的理论更加成熟、更加自觉、更加自信、更加有力量。

其次，实践上，一方面要充分利用一切可用的公共宣传教育等媒介和手段进行“无间道”的生态安全、生态责任等生态意识的宣传教育，力求生态意识根植于人们心中并生根发芽、结出坚实地果实；另一方面要通过各种具体实际改造途径使我们的生态意识转化为生态实践活动，力求我们的一切实践活动更加生态、更加和谐、更加公平正义可持续。

第一章

传统人类实践活动的生态缺失

"全部社会生活在本质上是实践的。"① 无论是物质性、精神性社会生活，还是政治性、经济性社会生活，等等，在最根本意义上，都只是并且只有通过各种具体的社会实践活动才能得以生成、发展和完善。因此，在此意义上可以说，实践生成一切、发展一切并规导一切，实践性是人的基本特性，实践思维是人类基本的科学思维，实践构成了人的基本生命历程。事实上，自人类诞生以来，人类也正是通过自身的各种社会实践活动来不断地"中介、调整和控制人和自然之间的物质变换"②，从而获得人类自身生存与发展所需的一切生产生活资料，在此基础上才有了人类后天的物质性和精神性社会实践生成与发展；由此，人对自然的各种社会性实践活动构成了人类社会永恒性生存与发展的"自然必然性"。

就是说，整个人类社会历史就是实践发展史，既有人对自然的实践，更有人对人的实践，并以人对自然的实践为基础和前提；而人的本质力量就彰显在人对自然的各种社会性实践活动之中，并由此构成人类社会实践活动自身发展的内生性本质内涵。因此，有什么样的实践就会有什么样的生活、什么样的历史、什么样的人生，

---

① 《马克思恩格斯选集》第1卷，人民出版社1995年版，第56页。

② 《马克思恩格斯选集》第2卷，人民出版社1995年版，第177页。

实践的科学与否、合理与否、可持续与否直接决定着人类社会历史发展的是否公平正义和谐可持续，以及个体人自身发展的是否全面自由可持续。所以，现实生产生活中的一切（无论是正面的还是负面的）都必须回到人类实践活动中寻求其根源、探寻其本质、谋求其发展。

现时代生态环境问题以及以此为中介而引起的人的问题和社会问题，在其根源性上，就是人类实践活动的不合理、不科学造成的。由实践产生的问题，当然必须是由实践来解决。因此，我们必须回到实践，从实践中探寻生态环境问题以及以此为中介的人的问题、社会问题科学合理的根源性解决路径。这也就是说，人类社会历史的物质性、精神性社会实践生成与发展并不总是一帆风顺的，并不总是同向演进的，其异化的外在表现就是各种社会性问题、人的问题，以及生态环境问题的频繁发生，而其根源就在于人对自然的各种社会性实践活动本身的生态缺失。而实践活动生态缺失的根源与实践活动生态性的本真发展是同一个路径，只是，二者方向正好相反。

因此，我们必须对人类实践活动生态缺失的本质内涵、外延、根源、危害等给予全面清晰的认识，以期寻求走出生态缺失的现实路径，实现人类社会实践活动本真的生态性发展，从根源上彻底消除生态环境问题，推进人与人、人与自然、人与社会、人与自身在实践活动中综合性的整体和谐可持续的历史性实践生成与发展，并最终实现人的本性回归、真正人类社会历史的开始。

第一节 人类实践活动的生态因素

人是自然界中的最高存在，这里的最高就体现在，他是一切社会实践活动的出发点与归宿；而实践的主体就是人、客体是自然，人与自然构成了实践活动本身内在具有的基础性因素。因此，实践就是一个以自然为根基、以人的发展为终极目标的物质性和精神性共生的社会化动态转化过程，是有计划、有目的的能动的对象性转化活动。只有这样，才能实现人类自身所期望的合目的性、合规律性、合生态性生成与发展，其突出强调的是自然基础上主客体的分化与统一，具有其自身内在具有的客观必然性，是人类特有的生存与发展方式和思维方式。

人正是在实践活动中把自己从自然中按照自己的意愿提升为人而有别于其他一切有生命物，从而不断实现自身本质力量的提升与发展，并外在地表现为人与自然间直接或间接的能动的物质、能量、信息的交换。这种能动性主要就体现在人的主体性和实践性上，而其基础就是自然的优先存在与发展，是以自然为内容和对象，并在特定的具体环境内历史地展开。就是说，生态自然环境、自然资源能源是人类实践活动得以现实展开与发展的基础，更是人类社会历史得以延续性存在与发展的基础，以及人类自身本质力量得以实际形成与发展的基础。之所以是基础，就在于，它是贯穿其中的基本因素，并在最根本意义上直接决定着实践活动的具体内容、形态、历史演变，及其兴衰成败，这是由人的自然属性决定的，并由人的社会属性所规导，从而使生态自然环境、自然资源能源具有了其自身特有的社会功能与作用，并真实地构成了人类社会实践活动运行与发展最为基本的生态因素。

马克思主义哲学正是在此意义上提出和使用实践活动这一概念的，并以此论证实践活动在生态自然基础上的物质性、能动性、社会性、人文性等综合特性，由此科学地说明了，人类社会历史发展的唯物辩证性、实践发展性、生态自然性以及整体辨证可持续性等，从而使自己与以往的一切旧唯物主义哲学、唯心主义哲学有着本质的差异和其自身特有的社会历史价值，而成为我们行动的指南，指引我们走向人与自然双重和解的可持续科学发展之路。这样，社会实践这一概念就为科学说明人与自然的实践生成与发展、人的本质力量的实践形成与发展，以及人作为自然主体和意识主体的分化与统一找到了现实的物质性实践基础；强调，人是实践生成的社会性自然人和具有自然性的社会人，是“现实中的个人”，是“以一定的方式进行生产活动的一定的个人”，即“从事活动的，进行物质生产的”[①] 个人，第一次科学说明了人的自我创造、自我发展、自我实现的本质及依据。就是说，人之所以为人的本质，以及人的价值、人的主体地位的实现等，只能是通过人自身的各种社会性实践活动才能变成现实，并且，也只能是通过这样的社会性实践活动才能获得自身的不断完善与发展，而人类特有的这种社会性实践活动得以展开与发展的前提与基础就是其内在具有的生态自然因素。

马克思正是在物质性社会实践活动理论基础上创立了唯物主义历史观，强调只有通过物质性社会实践活动才能变革社会、发展社会、实现人的全面自由发展，其中，以人的物质性生产劳动实践为基础，并在此基础上论证了人类社会历史发展的客观必然性，即生产力决定生产关系、经济基础决定上层建筑的科学发展规律，其中，生产力是人类社会历史发展的最终决定力量。而这里的生产力就是人对自然的直接或间接的实践能力，就是人与自然相互结合、辩证统一的能力，既包括人的自然力、又包括人的社会力，并以自然力为基础、以社会力为导向。就是说，尽管其外在表现形式多样、内在构成因素多重，以及其自身的演化、发展、变化具有多变性，但其核心基础只有一个，那就是，生产力的生态自然基础与前提。而生产力的发展也正是在生态自然基础上通过能动的物质性社

① 《马克思恩格斯选集》第 1 卷，人民出版社 1995 年版，第 71 页。

会实践活动不断实现的，从而不断改变着、发展着与之相对应的生产关系，以及人际关系、社会关系，进而推动整个人类社会历史的发展、人类文明的进步、人类物质财富的创造、人民生活水平的提高，以及人自身素质的提升和人的本质力量的发展。由此可见，哲学探究的目的不只是解释世界、说明世界，而更是要改造世界、发展世界，不只是在头脑中，而更是在现实中变革世界，而以往的所有哲学都未能实现对此问题的科学解决，只有马克思主义哲学在物质性社会实践活动理论基础上科学说明了人类社会历史发展过程以及社会历史主体——人的本质。因此，马克思主义哲学实现了哲学发展史上的“哥白尼”式变革，即突出强调以生态自然环境、自然资源能源为基础的物质性实践活动的社会历史地位、作用与功能。

实践活动的生态自然因素贯穿人类社会历史发展的始终，是人的本质力量形成、发展并发挥作用的前提与基础，离开了生态自然环境，实践活动也就失去了自身存在与发展的根基，人类社会历史也就无从谈起。人正是通过自身对生态自然环境的能动性实践活动，才使自然向着有利于人的方向转化，并从中获得人自身生存与发展所需的一切，既包括物质性的，又包括精神性的。“从理论领域来说，植物、动物、石头、空气、光等等一方面作为自然科学的对象，一方面作为艺术的对象，都是人的意识的一部分，是人的精神的无机界，是人必须事先进行加工以便享用和消化的精神食粮；同样，从实践领域说来，这些东西也是人的生活和人的活动的一部分。人在肉体上只有靠这些自然产品才能生活，不管这些产品是以食物、燃料、衣着的形式还是以住房等等的形式表现出来。”① “所谓人的肉体生活和精神生活同自然界相联系，不外是说自然界同自身相联系，因为人是自然界的一部分。”② “没有自然界，没有感性

① 马克思：《1844 年经济学哲学手稿》，人民出版社 2000 年版，第 56—57 页。

② 同上书，第 57 页。

的外部世界，工人什么也不能创造。”[①] 并把人靠自然界生存与发展说成是“一切人类生存的第一个前提”，“一切历史的第一个前提”[②]。然而，人对自然的这种依赖，并不是像动物那样完全消极被动的，而是积极能动的、能被人所认识与掌控的。这种对自然的能动性依赖就是，人对自然能动的实践认识与改造，即人与自然在能动的物质性和精神性社会实践活动中所进行的物质、能量、信息的相互转化，并在这种能动的实践活动中“人的普遍性正表现为这样的普遍性，他把整个自然界——首先作为人的直接的生活资料其次作为人的生命活动的对象化材料和工具——变成人的无机的身体”[③]。

所以，人类所从事的一切实践活动都是直接或间接的以自然为基础和对象的，并遵循自然规律、受自然制约的，其目的都是直接或间接从自然中获取人类自身生存与发展所需的一切。人正是在实践中，才把自然变成人的无机的身体和精神的无机界，即把自在自为的自然变成为我之物的自然。所以，实践活动的生态自然因素决定实践活动必须是以生态自然环境为基础前提和基本内容，既有对生态自然环境的能动性认识加工改造与利用，其结果便是生态自然环境的人造物转化，更有对生态自然环境的能动性保护建设修复与美化，其结果就是生态自然环境自身的完整性系统运行；而这种必然的决定性就是实践活动的生态性，既有生态改造性，更有生态保护性，是保护优先下的改造，是改造发展中的保护，而二者的辩证统一就是人的全面自由可持续性生存与发展。所以，生态因素、生态性是实践活动本身内在具有的，并以此为基础而贯穿其中，是人类实践活动不可逾越的生存性基础制约因素，并实际地构成了实践活动的生态限度。

---

① 《马克思恩格斯选集》第 1 卷，人民出版社 1995 年版，第 42 页。

② 同上书，第 78 页。

③ 马克思：《1844 年经济学哲学手稿》，人民出版社 2000 年版，第 56 页。

既然，生态自然环境是实践活动的基础性前提因素，构成实践活动的基础性因果内容，那么，人类在对自然进行能动的认识加工改造利用与转换，以满足人类自身生存与发展之所需的同时，就必须，有意识地充分考虑到自然自身的演化与发展，必须考虑人对自然的实践活动是否会对生态自然环境本身造成不可修复性的损坏，以及采取积极有效的措施对自然进行人为的修复保护建设与美化，以此确保生态自然环境自身的可持续性完整运行，进而使生态自然环境能够源源不断地给人类提供生产、生活资料，使人对自然的实践活动能有效地持续下去，从而真正实现人类社会历史发展的永续性。否则，人类社会实践活动将会因缺失生态自然环境的基础性物质支撑而将无法持续，人类也必将走向自我毁灭，这就是实践活动的生态限度。所以，人对自然的实践活动必须考虑自然自身的有限性，必须在自然许可的范围内实现实践活动的合规律性与合目的性发展，不能认为自然是取之不竭、用之不尽的资源库和具有无限容纳力和消解力的垃圾场而对自然为所欲为。

所以，实践活动的生态性和实践活动的生态限度，实际上，讲的就是一回事，是对实践活动生态因素不同方面的两种表述：前者，主要是侧重于实践活动的具体内容来讲的，后者，主要是侧重于实践活动的前提条件来讲的，二者是内在统一的，绝不是可以截然分开的两个不同概念；其实质就是，人类实践活动无论有着何种程度的发展、无论有着何种性质的发展、无论有着何种内容的发展，都是以生态自然环境为其基础内容和基本构成要素的；换言之就是，脱离了生态自然环境，人类实践活动就是无本之木、无源之水，就是镜中花、水中月，带给人类的只能是海市蜃楼般的虚幻梦境。

总之，生态自然环境、自然资源能源是人类自身所从事的各种社会性实践活动本身内在具有的基础性因素，生态性是实践活动特有的基本特性，并实际构成了实践活动的生态限度，既是实践活动得以展开与发展的基础性前提因素，更是人类社会历史存在与发展、人自身本质力量形成与提升的基础性前提因素；人正是在这种生态性的社会实践活动中实现自己的一切社会生产生活：包括物质的、精神的、经济的、政治的、社会的、文化的、甚至国防、军事的等。

第二节 传统人类实践活动生态缺失的内涵与外延

自人类从自然中形成，人就开始对自然进行有利于人自身生存与发展的能动性认识、加工、改造与转化，并在这一过程中，既形成了人类社会历史的物质性发展即物质财富的增加、人们生活水平的提升等，又形成了人类社会历史的精神性发展即人类文明的演进与社会形态的更替等，同时，也形成并发展了人自身的本质力量以及人的主观精神、自我意识和主体意识等。这是人对自然的实践活动带给人类的积极有效的社会性成果，但是，另一方面，却也造成了人类自身生存与发展所面临的生态自然环境问题，以及以自然为中介的人的问题和社会问题，而这些问题的现实产生与恶化也正是由实践活动本身的生态缺失造成的，这也从反面证实了生态自然环境是人类实践活动的基本构成要素和制约因素。

实践活动的生态缺失，并不是说，人类实践活动超越了、脱离了生态自然环境，并不是说，人类实践活动不再以自然为对象和基础，而是指人对自然的实践活动过程中，只考虑人对自然的能动性认识加工改造利用与转化，只考虑如何从自然中获取并享用更多的物质财富，而不考虑自然自身的有限性，不考虑人对自然的实践活动给自然带来的负面影响，更不考虑对自然进行人文的保护建设修复与美化；即，没有从生态自然环境自身完整性系统运行来考量实践活动的可持续性发展，没有从人与自然整体辩证和谐可持续的共生共演来考量实践活动的具体展开，并表现为实践活动的非生态性与反生态性两方面。

在人类社会历史发展的早期，人对自然的实践活动能力，也即人自身的本质力量，包括人对自然的物质性实践能力即物质生产力的发展，以及人对自然的精神性实践能力即精神生产力的发展，还远未达到对自然自身的发展造成不可修复的损坏。此时，人对自然的实践活动能力主要以人自身的自然力为主，并未形成近代社会意义上的、也即工业社会意义上的社会性生产力，在现实的社会实践活动中，表现为人对自然的实践改造主要是手工劳作，而非机械化操作，其对自然的损坏强度远未超出自然自身的自我修复能力、自净能力和自我生成能力。因此，这种状态下，在对自然的实践活动中，人们主要考虑的是，如何才能提升人对自然的实践活动能力，如何才能使自然更好地为人类生存得更健康、发展得更美好、生活得更舒心服务，即如何更好地从自然中获取并享用更多的物质财富、精神食粮，也即如何才能使人摆脱自然对人的“束缚”而成为自然的“主人”。

就是说，在人对自然的实践活动能力非机械化、非科技化、非信息化等发展之前，即非现代化发展之前，其对自然的负面影响极其有限，自然并未因此受到不可修复性的损坏，即并未造成近代意义上的生态自然环境问题的区域性爆发、全球性影响，自然仍然是原初的“自然”的自然。尽管，历史上也曾出现过毁灭人性、摧毁文明的生态环境问题，但是，这里的生态环境问题只是区域性的，并未造成全球性影响，并且，人们完全可以通过迁徙的方式予以解决。此时，自然仍是人的“主人”，人仍是自然的“奴隶”，并受自然的驱使与奴役，人在自然面前表现的更多是不自由，人与自然的关系表现为表面上的更多“和谐一致”。此时的自然是作为一种“完全异己的、有无限威力的和不可制服的力量”与人类相对立，而人与自然界的关系“完全像动物同自然界的关系一样”，即“人们像牲畜一样慑服于自然界”①。因此，此历史阶段的人们也就不可能形成对自然的保护修复建设与美化的生态环境意识，更不会也完全没那个必要去人为地修复建设保护自然；此时，人们所做的只是“通过自己的活动按照对自己有用的方式来改变自然物质的形态”②。这就是，实践活动的非生态性发展。

由此可见，实践活动的非生态性发展包含两方面的内涵：一是，人对自然的实践活动能力还未超出自然自身的承载能力；二是，人并未形成对自然的保护建设修复与美化的生态环境意识；并外在表现为人与自然的“原始性”和谐。一句话表述，就是由于人的活动能力的有限性，人在实践活动中并未意识到，其活动本身会给生态自然环境带来损坏，实践中也并未造成严重的全球性生态危机，人们强调的只是，实践活动的能动性物质利益创造。但这并不是说，在实践活动非生态性发展过程中，并未出现生态环境问题，只是说，此历史阶段中的生态环境问题是偶发性的，且是局部性的，并未威胁到整个人类社会历史的发展，因此，也就未引起人们对此问题的重视，而此问题的解决方式，往往也只是人类的迁徙。

但是，随着人对自然的实践活动能力的增强、实践活动程度的加深、实践活动范围的扩张，尤其是，到了近代工业文明时代，随着教育、科学、文化事业的发展，人对自然有了更多的了解与认识，人的自我意识、主体意识也有了长足的发展，并开始发挥其无限的威力。在此历史阶段，高效率的机器大工业生产普遍代替了效率低下的手工劳作，人对自然的实践活动能力不再是以人的自然力

① 《马克思恩格斯选集》第 1 卷，人民出版社 1995 年版，第 81 页。

② 《马克思恩格斯选集》第 2 卷，人民出版社 1995 年版，第 138 页。

为主，而是以自然力基础上的富含高科技的机械力为主，并已远远超出自然自身的承载能力，人对自然的改造成批量的进行，尤其是，随着电气化、信息化、智能化时代的到来，商品经济的全球扩张，整个世界连成了一体，资本的逻辑统治整个人类，社会生活单一的物质利益化成为人们普遍的唯一价值追求，自然完全沦为人的“奴隶”。

表现在实现生活中，就是人们大量生产、大量消费、大量浪费，人对自然的改造不再仅仅是为了人的基本生存与发展，而更是为了所谓的社会性享受而大肆消费自然、浪费自然甚至破坏自然，自然完全成为人们争权夺利、攀比斗富的纯粹工具，“工业化的实质就是将自然作为一个巨大的能力库和资源库，以供人类支配和使用”[①]。人与自然关系被彻底异化，由此造成的生态环境问题更是在全世界范围内普遍展开、频繁发生，并已直接严重威胁到整个人类的可持续性生存与发展，“人们在一个成熟的工业社会中，精神和生命正濒临崩溃和毁灭的边缘”[②]，人类再也不能像过去那样安然地生存与发展了，“我们背弃了自然，我们也就失去了家园”[③]。此种状态下的生产，包括物质性生产、精神性生产以及人自身的生产，就是实践活动的反生态性发展。

由此可见，实践活动的反生态性发展也包含两方面内涵：一是，人类对自然的实践活动能力已经开始超出自然自身的承载能力；二是，人类已经开始形成对自然的保护建设修复与美化的生态环境意识；但是，其外在的表现却仍然是人与自然的关系越来越分离、对立、异化。一句话表述，就是，人类已经意识到，其活动本身带给自然的损坏，以及实践中由此转嫁给人类自身的损坏，但

---

① 何玉宏：《生态哲学对社会学的影响与启示》，《求索》2007 年第 1 期。

② ［美］弗·卡普拉、查·斯普雷纳克：《绿色政治——全球的希望》，石音译，东方出版社 1988 年版，第 329 页。

③ 郭小平：《科学的危机与人的困惑》，《读书》1990 年第 12 期。

是，为了一己私利，人类仍在疯狂地榨取自然，直到迫使自然流尽最后“一滴血”，并实际造成了生态环境问题的全球蔓延。当然，这也并不是说，在人对自然的实践活动反生态性发展过程中，人类一直未对生态环境问题进行科学处理，而是说，人对自然的保护建设修复与美化远远小于人对自然的加工改造利用与转化，人类社会历史的发展仍是以物质财富的创造与享用为主，而不是，以保护与开发并举，并以保护优先。

由此可见，无论是实践活动的非生态性发展还是反生态性发展，都会造成人类实践活动的生态缺失，造成人类实践活动的不可持续，其实质都是非生态性的，即都未做到对生态自然环境的人文性保护修复建设与美化，二者的区别，也只是对生态自然环境造成的伤害在程度上的隐性与显性以及对此伤害认识上的差异。之所以做出如此区分，就是要突出强调传统人类实践活动生态缺失在现当代社会发展中带来的社会性、历史性危害的严重性和此问题解决的紧迫性。因此，就此意义来说，人类实践活动的生态缺失就是人类实践活动的非生态性发展、反生态性发展，即人类实践活动的非生态化发展，而其发展的最终后果必然是生态自然环境自身运行系统的中断即生态环境问题的全球爆发，反映到人类社会自身，必然是以自然为中介的人的问题的更加复杂化、尖锐化，甚至整个人类社会历史的终结。

第三节 人类实践活动生态缺失的必然后果

实践活动的生态缺失，无论是非生态性的还是反生态性的实践活动，都必然会造成人对自然的损坏，尤其是反生态性的实践活动对生态自然环境造成的危害更是不容忽视，其发展到极致就是生态环境问题的凸显；而人对自然的损坏本身就是对人自身的损坏，并表现为以自然为中介的人的问题、社会问题的日益复杂化、尖锐化。这是由人与自然同根、同源、同质的本性决定的。由此可见，人类实践活动的生态缺失造成的不只是生态环境问题，更是人的问题、社会问题，即生态环境问题的社会危害，而其最根本的危害就是人类实践活动因缺失自身存在与发展的内容和对象，而最终导致人类社会自身因缺失本能性生存所需的生产生活资料而走向自我毁灭。具体可做如下理解。

一 危及人的生命健康安全及其可持续性生存与发展

实践活动是人类特有的解决人与自然间矛盾，实现人与自然间物质、能量、信息交换，并以此获得人自身生存与发展所需的唯一途径。这里“人和自然之间的物质变换”就是人对自然的实践活动，人正是通过这种交换性实践活动把自己从自然中提升出来而成为具有主体性、发展性的现实的人、社会的人，成为有别于其他一切生命有机体的能动的社会性存在物，即成为占有自己本质、掌控自己命运、不断自我发展的具有自我意识和自由意志的社会人。

实践活动的这种交换性主要是指实践活动的主体——人，把自己的主观意志、思想意识等观念性的东西通过具体的实践活动对象化到具体的实践活动客体——自然，使自然发生能够满足人的社会性需要的方向转化，进而形成具有人的主观意愿性的新物质；这一新物质既是自然向人的转化，更是人向自然的转化，是人与自然在人的主观意愿指导下通过对象性实践活动而形成的新的更高级的辩证融合，人正是通过这种更高级的辩证融合才获得人的存在与发展、获得人的自我规定性和本质力量。换言之就是，这种对自然的能动性实践活动则是人获得幸福、提升自身、展现才能、实现价值的根本条件，只有在此前提下，人的活动自主性即主体性“才得到充分发展，才显示出它的全部力量，才获得适当的典型的形式”。[①]就是说，人的主体力量、本质力量发挥的程度及其形式取决于人对自然的认识水平、实践水平的高低，二者是同步、同向发展的。因而，人的认识水平、实践水平越高，人对自然的实践活动能力就越强大，并反过来进一步推进人对自然的认识水平、实践水平，而随之而来的则是人对自然的实践活动能力的又一次发展，二者如此往复，以至无穷。而其提升与发展的现实后果则是社会物质财富的增加、人们生活水平的提高、社会生活内容的丰富，但是，同时也即意味着，人介入自然、对自然改造程度的日益加深。

所以，如果，在此过程中，人们在对自然的实践活动中只是一味地强调对自然的加工改造利用与转化，单向度地使自然向着有利于人的方向发展，使自然完全屈服于人的各种需要，完全沉浸在人对自然的胜利喜悦中，而毫不顾及自然自身的系统性完整运行与发展，从不考虑自然自身发展的有限性，势必会造成实践活动的生态缺失；那么，这种情况下，人对自然的实践活动能力越强大，对自然的损坏程度就越严重，一旦，超出自然自身的承载能力、自我修复能力、自我净化能力，就必然会爆发直接威胁人类自身生存与发展的生态环境问题，即自然对人类反自然、反生态行为的报复，并由此进一步引起一系列新的人的问题、社会问题。

这是因为，自然本身是统一完整的客观的生命有机体系统，有其自身运动变化发展的不以人的意志为转移的客观规律，其自身内部各组成要素之间是彼此相互联系、相互影响、相互作用、相互规定而存在与发展的，且彼此的存在与发展又都是极其有限的，其中，任何一环节出了问题，都会造成类似多米诺骨牌现象的问题，

---

① 《马克思恩格斯选集》第2卷，人民出版社1995年版，第267页。

并造成整个生态自然系统的破坏甚至中断。相反，人的发展却是无限性的，人对自然的各种需求是无限性的，人对自然的实践活动能力即人的主体力量作用的发挥是无穷的。所以，随着人对自然的认识能力和实践水平的不断提高，人对自然的各种需求就会越来越丰富多样，而社会性需求的增加又必然会进一步促进人对自然的实践活动能力即主体能力增强；此时，由于，人对自然认识能力的单一性、人对自然需求的片面性，人为了满足自身的各种需要所进行的实践活动，必然只是大肆向自然开战，强制性从自然索取，一旦这种实践活动超出自然自身的有限性，而又不采取任何有效措施来保护修复建设与美化自然，就必然会造成自然的问题，并反过来影响到人类自身。

这一单方面地对自然进行索取、掠夺、役使的实践活动，即生态缺失的实践活动，在过去人类社会历史发展中，已经多次给人类带来了巨大损坏，造成不同地区、不同历史阶段上生态环境的破坏、水土流失、土壤沙化等问题，甚至导致个别人类文明的消亡。例如，历史上消失的古巴比伦王国和古楼兰王国等，就是因为对自然的实践活动的生态缺失，而由盛极一时到最后的彻底消亡。

特别是，近代西方社会文艺复兴以来，由于工业文明的普世化发展，科学技术的突飞猛进，资本的逻辑统治整个世界，人类中心主义价值观掌控整个人类，人对自然的单一线性的实践活动能力极大增强，人与自然关系在实践中被人为地彻底分裂对立甚至异化。自20世纪五六十年代以来，环境污染、生态破坏、资源短缺、生物多样性减少、气候变暖等问题越来越引起世人的普遍关注；生态环境问题再加上由此引起的各种自然灾害、天灾人祸等如狂风骤雨般向人类狂袭而来。面对问题环境、问题生态，以及由此引起的问题水、问题食品、问题空气等，人们还能幸福吗？人体还能健康安全吗？社会生活还能公平正义吗？

历史事实已经给出了答案。例如，这个曾在19世纪后半叶出现于英国让人谈虎色变的雾霾，现如今，更是在全球范围内肆虐，造成空气质量大面积持续性恶化，给人们的生命健康安全带来了极度危害，尤其是对呼吸道疾病、心血管疾病甚至很多癌症具有更为直接的危害，被称为“隐形杀手”“健康杀手”。据史料记载，在英国，1952年的12月5日至8日这4天时间，仅是伦敦市就有4000多人因吸入有毒害的雾霾空气而死亡；而在美国，1955年，仅是洛杉矶市就有400多名65岁以上的老人因雾霾导致的呼吸系统衰竭而死亡，1970年更是有大约70%的洛杉矶市民因雾霾的侵袭而患有红眼病。而雾霾目前更是危及着我国人民的生命健康安全可持续，同时更是引起人们心里恐慌，造成人们心理疾病、精神疾病，给我国人民生产生活带来极大不稳定因素和经济社会发展上的极大阻碍。可以说，由人对自然的实践活动的生态缺失所造成的生态环境问题，一定意义上就是，以人自身的生存与发展、生命的健康与安全，以及社会的不稳定和动荡为代价的“慢性自杀”。我们享受着今天，却在毁灭着明天。

由此可见，人对自然的非生态性实践活动，在给人类带来巨大社会财富、促进人类社会极大发展、人类文明极大提高的同时，也深刻地改变了人类社会赖以生存与发展的外部自然环境的原初面貌，极大地破坏了自然自身的平衡运行机制，最终导致生态环境问题区域性爆发全球性影响，并进一步直接威胁到人类自身的生命健康安全可持续以及社会的公平正义和谐可持续。生态环境问题已经演变成人的问题、社会问题，并表现为经济问题、政治问题甚至军事问题等，已经成为国际社会所普遍关注的事关民生健康安全可持续的大问题，已经成为现实整个人类社会发展上的顽疾。

二 造成社会的非公平正义及人的片面性发展和人性的扭曲

有上述可知，人类实践活动的生态缺失，主要就是指人类在对自然的各种实践活动中，完全不顾及生态自然环境自身运行的完整性、系统性，而只是一味地单方面向自然索取，强制性榨取自然资源能源，一味地追求所谓的物质财富的增加、物质利益的享受。特别是，近现代工业文明以来，商品经济登上人类社会历史发展的大舞台，旨在改造自然、创新社会、提升人自身本质力量的科学技术的突飞猛进，以利益最大化为唯一原则的思维即资本的逻辑统治整个人类；人对物的依赖更是发展到了极致，物的关系充斥了人类社会生产生活的方方面面，人类所从事的一切实践活动，无论是物质的、精神的，还是经济的、政治的等，在最根本意义上，都只是为了获取并享用更多的物质利益，人完全成为物的附庸而受物的驱使与控制。物质至上、财富至上、享乐至上等成为人们唯一价值最求，而价值的单一化，又必然导致人的发展的单一化，甚至发展的异化和人性的扭曲，反映在社会生活中，必然是人与人之间单一的利益争夺：为了一己私利，啥事都敢做、啥事都能做、啥事都愿做。

这种状态下，社会生活的所谓公平正义性就无从谈起了，剩下的就只能是为了利益尔虞我诈，“人和人之间除了赤裸裸的利害关系，除了冷酷无情的‘现金交易’，就再也没有任何别的联系了”[①]。为了一己私利，甚至不惜诉诸武力，而阶级斗争、战争、革命等则成为人类利益争夺的最高形式；由此，人世间一切所谓不道德、不正义、不公平等丑恶现象也就层出不穷、在所难免了。就是说，实践活动的生态缺失必然导致人与自然关系的不和谐，即人与自然关系的分裂、对立甚至异化，进而，进一步导致人与人在利益

---

① 《马克思恩格斯选集》第 1 卷，人民出版社 1995 年版，第 275 页。

占有分配享用上的不公平非正义，并表现为人与人、人与社会关系的不和谐甚至对立与异化，以及社会生活的非公平正义性和人的发展的片面性。

这是因为，实践活动是人的实践活动，并且是在特定的社会历史环境中具体展开的，尽管其活动内容，最终根本意义上，是以生态自然环境为对象，但是，其活动的目的却是为了人，并由人来执行；因此，实践活动与人、与人的需要、与人的发展具有内在的直接统一性，其革命性、批判性就体现在万事万物向着能够满足人的各种社会性需要的方向、以人能够生存与发展的方式转化。所以，人在对自然的实践活动中，只考虑实践活动的物质利益性，只考虑如何才能从自然中获取并享用更多的物质财富，这样，就必然造成实践活动的非生态性、不完整性、片面性发展，也即实践活动的极端物质利益性发展；人在这种不完整的非生态性实践活动中考虑的只是人自身，只是人自身的利益，反应在个体人身上，必然是只考虑自己，而不会是他人，并表现为人与人之间物质利益的争夺与享用；同时，由于实践活动的不完整性、片面性，人的实践活动能力的发展也必然是片面的，在此片面发展中，个体人的社会生活、价值追求、个性发展等也就不可能是科学合理、全面自由的，并很难为自己所掌控。由此非生态性实践活动所衍生出的人类思维，必然只是自我的思维、自私自利的思维，甚至是"弱肉强食""丛林法则"的思维，而不会是利他的思维、众生平等的思维、人与人和谐共生的思维；在此思维指导下，人所从事的一切实践活动必然只是为了自我的所谓幸福生活，以自我为中心，完全不顾他人的基本生存与发展，甚至不惜牺牲他人来完成所谓的自我，而人的发展也只是体现为所谓物质财富的占有与享用上。

当更多的人都为此目的去做的时候，即每个人都是为了自身的一己私利而进入社会、进行各类实践活动并以此为标准来协调一切、衡量一切，人与人之间所剩的也就只是利益关系；只要能获利，无所不用其极，只要对自己有好处、有利可图，一切道德、公平、正义都被无情地抛到脑后。这里，利益被绝对化并被贴上所谓公平正义道德的标签，人所从事的所有实践活动都只是为了寻求所谓利益的平衡点，只有达到了所谓的利益平衡，才会有所谓的公平正义道德可言；否则，有的只是，为利益的争夺而进行的一切不公平不正义不道德行为，利益成为公平正义道德的代言词，反过来，公平正义道德又被沦落为利益得以实现、分割和享用进行辩护的工具，人世间的一切邪恶就是这样产生和存在的。人们甚至可以为此目的的实现，而去毫无顾忌地甚至不择手段地损坏任何人、任何生物的利益，彼此间相互争夺、尔虞我诈。“人不为己、天诛地灭”成为个别人甚至相当多一些人的行为准则、做事法则，这样的社会生活其实质就是不公平非正义性的。

在这种狭隘的甚至异化的利益观、价值观的指导下，人们完全把除自己之外的所有人与物都看作自己目的得以实现的工具，人对自然的所有实践活动都只是被看作此目的得以实现的手段与途径，人、物都完全被工具化，人成为工具性存在，即人是人的工具而不再是目的。如此，人的工具化发展必然导致人的片面化发展，即人只注重自身对自然认识加工改造的实践活动能力的提升，只注重人从自然中获取并享用物质财富的能力的提升，而忽视人的主体能力和个性的多向性全面自由发展；至此，人与人、人与物的关系也被完全异化，即人不再是为了自身的全面科学发展而能动的主导世界，使人对自然的一切实践活动都在人的掌控之中；相反，而只是为了钱、为了物、为了享受而存在，人成为钱与物的奴隶，受钱与物的役使与控制。物原本是人在对自然的能动性实践活动中创造出来为人生活得更美好、发展得更全面、生存得更自由而服务的，是人的本质力量对象化的结果，并为人的本质力量的全面提升与发展服务的，结果是，反过来，控制人、役使人，而成为人的“主人”。这里，人丧失的不是人的原始规定性、自然规定性，而是人的社会规定性、自我规定性，此时，人的发展已经远远超出生存的意义，已经不再是人的本质力量的全面提升与发展。这样的发展只能是人的片面发展、畸形发展，这样的人只能是单向度的人、异化的人。

如此状态下，人的主体能力越强，人对自然的实践活动越深入，人的发展就越片面，人对物的依赖就越大，越是想挣脱就越是受其役使与控制。反映到现实生活中，就是，人们普遍认为，人的幸福与成功仅仅在于占有并享用多少物质财富，人的价值也就只体现在对物质财富的占有与享用上，且这种占有只体现在享受上而不体现在创造上，人成为消费性存在。“挣大钱、娶美女，住洋楼、开豪车”成为一些人的最高奋斗目标，整日出入高级酒店、豪华宾馆、高档会所等娱乐场所，过着一掷千金、纸醉金迷的生活，并以此为幸福和骄傲。人的价值取向单一化，人的发展片面化，人的生存也因此更加脆弱化，一旦受点小挫折、小失败，就会极易极端化，由此出现的各类刑事案件、自杀事件、恐怖袭击事件等更是增加了社会新的不稳定因素。人与人间没有了亲情、没有了责任与担当，剩下的只是利益争夺、尔虞我诈，以致由此造成人的主体性迷失和人性的扭曲。

可见，人对自然的实践活动的生态缺失，必然造成人只是单一地向自然索取、向生态开展，过渡地沉迷于所谓的物质生活享受中，并由此衍生出永无止境的贪欲；而实践活动的片面性发展又必然造成思维的片面性、狭隘性，价值追求的单一化，个性发展的片面化，公平正义道德被贴上利益的标签，人成为单向度的人、异化的人，社会成为一个残忍的充满血腥与杀戮的巨大竞技场，人性扭曲，人类生存环境（无论是自然环境还是社会环境）极其脆弱。

总之，人对自然的实践活动的生态缺失，从整个人类社会历史发展的历程中看，既有积极的一面：推进了人对自然的物质利益性实践活动能力的提升，即人的本质力量、主体力量物质利益化的提升，培养并发展了人的主体意识、自我意识，人类社会也因此越来越脱离动物性而具有人的社会性，即人类文明不断由低级向高级的历史性演进，并主要表现为社会物质财富的剧增、人民生活水平的极大提升，等等；但是，更有其消极的、甚至是自我毁灭性的一面：它迫使人类越来越游离于自然之外而与自然相对立、分裂、甚至异化，致使自然完全成为人的奴隶、完全受人的主观意志和不断发展的片面性、甚至异化的社会性需求的役使与支配，并最终导致直接威胁到人自身生存与发展的生态环境问题，以及以此为中介的新的社会问题、人的问题，即社会生活的非公平正义性、人类社会历史发展的片面性，以及价值的扭曲、人性的异化，等等；且随着这种人对自然实践活动的越来越深入，主体能力的越来越强大，人对自然的实践活动的生态缺失带来的自我毁灭性危害越来越突出，人再也不能像过去那样安然的自豪而骄傲地生存了。

第四节 人类实践活动生态缺失的根源

人类实践活动自身内在具有的生态因素，尽管对人类实践活动的具体发展构成了现实的生态限度，但是，它并不必然导致实践活动的生态性发展。这是因为，人类实践活动本身是有目的有意识的对象性转换活动，其活动主体是人，并以自然的优先存在与发展为其前提和基础，它主要涉及的是以自然为基础、以人为主导的人与自然关系，以及以自然为中介的人际关系、社会关系。就是说，人类实践活动是受着主客观多重因素的影响与制约，是主观见之于客观的东西，更是主客观按照既定的目的相互交融、辩证一体的发展，而其活动展开的内在依据就是物质利益的占有分配与享用，其实质就是使自然向着人的方向转化，以满足人自身的生存与发展。所以，当人类实践活动极端物质利益化发展时，其现实过程只能是非生态性的。

因此，在最根本意义上，人类实践活动的生态缺失，就是人与自然关系发展上的失调，其实质就是人与人之间在自然资源能源环境利益关系上的失调，即在人与自然关系上，人类只考虑自身的利益，并把人的利益绝对化，而在人与人关系上，只考虑自己的一己私利，并把一己私利绝对化。

所以，人类实践活动生态缺失的根源，以及走出人类实践活动生态缺失的困窘，实现人类实践活动生态性发展，就应从人自身找原因，而不是人之外的生态自然环境。具体可以理解为：人类中心主义实践观，社会生活的极端功利主义价值取向，生产力的非生态性发展，在阶级社会又有着阶级根源、制度因素，而贯穿其中的一个普遍性因素就是自然的私有化、资本化发展。

一 人类中心主义的实践观

人类实践活动生态缺失的更深层原因，就是人类中心主义实践观，以及以人类中心主义为代表的社会伦理价值观等。人类中心主义实践观是以人与自然关系为现实基点、以人为主体、以人的生存与发展为归宿的理论思维，其理论基点是人的主体性和自我意识的生成与发展，其核心内涵是以人为中心和以自我为中心，并实际构成人类几千年来具体实践活动的指导思想。这是由人自身趋利避害的本性以及人自身实践活动能力发展的有限性决定的，并受世界万物自身运动变化发展的客观必然性的制约。

早在公元前5世纪，古希腊的智者普罗泰格拉就曾提出“人是万物的尺度”这一哲学命题。据此之后，人的主体性和自我意识得以理论形态的确立与发展，人逐渐成为实践生活中世界万物的“主宰”。人类中心主义实践观在人与自然关系上，通常把自然看作独立于人之外的、被人所征服的、为人所服务的对象，认为自然除了为人服务之外没有其自身存在的价任何值，并把自然与人、自然史与人类史看作两个不同的、可以相互分离的独立领域，其争论的焦点在于如何使自然更好地被人所征服、为人所服务，即如何更好地从自然中获取人类生存与发展所需的一切。这是一种一维的形而上学的强制性、征服性思维，由此在人对自然的实践活动中形成了人与自然的主客二元对立关系，而在这一关系中，人处于主导地位，是价值生成与发展的中心，理论上表现为以人类为中心的主客二元论，即以人为中心的生态自然观、生态价值论，反映在人与人、人与社会关系上，就是以自我为中心的伦理价值观。

在人与自然关系上，这种理论只强调自然对人的工具价值，即自然对人的有用性、自然对人的物质支撑作用，而完全忽视自然对人的内在价值，即自然是人生命构成的基础部分、自然对人的生存性基础制约作用；认为人是唯一的价值主体，只强调人的价值与需求，片面强调人对自然的征服利用与转化，把人看作自然的主人，把自然看作满足人这一价值主体各种需要的具有无限性的资源库和垃圾场；认为任何人都可以无须付出任何代价地去开发利用自然资源能源，而对已经遭到损坏的生态自然环境无须承担任何责任：一方面，对自然资源能源进行无限性的以满足人的需求为唯一价值目的地盲目开采，另一方面，又肆无忌惮地向自然界倾卸所谓的废弃物、垃圾和污染物；忽视了人与自然本真意义的和谐一致，并最终导致对自然物的过分掠夺与破坏，造成生态环境问题的全球性影响；其实质就是，单一地强调，对自然的一切实践活动都只是以人的利益为中心、以人的利益为尺度、以人的利益为唯一价值标准，即只为人的利益服务。

这种理论折射到人与人、人与社会关系上，必然只是强调以自我为中心的伦理价值观。这是因为人与自然关系的动态演化与发展是以人与人的关系为轴心而展开的，并以人与人关系的丰富性发展为动力和归宿，其实质就是，人与人关系在自然中的现实化。这是因为人是社会中的人，人的本质是一切社会关系的总和，人必须在特定的社会历史关系中才能从事自身的各种实践活动，并以此来实现自身生存与发展的目的，而这种关系又是具有其自身特定的前后历史继承性和发展性，以此确保人的发展性、丰富性、可持续性；离开了人与人的社会关系，人将失去人之为人的一切社会性，而只能是动物，此种状态下，人与自然关系也只能是最原始的被动性存在，人只能像动物一样完全听命于自然。这不是人类社会的本质，更不是人类所期望的，而唯一能改变此种状态的就是人的社会性，其最大特点就是人的主观能动性、主体性的发展，并表现为社会实践理性的发展。

正是人的这种社会性使人脱离了动物而成为真正的人。人的主观能动性、主体性、社会性正是在对自然的实践活动中逐渐形成并获得发展的，其最初也正是相对于自然而具有意义的。人正是在对自然的对象性实践活动中形成了以人为中心的对象性思维，并外在地表现为对自然的认识加工改造和利用，这是由人与自然的同源同根同质的本性以及自然不会主动满足人类生存与发展之所需的本性决定的；同时，由于人对自然的实践活动能力的有限性，人从自然中获取的所谓物质财富也无法在现有层面上满足人们各自的现实需求；于是，人与人之间为了自身生存与发展得更幸福、更美好而竞相掠夺自然资源能源，并表现为人与人间利益的争夺，由此形成了人与人间以自我为中心的伦理价值观。

在这种伦理价值观的指导下，人们必然只是以自身的所谓价值追求、利益诉求为中心来看待和处理人与人、人与社会、人与自然甚至人与自身之间的关系，并以此作为其所从事的一切社会实践活动的唯一价值原则。这种片面追求自身利益的社会伦理价值观，在处理人与自然关系时，必然只是对自然的加工改造利用与转化，而忽视对自然自身的人文保护建设修复与美化，在对自然的实践活动中，必然只是考虑人自身的利益与诉求，而忽视自然自身的系统性存在与运行。这样的实践活动最终必然导致对自然自身完整性的整体破坏，尤其是，随着人对自然物质利益性实践活动能力的日益增强，这种破坏更是一发而不可控，并最终导致生态环境问题的全球性爆发，使人类陷入生态危机之中，并进而威胁整个人类的可持续性生存与发展。

由此可见，这种人类中心主义的生态自然观、生态价值论以及以自我为中心的社会伦理价值观，即人类中心主义实践观，就是在人对自然的征服、利用实践活动中逐渐形成并获得发展的，二者相互交融、相互生成，具有其自身历史性存在的客观必然性和历史进步性，在对人类社会历史发展中起到了不可磨灭的阶段性历史功绩，但是，同时，也更是造成了人类社会历史发展的整体不可持续性；其最大特点就是，以人的利益和需求为中心形而上学地处理人与人、人与社会、人与自然甚至人与自身间的关系，而忽视了自然自身的完整性、系统性，忽视了人与自然关系的辩证统一性，反映在实践活动中，必然是人类实践活动的生态缺失，这是一种自我毁灭性的实践活动。

因此，面对现时代的生态环境问题，我们必须反思人对自然的社会伦理价值观和人对自然的社会实践观，彻底破除人与自然关系上的人类中心主义实践观，确立人与自然整体和谐可持续的生态实践自然观。唯有如此，才能在更深层次上消除生态环境问题，真正实现人与自然在实践中的分化与统一，做到对自然的开发与保护并举，并以保护优先，进而实现人的本真发展，而这样的实践活动就是生态性的实践活动。

二 社会生活的极端功利主义价值取向

社会生活的极端功利性价值取向，主要体现为社会生活的极端物质利益化发展，并受此根本决定。简单地说，就是，人们普遍追求单一的极端物质利益生活，反应在人与自然关系上，必然是把自然极端功利化、简单对象化，并只是单一强调自然所谓的有用性。致使包括物质的、精神的、经济的、政治的、文化的等实践活动在内的人类一切社会实践活动都只是围绕着物质利益的更多创造与享用而展开，并表现为所谓的社会物质财富、精神财富的"日积月累"。这在特定历史阶段上是人类社会历史发展、人类实践活动得以逐步深入展开的原初动力。人正是出于此目的，才能动地开展一切旨在实现此目的的实践活动，并由此，获得了人自身不断优化的历史性生存与发展，这是其积极的一面，是我们必须永恒坚持的；但是，也有其消极的甚至是毁灭性的影响，这就是，其极易导致人类单一的功利性价值取向，并外在表现为人与人间以利益争夺为核心的各种斗争，进而直接造成人与自然矛盾的升级甚至激化，以及以自然为中介的人的问题、社会的问题越来越尖锐化、复杂化。而探究其实质根源就是人类趋利避害的自然本性基础上的功利性价值取向，这是人类实践活动生态缺失的最为直接的原因。

社会生活的物质利益化发展本身就是也只能是在人类实践活动中得以展开和丰富的。人类实践活动，在最根本意义上，就是人对自然的活动，是一能动的对象性转换活动；这种转化强调的是人与自然间的物质能量信息间能动的相互转化；而转化的目的却是要满足人类自身生存与发展所需的一切，包括物质的、精神的、经济的、政治的、文化的等各种需求，其中，以物质需求的满足为基础和主导；而这种物质需求的不断满足活动，表现在现实生活中，就是人们对物质财富的创造与追求，也即，社会生活的物质利益化发展。当人类只是一味地单向度的强调这种社会生活的享受与发展时，这种极端的物质利益化的社会生活过程本身必然是只强调人对自然的加工改造利用与转化，只强调人对自然的征服掠夺与索取，而不会去考虑对自然的人文性保护建设修复和美化，其现实社会后果必然是造成实践活动的生态缺失。

纵观人类社会历史发展，旨在直接或间接改造自然的实践活动本身就是人类谋取自身生存与发展的唯一手段，其目的就是要，从自然中创造出人类自身生存与发展所需的一切，其中，以物质财富的创造为基础，并贯穿人类社会历史发展的始终。无论是原始社会、奴隶社会、封建社会、资本主义社会、社会主义社会还是未来的共产主义社会，都离不开物质财富的创造，而物质财富的创造与享用本身一定意义上就是社会生活的物质利益化发展，这是由人的自然属性以及人类自身趋利避害的本性决定的，是人永远不可逾越的。

但是，人更是社会性的人，人的社会属性决定人必须不断从自然中提升自身的本质力量，并把自身本质力量不断对象化为更多物质财富、精神财富，由此，才能在此基础上不断实现人的社会性本质、价值与意义。这是，人与动物最大的不同之处，正是这种差异根本推动人类社会历史由低级向高级的演进与发展，而社会生活的物质利益化发展程度也正是随着人的社会属性的发展而不断提升的。而人的社会性一定意义上就是人的实践性，并表现为人的实践能力的历史性发展，因此，社会生活的物质利益化程度也就必然会随着人的实践性、实践能力的不断丰富与发展，而不断提升并不断普及化、世俗化。所以，在现实生活中，当人（无论是占有资源还是不占有资源）都普遍地致力于所谓的社会物质财富的创造与享用，特别是在工业文明时代，随着商品经济的发展，人被普遍化为“经济人”，更是把更多时间与精力用于所谓的工作与消费中，并以挣钱的多少和物质财富享用的层次和多寡作为判断其成功与否的唯一标准。至此，人完全被功利化、世俗化和物欲化，完全成为物的附庸，受物的驱使与支配，人对物的依赖程度发展到了极致，人的一切活动都只是围绕着物质利益而展开。其现实后果就是，人的价值取向单一化，人的发展片面化，人成为被完全异化的单向度的人，人生选择的多样性发展被完全扼杀了。只要是能挣钱、只要是能获利，什么事都能做，什么事都愿做，什么事都敢做，人在自然面前彻底疯狂了。

很明显，人们在这样的实践活动中，必然只是对自然的加工改造利用与转换，必然只是沉浸于纵欲的物质生活享受之中，必然只是考虑自然为人服务的工具性价值，而不会去考虑自然在人类社会历史发展中的基础性生存制约作用；必然只是考虑人类自身活动的社会后果，而不会去考虑其自身活动的生态自然后果，即不会考虑其自身活动是否会给自然自身造成不可修复性的损坏，更不会积极主动地去人为的保护建设修复与美化自然。这里，所谓的人与自然间的创造性实践转换活动，反映在思维上，必然只是人与自然的二元对立、主客分离的征服性思维；反映在社会发展上，必然只是以自然资源能源的巨大消耗与损坏为代价的单一的物质财富的增加；反应在人际关系上，必然只是人与人之间以利益争夺为核心的各种斗争；反应在人的价值追求上，必然只是自私自利的单一功利性价值取向。而所有这些又必然会反过来进一步促使人对自然的极端物质利益性需求。

由此，社会的发展、文明的进步等被简单地等同于经济的增长、物质财富的增加、社会生活水平的提高，并把经济增长看作个人幸福、社会福利的唯一源泉；认为经济增长就是社会的进步，物质财富的增加就是文明的提升，而个人的幸福则是对更多物质财富的占有与享用。因此，这种社会生活的极端物质利益化发展的内在实质就是更多地占有与享用物质财富，而其外在表现就是对其所谓消费水平、消费档次、消费品位的提高；至此，人生意义、人生价值的实现就只体现为挣钱的多少以及消费水平、消费档次、消费品位的高低，并把不断增加消费看作促进经济增长的唯一途径；由此形成了“消费—经济增长—社会发展—个人幸福”这样一种畸形的现代思维模式与行为方式，进而误导了人们的价值观、发展观、世界观，致使整个人类都在永不餍足地追求单一的物质利益生活，人完全受物欲的支配、成为物的附庸。唯利是图、无利不起早，可以说，是对传统人类社会生活极端物质利益化发展的最好概括。

因此，这种社会生活的极端物质利益化发展的现实结果就是：社会财富增加了，人们生活水平提高了，而以自然为基础和中介的竞争却也更加激烈了；这种激烈的利益之争一旦被普适化，就必然会使物质财富至上的思维统治整个人类社会，进而形成极端功利性价值取向的社会生活，而赚钱、消费则会顺理成章地成为人类社会所谓幸福生活的唯一主旨。尤其是，在工业文明主导的现代社会，资本的逻辑控制了整个人类，成为指导人类一切社会生活的“必然性”，资本对人的掌控达到了无以复加的地步。而“资本的逻辑”强调的就是一切实践活动都要实现利益最大化，其背后隐藏的基本活动准则就是社会生活的资本利益化发展。于是，拜金主义、经济主义、消费主义、物质主义、享乐主义、自由主义等抽象意识形态则成为现代社会生活的主流价值观，进而导致现代人的需求单一化、发展片面化，以及消费的异化，并表现为人与自然关系的彻底分裂、对立和异化。

而这样的社会又必然会尽力使科技的发展、制度的更新、公共政策的制定、教育文化事业的发展等有利于资本的增值、经济的增长、物质财富的增加、社会生活水平的提升，即以社会生活的极端物质利益化发展为主导和最高目标，并由此而偏向于保护和实现以挣钱为最高目标的人的利益，而不是现实生活中的每一个人，更不会是对自然的保护建设修复与美化。这里，其基本预设就是：人人都只是希望赚有更多钱，人人都只是希望享有更多物质财富，人人都只是期望过上所谓的幸福生活，甚至据此认为只有无限追求物质财富的增长才是人的本质；并把自然看作人类取之不尽、用之不竭的资源库和“大肚能容”的垃圾场，而从不会去关注自然自身的有限性，以及人对自然可能的负面影响甚至毁灭性影响。而所有这些又都必然会随着以自然的私有化为特征的私有制出现后所形成的永无止境的自私自利的功利性价值取向而越来越普遍化、尖锐化、复杂化。

由此可见，无论是由人的自然属性、趋利避害的本性，还是由人的社会性以及自私自利的贪欲性所决定的社会生活的极端物质利益化发展，都必然是造成人对自然本身的漠视，即人对自然实践活动本身的生态缺失。而这种极端物质利益化的社会生活又会进一步促使人类极端功利性价值取向的“合法性”，而这种“合法性”的功利性价值取向必然是致使人的所有实践活动都只是指向对自然的开发利用与转化，并把自然极端工具化，只强调自然的所谓有用性，这样的实践活动发展到极致必然是自然资源能源的枯竭、生态的破坏、环境的污染等一系列生态环境问题。这已经被已有的社会历史事实所证明，因此，此问题的解决，必须是首先彻底消除极端的功利性价值取向，实现价值取向的生态化，进而实现社会生产生活的生态化，而由此决定和规导的人类实践活动也才是生态性的发展。

三 生产力的非生态性发展

生产力就是人对自然的实践活动能力，通常理解为，人对自然的认识加工改造利用与转化能力，是人类社会发展的最直接动力和根本动力，其直接处理的就是人与自然间的关系。因此，生产力是生态自然系统与人类社会历史发展系统相糅合而存在与发展的纽带，其自身的发展必然影响到自然自身、人与自然关系的演化与发展，进而影响到人类自身的生存与发展，而其发挥作用的现实途径就是也只能是人对自然的各种实践活动本身。

旧哲学对生产力的理解具有典型的人类中心主义、征服主义、利己主义等特点，这里主要是由最初生产力自身发展的不足够充分决定的。生产力主要处理的就是人与自然间的关系，并主要涉及三方面内容：一是具有自我意识和主观能动性的人；二是具有客观必然性并先于人而存在与发展的客观自然界；三是把二者联系起来的工具，其目的就是要从自然中获取人类生存与发展所需的一切生产生活资料，因此，当生产力不足够发达的时候，人们从自然中获取的生产生活资料就无法足够满足每个个体人的社会性需要，而为了生存，人们必然是赋予生产力以更多人文性，并长期把生产力定义为征服自然和改造自然的能力。这样理解的生产力的发展，以及生产力发挥作用的一切实践活动都只是为了人自身的利益，以人的利益为中心，为人的利益服务；就是说，生产力的发展只是以人的利益为唯一最高原则，并把人的利益看作人对自然态度的唯一根据和尺度。这样定义下的生产力的发展必然只是对自然的认识加工改造利用能力的发展，现实实践活动必然只是对自然的强制性征服与役使，理论上必然表现为人与自然主客二元分裂的对立思维理论，并由此衍生出一系列的人类中心主义、利己主义、物质主义、享乐主义等。在这种观念思维指导下，人必然只是作为自然的主人而存在，自然必然只是作为相对于人而言的异己的、敌对的力量而存在，人与自然的关系必然只是征服与被征服、役使与被役使的主奴关系，人对自然所采取的一切实践活动必然只是以人的利益为出发点和归宿；因此，就必然会片面认为，人对自然所采取的一切实践活动只要是对人有利，都是合理的、可取的且是必需的。人从来不会去考虑自然自身的内在价值和其自身的完整性、系统性，以及人与自然关系本真意义上的辩证统一，更不会去考虑如何实现自然自身的自我修复、自我净化、自我发展；尤其是，随着对人主体性的片面强化以及作为人类旨在认识自然、改造自然的科学技术、信息技术等的突飞猛进，客观上更是促进了人对自然的疯狂掠夺与征服。

这是因为，人是自然的一部分，人需要从自然中，并且只有从自然中才能获取人类生存与发展所需要的一切，而自然又不可能主动满足人的这些需要，人趋利避害的本性决定人必须对自然进行人类为人的人文能动性认识加工改造，只有这样才会有人的丰富性、生动性、现实性存在与发展，但是，人类生产力的发展在特定的历史阶段又是极为有限性的。同时，更是由于私有制的存在，导致人与自然的分裂、对立，造成人与人的异化和阶级的出现，并外在表现为社会物质财富的不公平占有和分配，这更是导致更多人很难从自然中获取自身基本的生存与发展之所需；而且，从根本上来说，私有制也是生产力发展的桎梏，并造成现实生产力的片面发展，此种状态下的生产力对大多数人来说成了破坏的力量。因此，为了生存，人在对自然的实践活动中只是重视人对自然的认识加工改造能力的发展，并把生产力看作可以脱离自然而独立存在与发展的人类自身内在独有的力量，而忽视了生产力发展的自然力因素，忽视了人类实践活动中对自然的人为保护建设修复与美化能力的培养与发展。

现实生活中，生产力的发展的确是人类社会历史发展的最终决定力量，这是人类社会历史发展任何时代都不可逾越的决定性因素。但是，其发展本身也有一个历史过程，特别是在人类社会早期，人对自然的实践活动能力极其有限，人从自然中获取的生产、生活资料极其有限，人类生存的很艰难，此时，摆在人类面前的主要问题不是也不可能是对自然的保护建设修复与美化，而是如何更好地使自然为人类生存得不痛苦、发展得更美好而服务，也即如何推进生产力的发展。尽管随着人类社会历史的发展，特别是在工业文明时代，在人对自然的实践活动中，人的主体性、主观能动性、自我意识性等有了长足发展并发挥着积极的作用，人对自然的实践活动能力有了质的飞跃，人类智慧和本质力量得以充分彰显，人类创造的社会财富比过去几千年创造的社会财富总和还要多，人类生活水平有了质的突破；但是，相对于长期以来实践生成的人类永无止境的欲望与需求，此时，生产力的发展仍是杯水车薪。就是说，现代社会发展的主要问题仍然是日益增长的物质文化需求与落后的社会生产之间的矛盾，即社会财富与人类需求之间的矛盾，因此，旨在创造社会财富的生产力的发展仍然是当今社会及今后相当长历史阶段的最为首要的任务。

据此，我们必须看到，生产力是人类社会历史发展的最终决定力量，这是不以人的意志为转移的客观实际和规律，只要有人的存在，人就必须要与自然打交道，而人与自然交互作用的力量就是生产力，而生产力发挥作用的形式就是人对自然的各种实践活动。所以，有什么样的生产力发展，就必然会有什么样的实践活动与之相适应而发展，因此，生产力的非生态性片面发展必然导致人类实践活动的非生态性片面发展，并进而导致人对自然的破坏。尽管，此种生产力的发展也是人自身能力发展不断提升过程中的必然，是我们在特点历史阶段必须长期坚持的；但是，由于此种生产力的发展只是考虑人的利益，以人的利益为中心一味地强调对自然的征服，因此，此种生产力的发展本身就是对自然的破坏，二者成正向比例发展。即，此种生产力越发展对自然的破坏程度就越严重，一旦，此生产力的发展超出自然生态系统自身所能承载的能力，势必会造成生态自然环境本身不可修复性问题。

由此可见，无论是原始文明的人类社会早期还是工业文明的现代社会，人类社会生产力的发展都只是以人的利益为中心对自然的一味地强制性地征服与掠夺，强调的都只是对自然的认识加工改造利用能力的发展而不是对自然进行保护建设修复与美化能力的发展。这也就是生产力的非生态性发展，其强调的只是生产力的社会性、财富性，甚至不惜牺牲生态自然环境为代价来促进生产力的发展，其价值取向多是片面的、单向度的，且仅仅是出于满足人类自身利益这一狭隘之目的，由此决定的人类实践活动本身也必然是非生态性的，其现实后果必然是生态自然环境问题的全世界泛滥、蔓延。

总之，在生产力发展不足够充分状态下，人为了自身的生存与发展，必然只是一味地强调生产力的物质利益性发展，而不会去关注生产力的生态性发展，由此种生产力主导的人类实践活动必然也只能是一味地强调对自然的各种加工改造利用与转化，而不会去关注对自然的保护建设修复与美化。这样的实践活动虽然也关注到了自然，但其实质却是对自然的破坏。因此，当这种非生态性的生产力发展到极致，必然是人与自然的彻底断裂，生产力的发展也必然会因缺失自身本应有的生态自然环境的物质支撑，而走向自己的反面，即生态生产力的“横空出世”。

四 自然的私有化、资本化

1973 年诺贝尔和平奖获得者——美国前国务卿基辛格博士在其任职时说：“如果你控制了石油，你就控制了所有国家；如果你控制了粮食，你就控制了所有的人；如果你控制了货币，你就控制了整个世界。”这句话一定程度上以另类的语言表达了自然的私有化、资本化发展的实质，即通过对自然资源能源的私人占有和控制来实现对他人、国家、社会乃至对整个世界的控制、控制、再控制，实际上也就是“以物的形式占有社会权力”[①]，进而不公平非正义地占有他人劳动、占有社会财富、垄断社会利益，并使其绝对化；同时也更深刻地说明了人对自然的绝对依赖性；其现实发展过程必然造成人类实践活动的生态缺失，且是造成人类实践活动生态缺失的最为根本的本质根源。

这是因为，实践活动是直接或间接以自然为对象和内容的活动，或者说，是在归根结底意义上说，是以自然为根本对象和内容的活动；人正是通过对自然的这种能动的对象性实践活动，来实现人的本质、人的价值，满足人的各种需求；“这种活动、这种连续不断的感性劳动和创造、这种生产，正是整个现存的感性世界的基础，它哪怕只中断一年……不仅在自然界将发生巨大的变化，而且整个人类世界以及他自己的直观能力，甚至他本身的存在也会很快就没有了。”[②] 因此，人类要想生存并发展，就必须对自然进行能动的对象性实践转化活动，在此过程中，人类极易把自然看作实现自身生存与发展的各种目的的工具、手段和资本，并将其据为私有而加以利用。这一对自然的私人占有和使用过程本身极易造成实践活动的生态缺失，而只是一味地单向度地强调实践活动的能动创造性和物质利益性。

自然的私有化简而言之就是把自然据为私人所有；自然的工具化就是把自然看作实现自己各种目的的工具，包括对他人、社会甚至对其他国家、民族进行控制的工具，在商品社会又被看作挣钱的工具；自然的资本化就是把自然看作能使自己享有各种话语权和特权的资本，包括使自己享有高于他人之上的政治资本、社会资本，在商品社会更是把自然直接看作能够带来更多经济利润的商业资

① 《马克思恩格斯全集》第 30 卷，人民出版社 1995 年版，第 108 页。

② 《马克思恩格斯选集》第 1 卷，人民出版社 1995 年版，第 77 页。

本。这里贯穿其中的就是人对自然的物质利益需求、政治利益需求，这也即是，自然的私有化、工具化、资本化发展的根源之所在，而相对忽视的是人对自然的精神需求和生态需求。

具体来说就是，人们为了使自己生活得所谓更幸福、更体面、更有尊严、更有社会地位、更有话语权等，就想方设法地使自己拥有并享用比别人更多的生产、生活资料，而这些资料就是也只能是由自然所提供的，这是由人与自然同根同源同质的本性，以及自然物质不可能被凭空制造的特性决定的。因而人们就竞相疯狂地掠夺自然、瓜分自然，并通过对自然的不公平占有而实现对他人、社会、甚至对其他民族、国家乃至整个世界的私人占有，进而由此获得更多自然资源能源和物质财富，以此进一步增加对他人、对社会、对民族、国家的控制力。由此，反映到人类社会自身构成与发展上，就是出现了私有制和阶级的划分，并表现为阶级社会中各种形式的阶级压迫和阶级剥削，以及国际社会中各种形式的民族压迫和殖民统治。尽管这些因素在人类社会自身发展的特定历史阶段曾起到一定的推动作用，但整体上，却是以人世间的不公平不正义不道德为代价的，并直接造成人与自然关系越来越对立的发展。正如恩格斯在 1844 年 2 月发表的《政治经济学批判大纲》中指出的："私有制最初的结果就是生产分为两个对立面（自然的方面和人的方面）。"[①]

就是说，这种状态下，原本属于全人类共有共享的自然资源能源环境就越来越集中到少数人手中，并成为这些人进一步掠夺自然，实现对他人、对社会进行控制的社会工具与政治资本，既造成了人与自然的分离，又造成了人与人的对立。尤其是，在资本主义商业环境下，又转化为这些人进一步获取更多经济利润的商业资本，即把自然作为资本性收入、财产性收入的来源，为了挣钱而不惜破坏

---

① 《马克思恩格斯全集》第 1 卷，人民出版社 1956 年版，第 612 页。

所有生物的栖息地，不惜损坏他人和一切其他生物本应有的利益甚至最基本的生存权，最终出现了人类社会历史发展上的悖论，即社会财富增加了，而人类自身却更加难以生存了。而国家却成为自然私有化、工具化、资本化发展的天然合理的保护伞、直通车。

由此可见，自然的私有化、工具化、资本化发展已完全超出自然对人的本真意义（即自然是人的衣食之源、生存之基），而被强制性地演化为人们获得其自身政治斗争优势和享受奢侈腐化社会生活的工具与资本，人与自然本真的关系也完全被异化（即人与自然由主客一体化的本真关系演变为主客二元的绝对对立与分裂），其实质就是剥削阶级等级思想在人与自然关系上的一种特定反映，更是人类自身利益在人与自然关系上的不公平分配。此种状态下，人类社会历史的发展也就不再是平等互惠和谐可持续，而更多地表现为你死我活的政治斗争、阶级斗争，其最高表现形式就是战争与革命，而人与人、人与社会、人与自身、人与自然关系也就随之演变为分裂与对立。如此，人世间的一切邪恶不正义并夹杂着各种天灾人祸犹如决堤的洪水般狂袭而来，并愈演愈烈。经济上的私有化导致政治上阶级的出现、等级制度的形成以及国家职能的出现，并实际构成了人类社会战争的根源、生态环境问题的根源。

这是因为，自然资源能源总量是有限性的，其自身发展又是有其特定的不以人的意志为转移的客观规律，所以，当有限性的自然资源能源被私有化后，必然会导致越来越多的人失去对自然资源能源的人性占有和享用，失去其自身生存与发展所需的生产、生活资料，而被迫处于一无所有的一极，为了生存而不得不为那些占有自然资源能源的人类另一极的少数人不公平劳作，并深受这些人对其自身的肉体和精神的折磨与摧残。这种状态下，人们享受精神生活、寻求精神发展的权利就被无形地剥夺了：一是，他们因失去了基本的生活保障，被迫出于生存目的而疲于奔命，也就没时间和精力、财力去接受教育、寻求精神的发展；二是，那些占有生产生活资料的居于统治地位的人，为了自身的这种既得利益的更加巩固与扩张，也不允许那些受其控制、为其服务的人去接受教育、开启心智。尤其是到了资本主义工业文明时代，以追求利润最大化为原则的资本的逻辑，以及旨在征服自然的科学技术的突飞猛进，更是诱导人们在全世界范围内无度地竞相掠夺自然资源能源，并进一步出现了环境殖民主义、生态霸权主义，即环境污染入侵、自然资源能源跨国掠夺等。尤其是，跨国公司的出现，国家资本作为资本主体更是极大地推进了这一过程的世界化进程。

由此可见，自然的私有化必然导致自然的工具化、资本化，使人对自然的原初意义的生存与发展的物质性诉求被强制性赋予了更多人为的政治性诉求，自然被异化为人的社会地位、身份、权力的象征，成为少数人获得所谓社会话语权和特权的政治资本、社会资本，由此人为造成了社会的阶级对立与斗争，自然也就进一步被异化为人对人斗争的工具，以及获得更多物质财富的工具，并在全世界范围内所向无敌的疯狂蔓延，反过来又必然导致自然在更大范围更强力度上被私有化。而所有这些反映在现实生活中，必然是人类实践活动的生态缺失和人类社会价值观的扭曲。这是因为，在此过程中，人们所考虑的只是如何更好地使自然为人自身的各种利益需求服务，因此，人为此目的的实现而做的各种实践活动都只是为了人自身的利益，并把人的利益绝对化，而不会去考虑自然自身的延续与发展，更不会去考虑人际间的公平正义和谐可持续。就是说，自然的私有化、工具化、资本化发展必然导致人对自然的实践活动的绝对利益化，并被人为地赋予政治色彩，造成实践活动的单一化、畸形化发展，并进一步造成人与人间的隔离甚至直接的对立、异化和物质利益的不公平分配等。

当然，从整个人类社会历史发展来看，自然的私有化、工具化、资本化在特定历史时期也的确是在一定程度上极大地促进了生产力的发展。这是因为，自然的私有化、工具化、资本化的本质就是要更好地占有、享用、维护和扩大自身既得的利益，其客观过程，必然是促进生产力的发展。因为，只有生产力的发展，人才能从自然中获取更多物质财富并加以享用。这一特定历史时期同样是指生产关系适应生产力发展的特定时期，这里强调的是生产力发展在时间上的递进，即量的积累过程，而一定程度的发展是指生产力发展在质上的递进，即质变的积累过程。就是说，生产力在生产关系所能容纳的范围内的确是实现了自身在上一阶段发展成果基础上的历史性发展，这种发展是一种递进性的螺旋式上升过程，而此时，自然的私有化、工具化、资本化就构成了生产力发展的动力因素，而且，是人类社会历史发展的必经阶段，并外在表现为人类自身本质力量的发展和社会物质财富的剧增。

但是，这里需要强调指出的是：此种状态下的生产力是一种非生态性的生产力，此种生产力发展得越是强大，人与自然就越是对立与异化，并映射到人与人、人与社会、人与自身间的矛盾与对立，其发展到极致就是生态生产力的“破茧而出”，以及生产关系、社会关系的根本性生态变革与发展；此时，自然的私有化、工具化、资本化发展，以及由此造成的人对自然的生态缺失也必将走向自我消亡，而取而代之的必然是自然的全民化、共享化、共有化，以及人类实践活动的生态性转化与发展。而此种状态下的发展，才是人类社会本真的发展，即真正人类社会历史的开始，既是人与自然间整体和谐可持续，更是人与人之间真正公平正义和谐可持续，以及每个个体人的真正自由全面的生存与发展。

由此可见，自然的私有化、工具化、资本化发展，不只是人对自然的占有与利用，更是人对人的剥削与掠夺，在阶级社会又表现为阶级压迫和剥削，并直接涉及个体人的人生观、价值观、世界观的生成与转化，而其中起决定性作用并贯穿始终的则是生产力一定程度的发展。就是说，人与自然关系在归根结底意义上是随着生产力的发展、社会关系的变化而变化的。而实践关系则是人与自然的首要的基本关系，这种关系不只是根本改变了人与自然关系的性质，更是直接形成并规导人与人、人与社会、人与自身关系的性质及其发展与变化。所以，只有正确理解人与自然间的这种实践关系，才能真正把握人类社会历史的本质，实现人类社会本真意义的全面自由可持续性生存与发展；一旦，从社会历史中排出人与自然的这种实践关系即只考虑人而不考虑自然，势必造成人类实践活动的生态缺失，这就意味着历史的中断、社会的消亡。

综上所述，可见人类实践活动生态缺失的因素很多，有客观的生存性制约因素，更有主观的畸形片面认识，并涉及人类自身发展的有限性和功利性价值取向，以及社会发展的不公平非正义性斗争，等等，但是，总的来说，主要是生产力不充分发展条件下导致的阶级的出现和以利益争夺为核心的各种斗争，以及由此形成的极端物质利益性生产生活和人类中心主义实践观、价值观的影响，而贯穿其中的最为决定性因素却是人对自然的私人占有和享用。

正是这些因素导致人对自然的实践活动中只是强调单一的改造和索取，而不是去关注对自然的保护与建设；只看到人对自然的依赖，即人离不开自然，人需要从自然中获取自身生存与发展的生产、生活资料，然后，才能从事其他相关实践活动，并满足自身已经远远超出本能性生存需要的各种社会性需要；而没有看到自然是人的生命构成的必然部分，没有看到人对自然的改造本身会对自然造成伤害，没有看到这种伤害本身反过来又会进一步直接影响到人自身的可持续性生存与发展。这种状态下的发展只能是畸形的片面发展，并且是以对自然的损坏为代价的自我毁灭式发展；这种发展在特定的历史阶段上是必需的、可取的，也是可行的，但是，其发展到极致，必然是人类自身的彻底毁灭，并以人与自然彻底异化、对立的外在表现——生态环境问题的形式而落下“帷幕”。因此，面对这些问题和危害，我们必须顺应时代，积极能动地对人类实践活动的生态缺失给予哲学上的科学认识，从而真正找到根源性解决生态环境问题的实践路径。

本章小结

综上所述可见，在归根结底意义上，生态因素是人类实践活动本身内在具有的。人类实践活动本身正是以生态自然环境为内容和对象才得以现实展开并据此获得自身发展的，因此，一定意义上可以说，生态性就是人类实践活动的生态限度，就是人类实践活动对生态自然环境的绝对依赖性。正是这种绝对的生态依赖性决定了人类实践活动本身既要对生态自然环境进行人文的各种改造利用与转化，同时，更是要对生态自然环境进行人文的保护建设修复和美化。如此，人类实践活动才能始终拥有自身存在与发展所需的充足而又丰富多样性的内容和对象。

但是，传统人类实践活动在对自然的行为中，由于主客观多重因素的影响与作用，只是强调了人对自然的改造与利用，而缺少对自然的保护与建设，从而造成实践活动的生态缺失，其现实表现就是生态环境问题的全球性肆虐，并直接危及人的生命健康完全可持续，而其最大危害却是直接造成实践活动本身的存在与发展缺失内容和对象，并最终导致整个人类社会因缺失本能性生存资料而走向自我毁灭。究其原因，最根本的就是人类实践活动的生态缺失而导致的人类社会历史发展的生态缺失；因此，随着人与人之间在对自然进行以利益争夺为核心的单向度改造的深度、广度、强度的加深，人类社会历史发展就必然会越来越失去生态自然环境的物质支撑和环境支撑，而最终以缺乏最原始的本能性生存所需的生产生活资料而走向自我毁灭。而且，在此过程中，由于生态自然环境的恶化也给曾自命不凡的人类带来了生命健康安全问题和身心疾病问题，人的幸福度、骄傲感、成就感等一度标榜自我价值的心里体验也被击打得“体无完肤”。

因此，从哲学的高度对实践活动生态缺失的根源、实质及其危害进行历史性分析，使我们能够更加清晰地认识到：人类社会历史的发展在最根本意义上就是人类实践活动的发展，是以其为手段和载体的；而人类实践活动的发展又是以人类社会历史的发展为目标和原则的，并受其发展的影响和作用；二者是相互生成、互为促进、共同发展的辩证统一关系，是内生性的，并以生态自然环境的优先存在与发展为必然性基础和实质性内容。因此，面对现时代人类社会历史发展过程中出现的生态环境问题，我们必须从实践活动本身出发探究其根源，进而指出实践活动生态化的历史必然及其实现路径。

第二章

人类实践活动生态化的哲学基础：马克思主义社会实践自然观

马克思主义社会实践自然观相对于以往一切生态自然观的最大科学之处就是：它是从人类社会历史发展的视角、从哲学的高度、以实践的思维和逻辑，看待自然、看待人与自然间关系，强调人类社会历史发展的唯物辩证性、客观规律性、实践生成与发展性、生态自然性以及人文目的性等，即强调人类社会历史的发展是在以自然为根基、以人的发展为本、以物质性社会实践活动为中介的自然历史过程，具体展现为“人—自然—社会”在能动的社会实践活动中彼此历史地相互生成、互为中介、辩证发展，从而把人对自然的理解、对人与自然关系的认识从“天上”拉回到了“人间”。

由此可见，在人与自然关系上，马克思主义社会实践自然观是一种对待自然的实践新态度，是科学，是真理，其突出强调的是人类物质性社会实践活动基础上的自然的人化生成与发展；其本质内涵就是，人与自然在人类能动性社会实践活动发展中的整体辩证和谐可持续，而其前提就是自然相对于人的先在性、客观性、发展性、可持续性存在；而要做到这一点，就必须强调人类能动性社会实践活动的历史地位、作用与功能，强调实践的生态化科学发展，这也是马克思主义社会实践自然观题中之意。当然，这里并不是否定人类精神性社会实践活动的历史地位、作用与功能，只是相对于以往生态自然观思想而更突出物质性社会实践活动的基础性历史决定作用。

所以，马克思主义社会实践自然观是一种极富前瞻性、科学性、彻底性、指导性的人与自然关系理论，从历史唯物主义视角、从实践的维度、以人的发展为目的，论证了自然主义、人道主义、历史主义、共产主义等在实践发展中的逻辑辩证统一，实现了人与自然关系思想发展史上的具有划时代意义的历史性大变革，是对以往一切生态自然观思想的逻辑辩证超越与发展，为我们实际地科学解决我们现时代面临的人与自然关系问题以及以自然为中介的人的问题、社会问题提供了实践的解决思维与路径，即实践活动生态化的复合辩证解决。

第一节 马克思主义社会实践自然观是对人类实践活动生态缺失的哲学反思

人类任何一种实践活动的可行性、合理性发展都是需要特定理论支撑的，只有理论的科学性，才会有实践的本真性科学推进，因此，对实际问题的思考与处理就必须优先回到理论；同样，针对传统人类实践活动生态缺失的问题，我们必须要优先回到对传统生态自然观的理论反思。自人类诞生以来，人类就有关人与自然的关系进行着各种版本的哲学探析与理论论争，并在历史上大体形成了两大理论体系：唯物主义自然观和唯心主义自然观，其理论探讨与论争的主题就是人与自然何者为“第一性”，即人与自然谁具有“先在性”，以及二者是否具有统一性的问题，并在实践活动中具体表现为：是人对自然的绝对征服役使和利用还是人与自然的本真和谐与统一。

尤其是，当人类社会历史演进到现当代，由于自然科学的突飞猛进，信息化、网络化、知识化时代的到来，人对自然的实践认知改造能力极大增强，人从自然中强制性获得极大的物质财富，并完全沉浸在“人定胜天”的狂妄喜悦之中。这一时期，在人与自然关系的理论发展上居主导地位的是人与自然的主客二元分立思想，并在实践中造成人与自然的完全对立、分裂甚至异化，进而最终导致自然对人类反自然行为的疯狂报复，即生态环境问题的区域性爆发、全球性影响，现实生活中表现为各种自然灾害以及以自然为中介的人的问题、社会问题，并已直接威胁人类自身的生命健康安全可持续。至此，人在对自然的实践活动中所获得的所谓优越感、幸福感、成就感等已荡然无存。原有的生态环境理论本身已无法科学解答这些问题。

于是，人开始对自身行为以及人与自然关系的理论探讨进行重新思考，其哲学探析的主题也已开始转向了如何在实践中实现人与自然本真的和谐统一可持续发展上来，即人与自然关系的理论由主客二元对立思维趋向主客一体化的思维发展，并在实践中具体表现为人与自然更高阶段的双向互动、辩证发展。其实质就是，对人类实践活动生态缺失的哲学反思，也即对人类实践活动生态化科学发展的理论探索。

马克思主义社会实践自然观是以唯物辩证的马克思主义哲学为基础和指导，在人与自然关系上实现了对以往所有生态环境伦理思想的辩证超越。马克思主义哲学是批判的哲学，更是建设的哲学，是批判的理论，更是建设的理论，是理论上的批判、实践上的建设，即理论上的批判是为了实践上更好的建设；而批判与建设又是内在统一于人类自身实践活动发展中，是事物发展统一过程的不同两个方面。这里的批判是一建设性批判，是一辩证性否定，更是一发展性肯定，即发展中的辩证肯定，不是绝对的全盘否定，其批判的目的是更高阶段上的肯定与建设，其核心在于发展，因而，其批判过程本身也必然就是一肯定、建设、发展的过程；同样，这里的建设更是一批判性建设，又叫发展性否定，即发展中的辩证否定，不是绝对的全盘肯定，其建设过程本身就是对以往的否定，是在否定中的发展，因而，一定意义上，其实质就是，新事物的产生、旧事物的灭亡。由此可见，批判与建设是内在统一的，其统一过程本身就是辩证性超越。

马克思主义哲学就是这样的哲学，其突出特性就是理论上的批判性、实践上的建设性，也即辩证超越性。马克思主义哲学就是在对以往所有哲学理论的批判性继承基础上形成并获得自身发展的，这一点，已为马克思主义哲学界所共识，并为社会历史发展的实践所证明。正是这种辩证超越性，也即革命性，使马克思主义理论是一活的理论、发展的理论，并实际构成了马克思主义基本原理与中国具体实际相结合，也即马克思主义中国化发展的动力。反映在人与自然关系上，就是，马克思主义社会实践自然观的形成与发展，实现了对以往所有生态自然观、生态自然思想与理论的辩证超越。

在生态环境伦理思想发展中，无论是西方的现时代人与自然关系理论，还是中国的传统生态思想，都是对人与自然关系的理论思考，都是为了人的实际生存与发展，都有其合理性、科学性、可取性，理论上都是人类文明发展中不可或缺的一部分，实践上都对人类社会历史发展起到了特定历史阶段上的积极推动作用。少了哪一点，实践上都会造成人类社会历史发展的断层，理论上更不会有马克思主义社会实践自然观的形成与发展。但是，这些生态自然观思想与理论又都具有其自身难以克服的历史局限性和不科学性，都未能真正科学解决人与自然关系的辩证发展，甚至在此思想理论指导下带来了人类社会历史实践发展上的畸形甚至不可持续等问题，并由此造成一系列人类社会自身问题。特别是，在工业文明主导的现时代，资本的逻辑统治整个人类社会，面对直接威胁人类自身生存与发展的生态环境问题，和由此引起的人的问题、社会问题等，这些生态自然思想与理论更是显得捉襟见肘，其片面性、不够成熟性更是暴露无遗。而其最大不科学之处，就是，没能真正认识到人类社会历史发展的实践辩证性、生态自然性和人文目的性等在实践发展中的辩证统一，因而也就无法克服自身理论发展上的时代局限性，无法解决实践活动生态缺失带来的生态环境问题，因而，也就无法避免被新的更科学的生态自然观思想所替代的命运，而只能是人类文明发展史上的昙花一现。

因此，我们必须回到马克思主义生态实践自然观，即马克思主义社会实践自然观，从理论上探寻马克思主义社会实践自然观与以往生态自然观思想与理论之间的前后历史继承性发展，探求马克思主义社会实践自然观对人与自然关系的科学理解，以期寻求实践上对现时代生态环境问题解决的科学路径。而其最大的科学之处就是：理论上强调实践活动的生态自然性、客观实在性、人文目的性的历史性辩证统一，并以生态自然性为其前提与基础；实践上强调对自然的开发与保护并举，并以保护优先；充分论证和肯定了人类实践活动生态化发展的历史地位、作用与功能及其具体实践展开的社会效应。

其实，早在19世纪上半期，马克思、恩格斯就曾对资本主义剥削制度、资本主义工业化大生产、资本主义城市化大发展，以及资本主义异化消费主义文化价值观等给人类赖以生存与发展的生态自然环境带来的巨大损坏，以及恶劣的生产生活环境给劳动和生活其中的人们带来的生命健康安全等一系列严重危害，以及由此为中介给人类带来的一系列严重的社会问题、人自身问题等进行了深刻的批判，并在此基础上，阐述了其生态实践自然观思想即马克思主义社会实践自然观思想，以期从理论上探求人与人、人与自然双重“和解”的可能性科学路径，强调人与自然关系问题就是人与人的问题、生态环境问题就是人自身问题，强调人类社会历史发展中的一切不公平、不正义、不道德等非人性行为和现象都是人与自然关系的异化造成的，而所有这些问题又都是在人类物质性社会实践活动的非生态化发展过程中形成并演化的。因此，我们必须重视人类实践活动在人类社会历史发展上的革命性意义，强调人类实践活动的生态化科学发展，目的就是要实现自然资源能源的全人类共有、共享、共建，实现人与自然真正意义上的整体辩证和谐可持续，并在此基础上实现人的全面自由发展，即实现人类由受自然力量盲目役使的“必然王国”走向人对自然的能动性驾驭的“自由王国”。

为此，恩格斯曾对人类为了一己私利而一味地强制性过分掠夺、役使、浪费自然资源能源的实践活动所带来的严重生态自然后果、社会后果表示极为担忧，并提出严厉警告：“我们不要过分陶醉于我们人类对自然界的胜利。对于每一次这样的胜利，自然界都对我们进行了报复。”[①] 同时，马克思也曾强调指出：人类应“合理的调节他们与自然间的物质变化，把他置于他们的共同控制之下，而不让他作为盲目的力量来统治自己；靠消耗最小的力量在最无愧于和最适合于他们的人类本性的条件下进行这种物质变化”[②]。以期以此来实现“人和自然界之间、人和人之间矛盾的真正解决”。[③]

由此可见，马克思、恩格斯等马克思主义经典作家历来都很重视人与自然的双向辩证运动，强调人与自然的实践生成与发展，并

① 恩格斯：《自然辩证法》，人民出版社 1984 年版，第 304 页。
② 《马克思恩格斯全集》第 25 卷，人民出版社 2001 年版，第 926 页。
③ 马克思：《1844 年经济学哲学手稿》，人民出版社 2000 年版，第 81 页。

从人与人、人与社会、人与自身关系的视角，思考人与自然的关系，思考人对自然的行为，并把人与人、人与自然结合起来思考人的解放、自然的解放，即人与自然的双重“和解”。这里突出强调的是，人与自然同源、同根、同质、同性、同向的生存与发展。换言之就是，人与自然的关系就是人与人的关系，人对自然的行为就是人对人的行为，这里既有人对自然的天然的绝对依赖性，也即自然对人的不可逾越性，更有人对自然的实践能动性改造和保护，也即自然对人的物质支撑性，人与自然正是在能动的实践活动中互为中介、相互生成、辩证发展的。这也充分说明，人与自然间既是对立统一的辩证统一关系，更是一体化关系，并以一体化为前提和基础。因此，人在对自然的实践活动中必须做到对自然的合目的性、合规律性、合生态性认识、加工、改造与利用，实现人与自然间物质、能量、信息等的合目的性、合规律性、合生态性转换，即人对自然的实践活动中做到开发与保护并举，并以保护优先，使人对自然的行为完全掌控在自然所能承受的范围之内，做到自然的人化与人的自然化在人类实践活动中互补性生存与发展。所以，“在某种意义上，我们可以说马克思、恩格斯是人类历史上第一批生态哲学家，尤其是人类生态学家，是社会生态学家”。[①]

就是说，马克思、恩格斯等马克思主义经典作家是从唯物论、本体论、实践论、解放论等多重视角，并从历史的维度、实践的维度、主客一体化的维度等多重维度，以实践的思维来审视人与自然的辩证关系，探求人与自然的实践解放，以期推进人的全面自由可持续性科学化发展。可以说，马克思人与自然关系思想即马克思主义社会实践自然观为我国生态文明建设的科学推进以及人类实践活动的生态化发展奠定了实践解决的理论基础，提供了丰富的生态思

① 解保军：《马克思自然观的生态哲学意蕴》，黑龙江人民出版社 2002 年版，第 5 页。

想资源，并为其指明了终极发展方向。

当然，由于当时特定的社会历史实践所限，为了适应当时特定的社会历史任务之解决的需要，马克思、恩格斯并未把人与自然关系单独作为一个独立的问题域而进行专门的系统性研究，并未形成独立完整的理论化、系统化生态自然观思想与理论，而是散见于其不同论著之中，且论述也不多。但，这并不影响其生态自然观思想的科学性、前瞻性、指导性，并不影响其在人类社会历史发展中的特定历史作用与功能。因而，不能据此否定马克思、恩格斯的生态自然观思想，认为马克思、恩格斯只关注人而不关注自然。相反，马克思、恩格斯正是在关注自然的基础上探讨人类自身的解放、人类社会历史的发展、人类文明的演进，强调自然对人的先在性、基础性、不可逾越性，即自然对人的生存性基础制约作用，以及人与自然的历史性实践生成与发展。这里既有对人的主观能动性、主体性作用的积极肯定，又有对自然的基础性前提作用的充分强调，更有对人与自然辩证互动的生态化实践活动的高度重视。所以，真正能够科学解决现时代生态环境问题，实现人类实践活动生态化发展的，只能是，早在19世纪上半期，就曾对人与自然关系做出历史性实践论证的马克思主义生态自然观思想，也即马克思主义社会实践自然观思想。

由此可见，马克思主义社会实践自然观就是指以实践的思维方式和实践的逻辑来探究人与自然的本真关系及其历史性实践生成与发展之规律的科学，是对人类实践活动生态缺失的哲学反思，更是对人类实践活动生态化科学发展的积极探索与历史性肯定，是一种对待自然的实践新态度。所以，就此意义来看，马克思主义社会实践自然观既是自然观思想，更是实践观思想，是以自然为基础、以实践为手段、以人的发展为目的的人与自然关系思想和理论，实践和自然构成了马克思主义社会实践自然观最为基础性的核心概念，是要通过对实践活动的历史性考察来实现人与自然矛盾的双重和解；其突出强调的是实践在人与自然关系中的社会历史地位、作用与功能，其核心思想就是从实践的角度对人与自然关系做历史性论证，强调人与自然的能动性实践生成与发展，以及人类社会历史在自然基础上的实践生成性、发展性，是对以往一切生态自然观思想与理论的批判性继承与辩证性超越，是对生态环境问题实践解决的哲学反思，更是对人类社会实践活动生态化发展的价值规导；其基本原则就是强调在尊重客观自然规律前提下实现人对自然的主观能动性的实践发挥，即人在对自然进行能动性认识、加工、改造、利用的同时，必须充分考虑到这种实践行为是否会对生态自然环境造成不同程度的损坏，并积极对自然进行人文的实践保护、建设、修复与美化。

这是一种既注重当下利益更注重未来发展的人与自然整体辩证和谐可持续的思想，强调以人为中心，但反对人类中心主义；而这里的中心实质是指以人的责任为中心，即以人对自然、人与社会、人与人自身，子孙后代应付的历史性责任为中心，以及以人的发展为中心，即以当代人和后代人的全面自由和谐可持续的发展为中心，而反对单一地以人的利益为中心。

总之，理论的先进性才能确保实践的科学性。我们要牢固树立公平、正义、科学、辩证、面向未来的马克思主义社会实践自然观，并在现时代生态环境问题处理的实践中结合已有的生态自然观思想的合理因素，推动人与自然关系思想理论的革命性变革与发展，在理论与实践结合中不断丰富、发展、完善马克思主义社会实践自然观，实现马克思主义哲学在中国的生态性科学化全面发展，并以此为指导进一步推进我国社会实践活动的生态性转化与发展。

第二节 人类实践活动生态化是马克思主义社会实践自然观题中应有之义

马克思主义社会实践自然观是一种对待自然的实践新态度，是对实践活动生态化科学发展的哲学探索与历史性论证，既是历史唯物主义的、辩证唯物主义的，更是实践唯物主义的，是用唯物辩证的历史观、实践观来分析自然、人与自然关系，进而强调人类社会在自然基础上的历史性实践生成与发展，即整个人类社会是在对自然的历史性实践活动中逐渐生成与发展的，强调人类社会历史发展的唯物辩证性、生态自然性、实践发展性、人文目的性等。因此，在对自然的实践活动中，必须做到合目的性、合规律性、合生态性相统一，即实践活动的物质利益化与生态利益化相统一；在社会发展上，必须做到社会效益、经济效益与生态效益相统一，即经济社会发展与生态自然环境优化相统一；而其根本目的就是要实现“真正人的复归”“真正人类社会历史的开始”，即“人终于成为自己的社会结合的主人，从而也就成为自然界的主人，成为自己本身的主人”,[①] 也即实践自然基础上的人的发展和社会发展。这就是马克思主义社会实践自然观思想给我们的现当代辩证实践启示，即人类实践活动生态化发展。

所以，人类实践活动生态化是马克思主义社会实践自然观题中应有之意，其基础性核心概念就是实践与自然。对此，我们可做如下理解。

一 实践：人类生存发展的基础

马克思在《德意志意识形态》中曾明确指出：“对实践的唯物

① 《马克思恩格斯选集》第3卷，人民出版社1972年版，第443页。

主义者即共产主义者说来，全部问题都在于使现存世界革命化，实际地反对并改变现存的事物。”① 这里突出强调的是实践的革命性在人类社会历史发展中的本质地位与作用，强调对现存物质世界做实践的理解而不只是理论的解读；现实生活中对现存物质世界的能动性改造与转化，这不只是实践唯物主义者本应具有的历史责任与任务，更是整个人类社会历史的真实生成与发展历程。人类社会就是在具体的实践活动中实现了人与自然间物质、能量、信息的不断转化，从而使人类自身生生不息的生存与发展获得了源源不断的物质、能量、信息的支撑，进而在此基础上孕育出整个人类社会历史的真实而又丰富的演化与发展。因此，离开了一个个具体的社会实践活动，就不会有人类社会的真实生成与发展，更无法理解和把握人类社会历史发展中的种种现象和本质，实践的这种不可替代的社会历史地位与作用，不会因为其是否被人认识与把握、如何被人运用与掌控而变化。所以说，实践是人类生存与发展的现实基础，这是马克思主义哲学最为核心的概念、本质的概念、基础性概念，也是马克思主义哲学与以往任何哲学相区分的根本之所在，更是我们正确、科学地理解、继承、发展、运用马克思主义哲学的关键之所在。

马克思正是在对实践的历史性考察和科学理解基础上，把人与自然纳入到人类社会历史领域来具体分析人与自然关系本真的实践生成与发展及其矛盾的动态演化过程，进而提出人与自然关系真正和解的科学途径和目的，实现了自然观和人类社会历史观的根本性变革和辩证性统一，进而形成了其极具智慧的、科学的和极具前瞻性、可操作性的马克思主义社会实践自然观，并在此基础上对人与人、人与社会、人与自身等社会性关系进行了科学的实践认识与把

---

① 《马克思恩格斯选集》第1卷，人民出版社1995年版，第75页。

握。就是说，马克思主义社会实践自然观是一种辩证实践自然观，是建立在对实践的科学理解基础上的，是以实践为基础的生态自然观，是一种能动的人化自然观，并在此基础上对人类社会历史的生成与发展做了实践唯物主义的科学阐释，强调人类社会历史发展面临的两大难题就是实践活动中生成与发展的人与人、人与自然间的矛盾；因而，人的解放、自然的解放，即人与自然矛盾的双重和解就是整个人类社会的解放，也即真正人类社会历史的开始。由此可见，马克思最大的历史功绩就是在对实践理解的基础上把自然观中的唯物主义运用到人类社会历史领域，由此实现了哲学发展史上的革命性变革。因此，只有从理解马克思主义社会实践自然观出发，才能形成对马克思实践唯物主义历史观的科学解读与把握，也才能真正科学、合理、全面地继承、发展、运用马克思主义哲学，并使其具体化、实践化，以此彰显马克思主义哲学的历史生命力和活力。

马克思主义社会实践自然观所阐述的实践是一客观的、能动的、有规律的对象性转化活动，表述的是一合目的性、合规律性、合生态性动态转化概念，主要涉及的是人与自然关系基础上的人与人、人与社会、人与自身关系的对象性转化活动，并在这一对象性实践转化活动中，阐述了人与自然、人与人、人与社会、人与自身关系的实践生成与发展，即人类社会历史的实践生成与发展。就是说，马克思是从人的实践活动来理解自然、认识社会、把握历史的，并把实践看作“人—自然—社会”矛盾对立转化、辨证和谐统一的基础，把实践关系看作人类社会历史发展中所有关系的首要的基本关系。正是在这一对象性实践转化活动中，人不仅认识了自然和社会的表象，更是凭借着其自身在实践活动中逐渐形成和发展起来的、只为人所特有的理性探究了其本质，实现了人向自然的转化和自然向人的转化，即人化自然和自然化人的双重历史性任务，由此推进了人类社会的实践生成与发展，并在这一过程中彰显了人的主体性、主观能动性，培养和发展了人的本质力量和自我意识等。因此，我们只能从人类社会实践活动出发，尤其是物质性社会实践活动出发，才能真正科学地理解和把握人与自然的关系，以及在此基础上人类社会自身的生存与发展，并实现对其科学规导。

马克思正是通过对实践的历史唯物主义考察，才认识到实践在人类社会历史发展中的不可替代的特殊地位、作用与功能，并把实践作为核心概念引入自己的哲学理论中，从而实现了自己思想的发展由青年黑格尔派到费尔巴哈派，再到真正的马克思主义者的历史性转变，创立了与以往所有哲学本质不同的、引领时代的马克思主义哲学；其科学性、发展性、可操作性已为社会历史所证明，并将继续得以彰显和完善，而实践观就此成了马克思主义哲学首要的基本的核心观点，也是人类认识自身、发展自身、完善自身的首要的基本的核心观点。

由此可见，实践活动是正确地理解和处理人类社会一切问题，包括人与自然关系的问题，以及以自然为中介的人的问题、社会问题的一把“金钥匙”。马克思在《关于费尔巴哈的提纲》中讲道：“凡是把理论引向神秘主义的神秘东西，都能在人的实践中以及对这个实践的理解中得到合理的解决。”① 就是说，人类社会生活中的一切事实和现象都是在实践活动中发生的，都与实践密切相关，即人类社会生活中的所有问题都能在其产生的社会实践活动中找到其本质根源，因此，其问题的解决就必须回到实践，由具体的更加合理科学的、更加文明高级的人类实践活动来解决。就是说，实践不只是人与外部世界、人与自然关系的本体依托和出发点，更是人自身得以历史性生成与发展的、内在具有的、最本质的特征；换言之

---

① 《马克思恩格斯选集》第1卷，人民出版社1995年版，第56页。

就是，实践是人的存在方式、生活方式，也更是人类科学合理的思维方式、发展方式，是人之所以为人的根本之所在，也更是人类得以延续与发展的本质根源。

人正是在实践活动中把自身从外部世界中提升出来，并不断形成和发展了人的各种规定性，不只是自然规定性，更是人的社会规定性、自我规定性。人的实践活动能力越强、越科学、越生态，人在与外部世界的交往中，活动的自由度就越大，人生活得就越人性，人也就更成为人，人的自然属性、社会属性才能在更高阶段上真正实现辩证一体。因此，以实践的思维和逻辑，从哲学的维度探析人类实践活动生态化发展，消除主客二元对立，实现主客一体化发展，根源性地解决生态环境问题，促进人的本真发展，就成为研究马克思主义哲学，尤其是研究马克思主义社会实践自然观的题中应有之义；同时，这也是哲学上研究人与自然关系不可回避的重要维度，这一点，已为古今中外人与自然关系理论的发展所佐证。

总之，实践生成一切、发展一切，并规导一切。正是人的实践本性从根本上确保了人的生存与发展，有了实践，才有了人与人、人与社会、人与自然、人与自身间彼此的相互联系、相互贯通、相互融合而发展，人才成为人而不再是动物，自然也才成为“人”而不再是与人无涉的自然。马克思正是基于此认识，才实现了唯物主义与历史观的辩证统一，实现了唯物主义与辩证法的历史性统一，创立了马克思主义社会实践自然观，找到了人类本性回归的现实路径。

二 自然：人类生存发展的前提

恩格斯在《路德维希·费尔巴哈和德国古典哲学的终结》中说：“自然界是不依赖任何哲学而存在的；它是我们人类即自然界

的产物本身赖以生长的基础;”[①] 马克思在《1844 年经济学哲学手稿》中说:“从理论领域来说”,自然是“自然科学的对象”,是“艺术的对象”,是“人的意识的一部分,是人的精神的无机界,是人必须事先进行加工以便享用和消化的精神食粮”;“同样,从实践领域来说,这些东西也是人的生活和人的活动的一部分。人在肉体上只有靠这些自然产品才能生活,不管这些产品是以食物、燃料、衣着的形式还是以住房等的形式表现出来。在实践上,人的普遍性正表现为这样的普遍性,它把整个自然界——首先作为人的直接的生活资料,其次作为人的生命活动的对象(材料)和工具——变成人的无机的身体。自然界,就它自身不是人的身体而言,是人的无机的身体。人靠自然界生活。这就是说,自然界是人为了不致死亡而必须与之处于持续不断地交互作用过程的、人的身体。所谓人的肉体生活和精神生活同自然界相联系,不外是说自然界同自身相联系,因为人是自然界的一部分。”[②]

这就充分说明了人对自然的绝对依赖性、自然对人的直接决定性:无论是人的精神世界还是物质世界都离不开自然,自然是人的衣食之源生存之基,是人的精神食粮、物质财富的发源地,人是自然的产物,是自然界的一部分;人与自然具有同源、同根、同质的特性,人靠自然界生活,离开自然,人将如离开水的鱼而无法生存。正是人的这种自然特性决定了人与自然间始终进行着以支撑人的可持续性生存与发展为核心导向的物质、能量、信息的交换;因而,不只是人的产生离不开自然,就是产生之后的人的存在与发展同样离不开自然。人靠自然界生活,这是亘古不变的真理,是不以任何人、任何事、任何理论而改变的,不论人们是如何认识它、理解它、改造它,它都存在并发挥着作用。而实现人与自然间此种关

① 《马克思恩格斯选集》第 4 卷,人民出版社 1995 年版,第 218 页。

② 马克思:《1844 年经济学哲学手稿》,人民出版社 2000 年版,第 55—56 页。

联的并以此为基础不断推动人类社会历史发展的是实践，正是这种实践性才在人的意义上确保了自然对人的生存与发展所具有的不可替代的基础性地位、作用与功能。

自然是马克思主义哲学理论中——尤其是马克思主义社会实践自然观中又一个具有重要的基础性地位和作用的核心概念。一定意义上可以说，没有对自然的历史唯物主义考察，就没有马克思主义历史观的诞生；没有对自然的实践唯物主义探析，就不会有马克思主义生态实践自然观的形成，也就不会有整个马克思主义哲学的创立。马克思在《德意志意识形态》中曾指出："全部人类历史的第一个前提无疑是有生命的个人的存在。因此，第一个需要确认的事实就是这些个人的肉体组织以及由此产生的个人对其他自然的关系。"[①] 就是说，只有首先探析了人与自然的关系及其本质，才能找到肉体人、自然人得以社会性存在与发展的基础，才能科学理解人类社会历史发展的真实历程与规律，才能真正实现人的本真发展。因此，人类社会历史发展所要面对的第一个历史性活动就是对自然进行的合规律、合目的、合生态的理性认识、加工、改造与利用，即所谓的物质财富、精神财富的创造，在此基础上，才会有整个人类社会历史的人文性发展。由此可见，马克思主义哲学十分重视人与自然关系在人类社会历史发展中的基础性地位与作用，十分重视人对自然进行的合规律、合目的、合生态的实践转化活动，强调人与自然关系是全部人类社会历史发展中第一个需要确认的事实，并据此指出："整个所谓的世界历史不外是人通过人的劳动而诞生的过程，是自然界对人来说的生成过程。"[②]

就是说，整个人类社会历史的实践生成与发展就是建立在人对自然的人化过程中，在这一过程中，人总是以主体的身份作用于自

---

① 《马克思恩格斯选集》第 1 卷，人民出版社 1995 年版，第 67 页。

② 马克思：《1844 年经济学哲学手稿》，人民出版社 2000 年版，第 92 页。

然，使自然变成人的无机身体和精神的无机界，成为人这一生命体不可分割的一部分，只有这样的自然对人才有意义、才是真实的自然、活的自然、有生命力的自然。正如马克思所说：“在人类社会的形成过程中生成的自然界，是人的现实的自然界；因此，通过工业——尽管以异化的形式——形成的自然界，是真正的、人本学的自然界。”[①] 现实生活中，也正是这种自然构成了人类自身生生不息的坚实物质基础。

由此可见，自然是一历史性概念、社会性概念，更是一哲学概念，在人类社会历史的实践生成、演化与发展中始终是一个事关民生的基础性大问题。其实，它不只是马克思主义哲学中最为基础的核心概念，更是贯穿整个人类社会对自然理解的理论中。自人类形成以来，人们就对自然以及人与自然关系进行着各种形式的实践探索、理论认识，并由此形成了人对自然的实际的认识、加工、改造活动，进而形成了人与自然主客二元对立的思维和理论，并在此认识指导下进一步形成人与自然关系的更高阶段的实践生成与演化。尽管，历史上形成的这些理论与认识都有其不足之处，都只是人们在特定历史阶段对自然某一方面、某一功能的探析，甚至形成了导致人与自然绝对对立、分裂、异化的极端片面性认识；但，它们都表达了一个事实，即人必须与自然打交道，无论是现在还是将来，人都离不开自然；同时，这些理论性认识也给我们正确理解人与自然关系，把握自然实质，推进人的发展，提供了宝贵的思想资源。

自然不再是神秘的东西，不再是人们对其束手无策的东西，而是能够被人认识、改造、利用的东西，是能够被人征服、向人转化、为人服务的东西。有了对自然的这些认识，从终极意义上来说，自然就不再是纯天然的自在自为的自然，不再是与人无涉的自

---

① 马克思：《1844 年经济学哲学手稿》，人民出版社 2000 年版，第 89 页。

然，而是能够被人认识、加工、改造的自然，是人化自然，是实践生成的自然，至此，人与自然相互交融而存在与发展。就是说，自然与人的实际生活密切相关，人正是在对自然的具体实践活动中不断使自然进入人类社会生产生活的各个领域，使其向着有利于人的方面发展，并渗透到人类社会生活的方方面面，而成为人自身构成的一部分，使其具有了人的意义和社会历史性；同时，另一方面，人又不断地把自己的本质力量和主观目的渗透到自然中，并转化为能够满足人类各种需要的具体物质，使自然产生出其自身无法自生的新性质、新物质。而这种对自然的认识与实践转换是一历史过程，是人在其自身历史发展中逐渐形成并不断升华的，且人相对于自然的主体性也在此过程中得以彰显、丰富与发展。

正是自然的这种属人性发展使得自然不再是自然而更是人这一生命体的内在组成部分，并真实地构成了人生存与发展不可逾越的基础性前提和内容。由此，自然的属人性发展就内在地表现为两方面：一方面是，自然的人文性实践转化，产生出自然自身无法形成的人化产品，并以此真实地满足人类自身社会性生存与发展的各种需要，而成为人生命中不可分割的一部分；另一方面是，自然的人文性生态限度，人对自然的认识改造越深刻越全面，就越是说明人离不开自然，这种认识改造的最终结果只能是人与自然在更高层次上的融合一体，而不是人与自然的分离与对立，这种认识改造的环节越多程序越复杂过程越精细，自然就越是在更高层次上更加广泛全面地渗透到人的生命中，而此时，人与自然的关系也就更加越发地紧密而脆弱，任何一环节步骤处理中出现问题，就会更加直接地影响到人的生存与发展。

由上可知，自然在人类社会历史发展中具有不可替代的基础性制约与支撑作用，是人类生存与发展的前提。马克思主义哲学就是这样一个哲学，它始终重视对自然、对人与自然关系的历史性考察和实践唯物主义的辩证理解，强调人与自然在人类社会历史发展上的实践辩证统一，并把人的解放、自然的解放、人与自然的双重和解作为其终极奋斗目标。

三 实践活动生态化：人类生存发展的内在必然

自人类诞生以来，人就是通过对自然的实践活动来不断实现人的发展、社会的发展，并因此引起自然本身的巨大变化。就是说，实践和自然是人类社会历史发展不可或缺、无可替代的基础性因素，正是人与自然的实践结合才有了人类社会历史的现实发展；但是，这种实践结合并不是自然而然、天然合理的，其中更是贯穿着各种错综复杂的主客观因素，当这种实践结合只是一味地强调自然的属人性发展，即一味地强调对自然的人文性加工改造转化与利用，而忽视甚至根本否定人的社会属性的自然化发展，即人对自然的社会性实践保护修复建设与美化，势必造成实践活动的生态缺失；这样的实践活动表面上看在特定的历史时期是促进了人的发展，但其实质却是在更高阶段上促使人的消亡。

因此，在对自然的实践活动中既要考虑人、考虑人的各种社会性需要的满足，更要考虑自然、考虑人与自然关系的整体平衡协调，做到人类实践活动的利益化与生态化并存，只有这样才能实现人的可持续性生存与发展。这里，人类实践活动的利益化发展是为人生存与发展得更美好提供坚实的物质基础，而实践活动的生态化发展则是为人生存与发展的可持续提供坚实的生态自然基础，二者缺一不可，是统一过程中的不同两个方面。如果，只考虑实践活动的利益化而忽视甚至否定其生态化，事实上，人们往往也就是这样做的，势必会造成人对自然的极度破坏，导致生态环境问题的发生，给人的生命健康安全带来危害，甚至直接导致人的消亡，这种单一利益化发展带来的实际危害已为人类社会历史发展所证实。因此，在对自然的实际活动中，无论是直接的还是间接的、物质的还是精神的，我们必须考虑其活动的生态性，做到实践活动的生态化发展，这是我们人类可持续性生存与发展的内在必然要求，也是我们人类几千年来实践智慧的结晶与升华。

这是因为，人类实践活动是一对象性活动，更是一双向辩证转化活动，其活动的主体（人）运用活动中介（工具）能动地作用于活动对象（自然万物），其目的就是使自然万物向着人的方向转化，成为人生存与发展中的一部分，而这一转化过程本身也是人的主观意愿转变为客观实体的过程，在这一过程中，人的本质力量得以对象化和内化的双重转化与发展，进而推动整个人类社会历史的螺旋式上升、曲折性发展。但是，如果人对自然的实践活动中只注重自然向人的转化而无视人向自然的转化，势必造成实践活动的单向运行，其发展到极致必然是生态自然万物自身系统运行的瘫痪，进而造成实践活动自身的中断，整个人类的可持续性生存与发展也就无从做起，这是一矛盾的辩证运动。因此，在对自然的实践转化活动中，我们既要能从自然中不断获取人类生存与发展所需的一切，以此不断满足人的各种更高层次的社会性需求，更要做到不伤及自然生态系统自身整体平衡、稳定、可持续性的运行与发展，而要做到这些，就必须实现实践活动的利益化与生态化辩证发展，实现人与自然在实践活动中的双向转化与发展，如此才能确保实践活动对象和内容的可持续。

因此说，人类实践活动的生态化与物质利益化发展，都是人类自身生存与发展的内在必然，二者统一于人对自然的实践活动中。但是，在不同的历史时期，由于社会生产力发展上的有限性和不平衡性，导致二者会出现轻重缓急的发展态势：当社会生产力发展还比较落后时，人们从自然中创造出的社会财富还不能满足人自身基本生存与发展的需求，此时，实践活动的物质利益化发展就会被放到至高的位置，而其生态化发展就会被相对忽视，表现在现实生活中，就是人们对物质利益、经济利益的追求与争夺，而相对忽视了人的精神需求、人的全面发展以及人对生态自然环境利益的需求，甚至不惜借助政治斗争、阶级斗争甚至革命、变革等的极端方式来实现其利益争夺之目的；但是，当生产力发展达到足以对生态自然环境自身的整体平衡运行造成伤害时，就必须做到实践活动的生态化与利益化并存并以生态化为先，即人类实践活动应普遍遵循“真、善、美”相融合的实践准则和价值评判标准，积极能动地把主体的内在尺度与客体的外在尺度相结合，以此来寻求人与自然间最优的双向辩证运动和双向对象化活动，在合规律性、合目的性与合生态性辩证统一的主客体关系中形成一种真正社会人的自由全面可持续性生存与发展。

特别是在现时代，由于具有工具性功能与作用的工业文明的空前发展，以及科学技术、信息技术的突飞猛进等，人们控制、役使自然的实践活动能力发展到了极致，生态环境问题已经出现并有继续扩大趋势。因此，在此历史阶段，人们在改造客观物质世界、创造社会财富、享受社会生活的同时，必须积极能动地改善和优化人与自然关系，以及在此基础上的人与人、人与社会、人与自身的关系，做到社会发展上的经济效益与生态效益相统一、物质利益与生态利益相并重等，以此来消除生态环境问题，以及由此引起的人的问题、社会问题。即，人们在从事物质的或精神的生产生活实践活动的同时，必须首先在思想意识上高度重视对自然的尊重和维护，并以此为基础来探求可持续的生产生活方式和消费模式，并最终形成可持续的生态性生产发展能力，以此来确保人类社会历史发展的生态自然性、物质财富性、休闲娱乐性等多方面的全面自由发展。

随着人类社会的不断进步、生产力的不断发展，以及社会分工的进一步细化等，人类实践活动的方式越来越多样化，活动涉及的内容越来越细化，活动危机的范围与程度也越来越深化，形成了一个庞杂的实践活动体系，但其基本形式无外乎就是物质的生产生活实践活动和精神的生产生活实践活动。既然，整个人类社会就是在对自然的实践活动中生成与发展的，因此，无论是在物质的生产生活实践活动中还是在精神的生产生活实践活动中，我们都必须全面实现人与人、人与社会、人与自然的主客一体化发展，即人类社会历史发展朝着物质财富与精神财富共同繁荣、人类社会进步与生态自然环境发展整体辩证和谐可持续，以及经济社会发展与生态自然环境优化齐头并进的方向努力，以此来实现、促进并保持人类实践活动的生态化发展。

然而，过去传统的实践活动在对自然的认识改造中，只是做到了所谓的合规律合目的的发展，并过多强调的是所谓物质性实践活动的发展，尤其是物质性生产实践活动的发展，致使人的精神活动、精神力量的发展以及其他相关方面的发展更多只是为物质利益的获得和享用服务。在这漫长的历史性实践活动中，人是发展了，但其发展的极为片面，甚至出现人的畸形发展和异化发展；这种发展的负效应随着人的实践活动能力的现时代急速增强，而日益凸显，反应在人与自然关系上就是生态环境问题的日益危机化，并已经严重威胁到人类自身的生命健康完全可持续，造成了发展的悖论，即，社会是发展了，但是，人也因此而更加不能生存了。这就充分说明了，人类实践活动本身的发展是具有其自身特有的所谓“正负”双面性的，这是不以人的意志为转移的客观实在，但其“正负”效应完全是由人来掌控和协调的，而这种掌控与协调本身就是生态性实践活动。

所以，生态性实践活动追求的不只是物质财富的创造、物质利益的享用，而更是人的全面自由可持续性生存与发展，其着眼点不只是现时代人生活的所谓幸福和谐健康安全，而更是后代人生活的全面自由公平正义可持续，这里协调的不只是自然向人的转化，而更是人向自然的转化，其遵循的原则不只是合规律合目的性，而更是合生态性。这样的实践活动不是自然使然的，而是人为使然的，是为了人并由人来掌控和协调的，是人自身生存与发展本身所内在必需的。

综上所述可见，马克思主义社会实践自然观是一种对待自然的实践新态度，强调从哲学的视角以实践的思维和逻辑来历史地分析人与自然关系，强调“人—自然—会”的历史性实践生存与发展，其核心概念就是实践与自然，而实现二者内在融合辩证统一的现实路径就是人类实践活动的生态化发展。因此，实践活动生态化是马克思主义社会实践自然观题中用应有之义，这是人类社会可持续性生存与发展的内在必然，更是现时代生态环境问题解决的根本路径。

第三节　人与自然在实践中的辩证和谐发展

马克思在《德意志意识形态》中把“现实的人”也即“社会的人”作为历史唯物主义的出发点，而恩格斯则把历史唯物主义称为“关于现实的人及其历史发展的科学”①。而这里的人就是实践生成的人，并是在对自然的各种实践活动中不断自我完善和发展的人，其现实性就体现在对自然的各种实践活动中，而这样的系列性实践活动总和就是现实的人类社会历史进程；如此，自然史也就是人类实践活动史，也即人类社会历史，二者是融合一体辩证发展的，并表现为人与自然在实践中的辩证和谐发展。

因此，马克思主义社会实践自然观思想就是要通过对人与自然

① 《马克思恩格斯选集》第4卷，人民出版社1995年版，第241页。

的各种实践活动的历史性考察，来探索人类自身的解放，寻求人的全面自由发展，并贯穿于人的解放和自然的解放即人与自然矛盾双重和解的问题之中，其根本目的就是要实现具有自然性的真正“社会人”的回归，即真正人类社会历史的开始。

马克思在《1857—1858年经济学手稿》中把人的发展分为三阶段：人的依赖阶段、物的依赖阶段和人的全面自由发展阶段。其中，人的全面自由发展阶段就是具有自然性的“社会人”的本真回归，是对前两个阶段发展的辩证超越，表现在人与自然关系上就是人与自然本真意义上的整体辩证和谐可持续。这里的辩证和谐是从整体上来讲的人与自然在实践中能动的双向和谐，是本真的动态和谐，这种和谐强调的是人与自然矛盾的双重实践和解，其辩证性就体现在人与自然的双向实践生成与可持续发展上。

因此，马克思主义社会实践自然观的本质内涵强调的是整个人类社会历史发展就是以自然为根基、以人的发展为本、以实践活动为中介的“人—自然—社会”整体辩证和谐可持续的历史性实践生成与发展。具体表现为三方面：人的社会属性自然属性的本真统一（即人的自然主义完成）、自然属人性的可持续化生成与发展（即自然的人道主义完成）和社会生产生活的整体辩证和谐（即真正自由人的全面发展）。

一 人的社会属性自然属性的本真统一——人的自然主义完成

马克思在《关于费尔巴哈的提纲》中指出：“人的本质不是单个人所固有的抽象物，在其现实性上，它是一切社会关系的总和。”并由此指出“全部社会生活在本质上是实践的”。[①] 就是说，人是社会性的人，人的本质属性在其现实性上就是物质社会的实践生成

① 《马克思恩格斯选集》第1卷，人民出版社1995年版，第56页。

性与发展性，是客观的而非抽象的，是实践的而非理论的。马克思正是从人与自然实践生成的物质性社会关系中来考察人的本质属性和内在规定性，而这种从物质性社会关系的视角来看待具有自然性的感性具体人的社会实践生成与发展，是马克思主义哲学与以往所有哲学在对人的分析上的根本区别之所在。

正是人的这种实践生成与发展的社会性即在实践活动的发展中结成的人际关系性使人与动物相区分，而成为真正的人，不再只是动物，否则，人只能是动物，据此，也就不会有人类社会的实践生成与发展。当然，马克思这里并不是只强调人的社会性而否定人的自然性，而是突出强调人的自然属性基础上的社会性的实践生成与发展，是相对于以往所有哲学在对人的分析上的片面性而提出的。这里实践生成与发展的社会性是内涵人的自然性的，是自然性的社会化发展，是二者在实践中的内在辩证统一。

历史上，人们对自身的认识是一个由朦胧到具体、由表面到内在、由感性到理性逐步深入的辩证发展过程，在这一认识过程中，人们实现了自身由纯动物性向人性、由纯自然属性向社会属性的转化与发展，这种认识的深化使得人们成为高于一切其他生命物的所谓“最高统治者”。这一过程，一定意义上可以看作是（事实上也就是）人的自然属性的社会化发展，即人的肉体性存在的社会化发展，其发展的结果就是，人越来越脱离动物而成为“人”，由此人的社会性也日趋成熟完善而发展。如此，人们更多强调的是人相对于自然万物的所谓社会性，并把这一社会性进一步上升为人的抽象的主观能动性、理性甚至虚幻的宗教神性，特别是近代工业文明以来，人们更是把人的理性抬到至高无上的地位，并使其绝对化，甚至神化。这样就使得人们看到的只是，人对自然的绝对权威性，并把自然完全看作人类取之不尽、用之不竭的资源库和具有无限容量的垃圾场，而相对忽视甚至根本否定了人类生存与发展的客观物质基础——生态自然环境、自然资源能源对人的生存性基础制约作用，即只看到人对自然的加工、改造、利用，而忽视了人对自然的这种能动性实践认识与改造活动本身有可能会造成自然对人的报复，从而使人与自然万物相区分而对立甚至分裂、异化，使人成为自然的绝对主人并对自然进行惨无人道的、永无止境的征服、掠夺与破坏，试图把自然榨干到流尽最后“一滴血”，并由此造成了人世间一系列不公平、非正义性行为与问题。正是这种对人的片面性认识，使得人在自然面前狂妄自大到无以复加的地步，“人定胜天”的思想极度膨胀，并最终自己把自己送上了断头台，现时代的生态环境问题以及由此带来的人的问题、社会问题就是如此造成并不断恶化的。

因此，我们在探究人的本质属性、内在规定性时，就必须使其建立在人的自然属性基础上来强调其自身的社会实践生成性与发展性，强调人与自然既对立又统一的内在本质关系，二者内在统一于人的社会属性自然属性的辩证发展过程中，即人的自然主义完成过程中，其实现途径就是人类既合目的又合规律更合生态的实践活动的生态化发展。据此，人的自然主义完成，我们可以作这样的理解：社会性的人在更高阶段上向自然的实践生成与转化，是人的自然化与自然的人化在更高阶段上的辩证统一，既是使人内化自然的本质规定性，使人成为自然的一部分，更是把自然纳入到人的社会性关系中，使自然成为人的精神食粮和无机的身体，在实践中与自然进行人的交往而与自然糅为一体，并在这一转化过程中实现“对人的本质的真正占有”，既促进了自然这一人的无机身体、精神的无机界自身的优化，又确保了人这一社会性存在物自身的可持续化。一句话表述就是，人是向自然而生成为人。

人向自然而生成为人，是说，人在对自然进行加工改造利用与转化，使自然向着满足人的各种社会性需要方向转化而成为人的生命中的内在组成部分，维持人这一自然存在体的生命存在与发展的同时，又必须对自然进行人文性地保护建设修复与美化，使自然在被人文改造过程中的损失能够得到及时有力地补偿和修复，从而维持自然自身的整体性系统运行，以此来确保人的自然生命体的可持续性延续，如此，才能形成人与自然间完整的生命运行系统，人也才能成为真正人。这里，人向自然而成为人，其实质也就是，人的自然属性社会化发展和人的社会属性自然化发展在更高阶段上的辩证统一过程，也即自然向人的转化和人向自然的转化的辩证统一过程，而这一过程的螺旋式循环发展也就是人类完整的自然主义完成；如此，人与自然间的关系就不再只是对立、分裂甚至异化，而更是融合一体的辩证发展，是真正本质的对立统一。

由此可见，相对于传统人的发展而言，人的自然主义完成就是人在更高阶段上向自然而成为人，而不再只是自然向人的转化而成为人，就是人的社会属性自然属性的在更高阶段上的本真发展，而不再只是人的自然属性的社会化发展。就是说，人的自然主义完成就是人的自然属性和社会属性的内在辩证统一，即人的自然本性和实践生成与发展的社会属性的内在辩证统一，并外在表现为人对自然的加工改造利用与转化和人对自然的修复建设保护与美化相统一。如此，既实现了人对自然的占有使自然成为人，即人的自然属性社会化发展（这是相对于动物而言的，因为，动物只是凭着本能来占有自然、享用自然，动物对自然的需求仅仅是出于本能性需求，动物与自然是直接统一的，因而，动物始终是动物而不可能是人；但，人不是，人是通过实践与自然间接统一的，人越是远离自然就越是成为人，人的自然属性的社会化发展就是指人对自然实践改造能力的社会化发展，也即人对自然的需求越来越社会化而不再只是本能性需求，其发展的结果就是，人成为自然的主人）；同时，又实现了人对人的本质的占有，使人成为人与自然和谐共生共演的管理者、组织者、协调者、建设者，即人的社会属性更高阶段上的自然化发展（这是相对于不完整的人、非本质的人而言的，这里的不完整、非本质是指，只强调人对自然的加工改造利用和转化即自然向人的转化，而忽视甚至根本否定人对自然的修复保护建设和美化即人向自然的转化；这样的人发展到极致就是人与自然的彻底断裂，而最终因自然本能性需求的断层而走向自我消亡，人的社会属性也就不复存在，人的本质也就更是无从谈起）。

马克思主义者历来都很重视人的自然属性与社会属性这一既对立又统一的双重特性，强调人在自然属性基础上的社会性，以及人的社会属性的自然化发展。这是因为，人本身就是自然的产物，是自然自身不可分割的一部分，并在对自然的实践活动中存在与发展，正如恩格斯在《反杜林论》中所说："人本身是自然界的产物，是在自己所处的环境中并且和这个环境一起发展起来的。"[①] 因此，人既是自然性人的社会存在物，更是社会性人的自然存在物；所以，人在对自然的实践活动中按照自身的需要设定自然、人化自然的同时，也被自然所设定、被自然化，二者相互渗透、相互依托、相互促进而存在与发展，是同一过程的两个方面，是一回事，不是截然分开的并行不悖的两个领域。就是说，人在改造自然的同时也在改造自身，自然的改变与人的改变相一致，人正是在与自然的这种双向转化过程中获得自己的内在本质规定性，并在此基础上获得其自身自由自觉的实践生成与发展，这是人类社会历史发展不可违背的自然规律。

就是说，人作为有生命的存在物，首先就是在与自然的对象性关系中存在与发展的，在此基础上，才会有人与人、人与社会、人与自身的对象性关系的演化与发展，并反过来，进一步促进人与自然对象性关系的发展。正是这种"对象性"决定了人必然是被自然

① 《马克思恩格斯选集》第3卷，人民出版社1995年版，第374页。

所对象、被自然所规定的，所以，在对自然的实践活动中，人既改造自然又改造人自身，并由此形成人之为人的内在本质，且在人的本质属性中内在具有了作为其实践活动对象的自然的本质规定性。

总之，人的自然主义完成就是说人不再只是自然人，也不再只是社会人，而更是具有自然性的现实、具体、感性的社会人，即内化了人与自然辩证和谐统一关系的社会性人；其突出特点就是，人的自然属性社会属性的内在统一而发展，即人与自然辩证和谐的本真关系在人化了的人身上的最高形成；而其中居于主体地位、起着主导作用的是人，其实现途径就是把人与自然联系起来的人类实践活动的生态化发展；而其目的就是要实现人与自然辩证统一基础上社会人的实践生成与发展，即社会性的人通过对自然的能动性实践认识加工改造和修复保护建设来实现人与自然的双重转化，并由此获得人自身的可持续性社会实践生成与发展。

二　自然属人性的可持续化生成与发展——自然的人道主义完成

马克思主义社会实践自然观思想从实践维度充分论证了实践生成的自然是人类社会历史生成与发展的前提与基础，即实践生成的自然是具有自然性的社会人的衣食之源、生存之基。而自然的实践生成与发展指的就是自然在实践中的人化生成与发展，既有自然自身的发展，更有自然为人的发展，是二者的内在统一，即自然属人性的可持续化生成与发展，其过程就是自然的人道主义完成过程。

马克思指出："自然界，无论是客观的还是主观的，都不是直接地同人的存在物相适应。"[①] 就是说，人与自然不是天然自在的一致的，不是直接统一的，天然自在的一致只能是动物式的被动的，

① 《马克思恩格斯全集》第42卷，人民出版社1979年版，第169页。

且是无发展的；而人与自然的一致只能是通过人自由自觉的实践这一中介才能相契合的，只有这样的一致才是真正社会人的生成与发展，而在这一过程中，自然除了自身运行之外而更是实现了向人的转化。换言之就是，人必须在实践活动中使自然自身的运行向着有利于人的方向转化，使其具有与人的需要相一致的特性，成为人的身体的一部分，才能与人相融合而存在。

“在实践上，人的普遍性正表现在把整个自然界——首先作为人的直接的生活资料其次作为人的生命活动的对象化材料和工具——变成人的无机的身体。”① “离开人而被抽象地孤立地理解的、被固定为与人分离的自然界，对人说来也是无”②。就是说，自然不是与人无涉的抽象自然，而是被纳入人类社会历史发展的长河中，纳入人类能动性社会实践活动中，纳入人与人的社会关系中，并被实践活动所中介而被打上人的烙印，成为具体的有生命的“活”的自然，即对人的实践生成与发展有意义、有价值的自然，也即成为具有社会历史性的自然、社会人文性的自然、社会实践生成性的自然。就是说，自然具有了明显的社会性、历史性、人文性、实践性等只有人才具有的特性，并随着人类社会各种能动性实践活动的发展变化而发展变化。从此，自然的发展不再是自然而然的发展，而更是人文的发展、社会的发展、实践的发展，即自然的社会历史性实践生成与发展。自然的实践生成与发展彰显了人的本质力量，自然成为人的自然，自然的历史也即成为人的历史，自然史与人类文明史相互交融而发展；换句话说，人类文明史就是自然史，就是自然的实践生成与发展史，也即自然的人化史、自然生成人的历史，而二者辩证统一于人的能动性实践活动发展之中，并由此规导。

正是人对自然的这种属人性的实践生成与发展才真实地构成了

① 《马克思恩格斯全集》第42卷，人民出版社1979年版，第95页。

② 同上书，第178页。

人类社会历史发展的本质内涵与过程，并使自然具有了人的本质规定性。“人类所进行的全部活动就是使自然界人化的活动，其面对着的作为活动结果的自然界，就是人化了的即被人类活动所作用的自然界。”① “人类通过改造自然界的实践活动给自然界打上了人的烙印，将自己的本质对象化给自然界，使自然界是人的作品和人的现实，成为表现人本质的对象。”②

由此可见，人对自然的这种有目的有意识地能动性实践认识与改造才使自然不再是自然，而更多是人化自然、社会自然、属人自然，使自然更多打上了人的痕迹而具有了人化形态、社会形态，具有了人的意义和价值。而人类自身也正是在人对自然的实践转化活动中，即自然的实践人化过程中，才形成了我们现在直面的具体的可感、可控、可造的活生生的动态感性世界，才使我们人类自身不断地由不自由趋向自由（这里的自由主要就是指对自然的自由和对人自身的自由），才使我们人类文明不断地趋向全面、成熟、辩证、可持续（这里的文明主要就是指物质文明、精神文明、政治文明、社会文明、生态文明等）。

事实上，自人类出现之后，自然就不再是单纯的自我演化过程，而更是人类实践活动的产物，是为了人的生存与发展而存在，并依赖于人类各种能动性社会实践活动的发展而历史地变化着，即一切自然物都是被人类能动性社会实践活动所中介和规导的。“就其现存的和继续存在的形式而言，乃是整个社会活动的产物。我们所感知到的我们周围的客体——城市、乡村、田野和森林——都带有人类劳动的痕迹。”③ 就是说，“一切自然存在总是已经从经济上

---

① 王丹：《马克思主义生态自然观研究》，大连海事大学出版社 2014 年版，第 41 页。

② 曹孟勤：《人是与自然界的本质统一——质疑“人是自然的一部分”和“自然是人的一部分”》，《自然辩证法研究》2006 年第 9 期。

③ ［德］霍克海默：《传统的理论和批判的理论》，李小兵等译，重庆出版社 1989 年版，第 200 页。

加工过的，从而是被把握了的自然存在……无论在哲学上还是在自然科学上，自然的概念都不能脱离社会实践……”[①] 自然“无论从其范围还是性质来看，总是同被社会组织起来的人的在一定历史结构中产生的目标相联系”[②]。就是说，我们所生活其中的整个自然界都是“被改造了的、‘人化的’自然”[③]。相反，“脱离人的一切实践去对自然进行解释，这从根本上讲，只能是对自然的漠视”[④]。所以，我们必须从人类自身及其实践活动过程本身来看待自然、看待自然与人的关系、看待以自然为中介的人与人、人与社会、人与自身的关系，目的就是寻求实践自然基础上的人的全面自由发展。

当然，这里并不是说，要彻底否定纯天然的自在自为的自然的存在，并不是说，一切自然物都只是人类实践活动的必然产物，并不是说，自然只是人化的自然、实践生成的自然。马克思在《德意志意识形态》中就曾强调指出“先于人类历史而存在的自然界”的“优先地位”，[⑤] 在《资本论》中，马克思又进一步强调指出：有些劳动资料也还是“天然存在的，不是自然物质和人类劳动的结合”[⑥]。事实上，是先有自在自为的客观自然的存在，才有人对自然的认识加工改造利用与转化，才有与人的生活息息相关的属人性自然的实践生存与发展，也才有在其之上的人类自身的实践生存与发展。就是说，与人打交道的自然、对人生存与发展有意义和价值的自然都是以现在的自然为前提和基础的，但是，其也只是在此意义上而存在，超出这一范围，它也就没任何意义可言了。

---

① ［德］施密特：《马克思的自然概念》，欧力同、吴仲昉译，商务印书馆 1988 年版，第 57 页。

② 同上书，第 43 页。

③ ［美］马尔库塞：《批判的哲学研究》，波士顿，1973 年版，第 17 页。

④ ［德］施密特：《马克思的自然概念》，欧力同、吴仲昉译，商务印书馆 1988 年版，第 50 页。

⑤ 《马克思恩格斯全集》第 3 卷，人民出版社 2002 年版，第 50 页。

⑥ 《马克思恩格斯全集》第 23 卷，人民出版社 1972 年版，第 208 页。

这是因为，自然的先在性并不必然导致其属人性，就是说，尽管人是自然长期演化的产物，并在绝对意义上依靠自然生存与发展，但是，现在的自然并不能直接满足人类生存与发展所需的一切，而人又不是像动物那样完全被动消极地、无所作为地苟活于自然之中，而是通过自身对于自然的各种活动来使自然向着有利于人的方向发生转化，从而间接获得的。而正是这样的间接转化过程才造成了人与动物的本质区别，把人从动物中提升出来而成为具有丰富多样性的自然的主人、自然的管理者、组织者、建设者，并实际的构成了人类社会历史发展的本质内涵与过程。

因此，自然的实践生成与发展即自然属人性的发展是一动态过程，讲的就是自然在实践中不断转化为人自身生命构成中的一部分，即在实践中不断转化成人的“无机的身体”和精神的“无机界”。正是在这一实践转化中自然才成为“人”，而自然在实践中成为人的过程就是自然向人的转化，也即人类社会历史发展的过程。但是，我们不能就此认为，这就是自然的人道主义完成，就是“自然界的真正复活”。这里只是单方面强调了自然向人的转化，即自然属人性的发展，这种转化发展到极致，只能是自然的消亡。

这是因为，自然本身的运行与发展是有其自身的客观规律并有着其自身存在和发展的有限性。自然的属人性只是说明自然能满足人的生存与发展，自然向人的转化只是说明自然能被人加工改造成为人生存与发展所需要的一切，二者结合在一起，只是说明，只有这样的自然才是人类生存与发展所需要的，才是对人有意义、有价值的。这里并没有关注自然的有限性和自然向人转化的无限性间的矛盾，当这种转化超出了自然自身的有限性，势必会造成自然自身的消亡。因此，在此转化过程中，我们必须关注人对自然的人文性保护建设修复和美化，以此确保自然自身有限性的可持续性存在与发展，也即自然属人性的可持续性存在与发展。就是说，自然的人道主义完成，完整理解就是：自然向人的转化、成为人生命中的内在构成，和人对自然在这一转化过程中损失的补偿和修复即自然自身的人文性完整运行，是这二者间的有机辩证统一；如此，才能从根本上确保自然属人性的可持续化生成与发展，才能从根源性上确保人的肉体存在的可持续性。

所以，我们这里所讲的自然，就是人类实践活动介入的自然，是人类加工改造和建设美化的自然，是作为人类自身社会实践活动成果的属人性的自然，即通过人的能动性社会实践活动而被构造出来、并由此进行规导、协调和发展的自然，也即人化自然、实践生成的自然。只有这样的自然才是人类自身真实地生活其中的自然，才是现实的、有意义的不断发展的自然，这里强调的是它的社会实践生成与发展性和其自身内在具有的自我发展性的本真一体，这里生成与发展的延续性就是自然属人性的可持续化生成与发展，也即人的可持续化存在与发展。

因此，马克思主义社会实践自然观揭示的是“人化自然界”，是在人类社会历史发展中人文性自我生长着的自然界，也即在人类实践活动中不断被人所调控、整合和完善的真正的人类学的自然界。所以，现实生活中，我们必须从人与自然的对象性关系中理解自然，注重自然的实践生成与发展和其自身的自我发展的辩证统一，即自然属人性的可持续化生存与发展，强调实践的社会历史地位、作用与功能，并在这一过程中，完成自然向人的可持续性转化（即自然的人道主义完成）。

由此可见，自然的人道主义完成和人的自然主义完成，在其现实性上，其实质是一回事，就是人与自然间的可持续性双向辩证转化与发展，二者内在统一于人的生态性实践活动中，并体现为人类社会生产生活的可持续性和谐化发展。

三 社会生产生活的整体辩证和谐——真正自由人的全面发展

“生命的生产，无论是通过劳动而生产自己的生命，还是通过生育而生产他人的生命，就立即表现为双重关系：一方面是自然关系，另一方面是社会关系”[①]，“历史可以从两个方面来考察，可以把它划分为自然史和人类史。但这两方面是不可分割的，只要有人的存在，自然史和人类史就彼此相互制约”。[②] 就是说，人自身的存在与发展以及人类社会历史自身的演化与发展，其实质就是人与自然在实践活动中的交互过程，就是人在自然属性基础上的社会性的发展，只要有人的存在，这一过程就不可能中断，只有二者的内在统一，才会有整个人类社会的和谐化发展，才会有个体人的真正自由全面的发展。所以，马克思关注自然、关注人与自然关系，其目的就是要实现人的真正公平正义的全面自由发展，即实现具有自然性的真正“社会人”的回归，进而实现社会的真正合目的合规律合生态的辩证和谐可持续发展，即实现生态自然环境安全可持续基础上的真正“人类社会历史”的开始。因此，马克思主义社会实践自然观强调的就是人与自然在实践活动中能动性辩证统一基础上的社会人的自由自觉的全面和谐发展，是人的发展、社会的发展和自然的发展在实践活动中能动性的辩证统一。

历史上的自然主义、人道主义尽管都有其特定历史阶段上的积极作用，都对人的发展、社会发展做出了不可磨灭的历史功绩，都是我们人类文明发展中不可或缺的必然组成部分，至今，其很多合理性因素仍然发挥着不可替代的历史性作用；但是，它们都是人与自然、主体与客体、思维与存在相对割裂甚至绝对对立和异化状态下未完成的自然主义、人道主义，其内容庞杂多变甚至相互对立，

---

① 《马克思恩格斯文集》第1卷，人民出版社2009年版，第532页。

② 同上书，第516页。

且都只是片面地强调了甚至过分夸大了人与自然某一方面的特性与功能；其理论上的这种片面性发展在实践中促进人类社会历史发展的同时，也的确带来了其自身无法解决的一系列现实问题，且这些问题极有可能直接或间接地导致人类自身的不可持续性；因此，此种理论指导下的人类实践活动必然是片面的甚至异化的、不可持续的，由此带来的人的发展、社会发展也必然是极端的和不科学、不全面的；现实社会中我们所面临的一系列问题就是在此理论指导下的实践活动中历史地产生、存在与发展的，且是这些理论本身无法克服的。

解铃还须系铃人。理论上的不足所导致的这些现实问题的科学解决必须是：首先实现对这些理论研究上的科学突破，即用新的更高级的人与自然关系理论对其取而代之，实现理论发展上的更加科学性、全面性和可持续性；进而才能真正实现科学合理可持续的人的发展、社会发展。这种理论研究上的可替代性发展，就是人类真理不断由相对走向绝对的辩证发展，其在人与自然关系研究上的最大理论成果就是马克思主义社会实践自然观适时地创立、运用、丰富与发展。

马克思强调人与自然在本质上是内在统一、相互生成、辩证发展的，其辩证统一的中介就是人自身发起的自由自觉的对象性实践活动，在此过程中，既有自然的人化即自然属人性的社会化，又有人的自然化即人的社会属性的自然化，即人化自然、自然化人的双向辩证运动，也即人与自然间在物质、能量、信息间的相互转换，由此才有了人与自然的能动性社会实践生成与发展。所以，只有人化自然、自然化人同时进行的人类实践活动才能趋于合理、趋向自由、走向科学全面，才能在人与自然本质统一的前提下实现人与自然的内在和谐，呈现人与自然的本真关系，并最终实现人类社会生产生活的和谐化发展和个体人的全面自由可持续性生存与发展。因此，此种状态下，人与自然相联系就是自然界同自身相联系，人类社会历史的发展就是自然史的发展，而社会就是“人同自然界完成了的本质的统一，是自然界的真正复活，是人的实现了的自然主义和自然界地实现了的人道主义”[①]。据此，马克思指出：“作为完成了的自然主义等于人道主义，作为完成了的人道主义等于自然主义。”[②] 并据此进一步指出二者的辩证统一就是“人和自然界之间、人和人之间的矛盾的真正解决，是存在和本质、对象化和自我确证、自由和必然、个体和人类之间的斗争的真正解决”[③]。正是基于这一点，马克思才把自己的人与自然关系理论概括为彻底的、完成了的自然主义、人道主义，其实质都是对人与自然双重和解的辩证理解，且在此意义上，二者是可以互用的概念，并等同于共产主义。此时的自然彰显了人的本质、具有了人的意义和价值，而人也因此成为自然不可分割的一部分，与自然真实地融为一体，并真实地成为“人—自然—社会”辩证统一和谐发展的真正管理者、组织者、协调者、建设者。

换言之就是，马克思是通过对人的双重特性的辩证分析来论证人与自然的历史性实践生成、转化与发展，并由此得出了实践的自然主义和人道主义内在统一的共产主义价值理想，为人的解放、自然的解放、人与自然矛盾的真正解决提供了坚实的科学依据，即以能动性社会实践的方式实现人自身的自我异化的积极扬弃而走向真正自由人的自由个性的全面发展和整个人类社会彻底的辩证和谐可持续，其基本实现路径就是消灭私有制、发展生产力、推进实践活动生态化。此时，自然不再是人异化的媒介而与人相对立，而是人道主义得以完成的纽带和基础；人也不再是自然异化的根源而与自

---

① 马克思：《1844 年经济学哲学手稿》，人民出版社 2000 年版，第 83 页。

② 《马克思恩格斯全集》第 42 卷，人民出版社 1979 年版，第 90 页。

③ 同上书，第 120 页。

然相对立，而是自然主义得以实现的动力和保障；社会也不再是人与自然关系异化的载体而与人、自然相对立，而是自然主义、人道主义内在统一的共产主义得以成为现实的载体和依据。这种“人—自然—社会”辩证统一的实践生成与发展就是对现时代生态环境问题产生、恶化原因的根源性回答，同时，也为我们现时代生态环境问题的科学解决提供了现实可控的社会化实践解决思路。

这是因为，实践活动本身就是“人—自然—社会”相互关联、循环发展的中介，既有人与人的社会关系又有人与自然的生态关系，且二者是辩证统一、相互生成而发展的，并以人与自然的生态关系为基础和前提、以人与人的社会关系为依据和归宿。因此，无论是自然具有的人的本质还是人具有的自然本质，以及社会具有的生态自然性等都只是在人类对自然的实践活动中生成与发展的。正是在人对自然的实践活动中“人的自然的存在对他说来才是他的人的存在，而自然界对他说来才成为人”。[①] 正是在这一实践过程中，才实现了“自然的人化”即自然属人性的可持续化，以及“人的自然化”即人的社会属性的自然化的双向辩证运动。正是这种在自然基础上的人类所从事的能动性社会实践活动本身构成了“人—自然—社会”相互生成、互为中介、辩证发展的本质规定和内在性质。所以，没有人与自然间双向辩证的实践活动，就没有人的自然化和自然的人化，也就没有人与自然的内在统一而存在与发展，进而也就没有人类社会历史的实践生成与发展，更没有人类文明的更迭与演进，人类社会也就不复存在。

所以，人的发展、社会的发展就是以自然为根基、以实践活动为中介的“人—自然—社会”整体辩证和谐可持续的生存与发展。此时，人的发展不再只是人的发展，而更是自然的发展、社会的发

① 《马克思恩格斯全集》第23卷，人民出版社1972年版，第321页。

展、实践的发展，人才真正摆脱现时代对物的依赖即物对人的奴役，才真正做到“人—物”在实践发展中的共生共演共同发展，才真正获得自身个性的全面自由发展（既有对人自身的自由，更有对自然的自由），也才真正成为人类社会历史发展的主体，即成为自己的“社会结合的主人”，成为“自然界的主人”，成为“自己本身的主人”。如此，人类才能真正合理科学地调节人与自然间的物质变换，“把它置于他们的共同控制之下，而不让它作为盲目的力量来统治自己；靠消耗最小的力量，在最无愧于和最适合他们人类本性的条件下进行这种物质变换”[①]。

而这样发展的社会，才是真正公平正义和谐可持续的，才是真正全面自由自觉科学的，其内生性的生产与生活才是真正为了人的发展，彰显人的本质，富有人的关怀。此时，社会的发展才真正实现了人与自然在更高层次上的辨证和谐统一，人对自然的改造也就不再只是改造而更是美化与建设，人的发展也就不再只是物质利益的发展而更是人的本质力量的全面自由发展，而所有这些又都归结于人类生态性实践活动的转向与发展。

总之，马克思把我们整个人类社会的和谐发展、人类文明的进步，以及个体人的全面自由发展理解为实践中人同自然的和解以及人自身的和解，把人作为人化了的自然来把握，指出人的自然的本质，把自然作为人化了的人的存在物来把握，指出自然的人的本质，强调人与自然的对立统一、和谐斗争都只是在人对自然的实践活动中历史地生成与发展的，并由此创立了极具科学性、革命性、和极具前瞻性、现实性的马克思主义社会实践自然观，其本质内涵就是“人—自然—社会”在实践生成与发展中的动态辩证和谐统一。

① 《资本论》第3卷，人民出版社2002年版，第926—927页。

本章小结

我们每个人既是生态环境问题的受害者，更是生态环境问题的制造者；既是实践活动成果的受益者，更是实践活动结果的承担者。就是说，生态环境问题并非生态自然环境自身造成的，而是人类自身行为的生态缺失造成的，并反过来又直接威胁到人自身的生存与发展，致使生态环境问题转化为人自身的问题。这也是生态环境问题之所以是问题的根本原因之所在，也是人类社会之所以关注生态环境问题并积极探索走出此问题困境的根本原因之所在，更是人类社会在更高层次上实现自身本真发展的逻辑起点和原始动力之所在。所以，生态环境问题的解决、美丽家园的营造、和谐可持续社会的构建，以及人的本性回归和全面自由发展等，都需要我们全社会达成共同认识、形成共同责任，既需要我们每位中华儿女的不懈努力，更需要我们整个人类抛弃以利益争夺为核心的短视的自我毁灭式发展模式，抛弃把生态自然环境资源能源看作获得自身所谓的政治话语权和社会统治权的资本思维模式，而共同致力于人类实践活动的生态性转化与发展。

实践活动的生态性转化与发展就是要通过对人自身行为的非生态性、反生态性的积极矫正、改弦更张来根源性解决生态环境问题，其内在实质就是要通过人与人矛盾的实践解决来科学处理人与自然的矛盾、对立和异化，并最终实现人的本真发展，即人的实践“解放”和自然的实践“解放”，也即人与自然在实践发展中的真正辩证“和解”。这种人与自然在实践发展中相互生成、互为中介、辩证一体、共生共荣的唯物辩证理论，这种以实践为中介和手段来实现人与自然、人与人、人与社会、人与自身间既矛盾、对立又相通、相容而历史性辩证转化与发展的理论，在马克思主义哲学理论中，尤其是在马克思主义社会实践自然观思想中，都有着极为丰富而又极具前瞻性、科学性的论证。

所以，马克思主义社会实践自然观作为马克思主义哲学本身内在具有的丰富的生态自然思想，是我们正确思考和处理人与自然关系的科学理论，不只是向我们提供了人与自然同根同源同质的自然本性理论论证，更是向我们提供了人与自然历史性实践生成与发展以及以此为基础和内容的人与人、人与社会、人与自身间实践转化与发展的社会性理论论证，并坚实地构成了我们现时代人类实践活动生态性转化与发展的哲学基础和理论支撑。

因此，在此思想指导下对人类实践活动生态化的基本内涵、内在实质、基本构成、性质特征，及其实现路径和现实意义及价值进行理论探析，指出其在现时代人类社会历史发展中的科学性、合理性、必然性，以及其自身发展的无限性、辩证性，就是我们必然的理论选择。而唯有如此，我们才能形成对人类实践活动生态性转化与发展的本质性科学认识，才能有更加坚定的信念和力量切实地推进人与人、人与自然矛盾的科学解决，真正实现人的本质回归，真正人类社会历史的开始。

第三章

人类实践活动生态化的理论探析

马克思特别强调对现实社会的一切都要从实践的视角、从感性人的活动去理解，并强调实践的唯物辩证性、生态自然性、主观能动性、客观规律性和人文目的性等的内在统一，强调唯物主义者改变世界的实践品质，“对实践的唯物主义者即共产主义者来说，全部问题都在于使现存世界革命化，实际地反对并改变现存的事物。”[①] 由此指出“全部社会生活在本质上是实践的”。[②]

所以，对现实生态环境问题的科学解决，必须回到实践，回到人的能动性实践活动；为此，我们必须优先从理论上对实践本身进行科学探究，然后，才能在实践中切实地实现“反对并改变现存的事物”的历史使命。在人与自然关系中，二者是一对象性关系，更是一体化关系并以一体化为前提；人对自然的改造是为了人的发展，更是为了人与自然的整体和谐可持续发展并以此为前提。就是说，人类社会自身的发展是以自然为前提和基础，并通过人对自然的各种实践来实现；这里既有人对自然的能动性认识加工改造利用，更有自然对人的生存性基础制约，并外在表现为人对自然的人文性保护建设修复和美化；所以，人必须实现人与自然在实践中的

---

① 《马克思恩格斯选集》第1卷，人民出版社1995年版，第75页。

② 同上书，第56页。

相互生成、互为中介、辩证发展，并以自然的可持续性生存与发展为前提和基础，做到人对自然的实践活动开发与保护并举并以保护优先，而这二者的辩证统一过程就是人类实践活动的生态化过程。

“认识自我是哲学的最高目标。”① 在最根本意义上，人与自然的关系就是人与人的关系，人与自然的矛盾就是人与人的矛盾，生态环境问题就是以自然为中介的人的问题，而所有这些又都是在人类实践活动中得以展开而成为现实的。所以，实践活动的生态化，一定意义上，就是人的生态化，就是人的社会生产生活等的生态化，就是人与人、人与社会、人与自然、人与自身关系的生态化，既是人类社会历史健康可持续发展的根本转向，更是人类文明向更高阶段即生态文明演进的具体展开；它涉及的不只是实践活动本身，更是整个人类社会历史发展的更生态、更合理、更科学、更具可持续性，并体现为整个人类社会历史发展的真正公平正义和谐可持续以及每个个体人的真正科学全面自由的发展，而其基本的内在必然要求就是生态自然环境自身的可持续性系统运行，也即生态自然环境问题的根源性解决。所以，我们必须对实践活动生态化的本质内涵、性质特征、基本构成、内在实质等有个清晰全面的科学认识。

第一节 人类实践活动生态化的内涵、外延及目的

实践活动的生态性转化与发展是一种对待自然的实践新模式，即生态实践模式，是从实践的视角以实践的思维和逻辑看待人与自然的本质关系，探析人类社会本真的存在与发展模式，强调现时代社会问题的生态性实践解决路径。就是说，在人对自然的实践活动

---

① ［德］卡希尔：《人论》，甘阳译，西苑出版社 2003 年版，第 3 页。

领域，有什么样的实践活动方式，就会有生么样的社会存在与发展方式，就会产生什么样的现实问题；因此，所有问题的科学解决都必须寻求科学合理的实践发展方式。

因此，这里所讲的人类实践活动的生态化发展就是对现时代生态环境问题以及在此基础上产生的人的问题、社会问题的科学化实践解决，就是要通过实践活动方式的生态性根本转化来实现人与自然的本真和谐发展，其目的就是要实现人的可持续性科学化全面自由发展。

一 实践活动生态化的基本内涵

社会发展是人的发展的现实化，人的发展是社会发展的具体化，二者对立统一于人类具体的能动性实践活动之中，因而，无论是人的发展还是社会的发展都有待于人类实践活动的塑造。这里的塑造强调的是按照人的需要对实践活动方式的改善与优化，并不是对实践活动本身的改造。就是说，实践活动本身是不可改变的，更不存在对其取与舍的问题，这是因为，实践活动本身是人与外部世界、外在自然物，以及人类自身发生关联以实现人类生存与发展的中介，是人特有的能动的对象性活动，是人的本质力量的自我确证；人的一切特质都是在实践活动中生成与发展的，离开了实践活动，人也就不再是人而只能是动物。但是，实践活动的方式却是可改变的，是具体的、历史的，而且实践方式的不同会造成实践活动的内容、性质、效果的不同，而具体实践活动的不同又会造成人的发展、社会发展的不同，并由此产生一系列现实问题；因此，我们就必须根据我们具体的现实需要来改造实践活动方式，以此来推进问题的解决和人的发展、社会的发展。

人作为具有自然性的社会人，其自身生存与发展的需要是多向的、多方面的且是动态发展的，既有物质的、精神的、经济的、政治的、文化的等社会性需要，更有生态自然环境等生命本性的需要。而且，这些需要本身的自我满足就是通过并且只能是通过人对自然的各种实践活动来实现，并且是通过不断调整与人的需要相一致的实践活动方式来完成的；由此，才有了自然向人的转化以及人对人本质的占有，实现了人的历史性存在与发展。但是，过去人们在实践活动方式上所做的这种调整仅仅是以是否能够满足人的社会性需要、是否能够实现人的利益诉求为唯一原则和标准，而完全不顾生态自然环境自身运行系统的完整性、有限性，完全不考虑人对自然的这种实践活动本身是否会给人类带来自我毁灭性的生态环境问题。这是一种一维的线性实践活动方式，单一地强调按照所谓"人的本性"、以"人的方式"对外在世界进行合乎人的利益诉求的实践改造，表面上看，这种实践活动方式的确是带来了人类社会蒸蒸日上、欣欣向荣的发展，但是却由此造成了人类实践活动的生态缺失，并实际带来了这种实践活动方式本身无法解决的生态环境问题，且已经开始严重威胁到人自身的生命健康安全可持续。由此可见，生态环境问题的产生与恶化根源不在实践活动本身，而在不合理的实践活动方式，即非生态性、反生态性的实践活动方式，所以，面对现时代的生态环境问题，我们必须从根本上改变这种以人的利益为唯一价值标准和行为准则的实践活动方式，实现实践活动方式的生态化发展。

实践活动的生态化发展就是对传统实践活动方式的生态改造，即由非生态性、反生态性的实践活动方式向生态性的实践活动方式转换；其基本要求和精神实质就是对人的实践活动进行生态规制，即要求人们在具体的实践活动中要充分考虑生态自然环境因素，考虑人类实践活动本身的利益化发展是否会给生态自然环境带来危害，是否会造成生态自然环境自身运行系统的不可修复性破坏，是否会造成诸如：资源能源的枯竭、环境的污染、物种的减少、气候的变暖等各式各样生态环境问题的发生等；换言之，考虑人类自身的实践活动如何才能使生态自然环境更优化、更完善、更人性，同时，又能满足人类特定的社会性需要，做到既能实现人和社会在特定历史阶段上的更美好、更幸福、更安全地生存与发展，又不损害后代人可持续生存与发展的生态自然能力，即实现人与自然的可持续性和谐共生共存。因此，实践活动生态化的基本内涵就是：人在自身所从事的一切实践活动中既要做到对生态自然环境的加工、改造、利用与转化，使生态自然环境满足人类实践生成的各种社会性需要，为人类生存与发展提供充足的物质、精神的支撑，同时，又要充分做到对生态自然环境的人文性保护、修复、建设与美化，确保生态自然环境自身的完整性系统运行。一句话表述就是，在实践上做到对自然的改造中有保护和保护中有发展二者的内在统一。

这里的实践活动泛指一切对象性转换活动：既包括物质的生产生活实践活动，又包括精神的生产生活实践活动；既有人对自然的直接的实践活动，更有人对自然的间接的实践活动；既涉及经济、政治、文化、教育、科技等的实践活动，更是涉及人自身本质力量提升的实践活动；等等。但是，无论何种性质的对象性实践活动，都必须做到其生态化的发展，即在进行这些实践活动以满足人的各种社会性需求的同时，必须实现对生态自然环境的保护建设修复与美化；唯有如此，才能确保人类社会公平正义的可持续性生存与发展。而这里，人对自身实践活动本身内在具有的生态自然环境因素的思考与运用，就是对其活动的生态规制，即用人与自然整体辩证和谐可持续的思维来指导和规范人的一切实践活动，实质就是实践的生态限度与实践的能动性动态结合。

这种整体性实践思维的指导与规范给我们现实生活中的具体实践活动提供了理论上新的价值标准和实践上新的行为准则，从而实现了人类实践活动方式由过去一维的非生态性、反生态性实践活动方式向双向互动的生态性辩证实践活动方式的根本演进，进而适应和推进人类社会现时代紧迫的生态需要和生态性发展。这种生态性并非是人类特意外在地强加于实践活动的，而是实践活动本身内在具有的，只是过去的极端利益化实践活动遮蔽了其生态自然性，使人只看到对利益的追求，而相对忽视了这种利益追求本身带来的生态缺失，以及由此引起的一系列社会问题、人的问题。所以，这里只是根据人类现时代迫切的生态需要，而把人类过去所遮蔽的实践活动内在具有的生态性凸显在人们面前、并内化为人的本质力量，使人们重新思考实践活动的内在本质，并由此回归本真的实践活动，即双向互动的对象性辩证实践活动。这种本真的实践活动强调的是实践活动本身内在具有的生态性和物质利益性辩证统一的发展，而不再是一味地强调其物质利益性而忽视甚至反对其生态自然性，例如，过去人类中心主义价值观指导下的人类实践活动就是以人的利益反对自然，而单一强调人的价值统摄一切；当然，也更不是一味地强调其生态自然性而忽视甚至反对其物质利益性，例如，过去非人类中心主义价值观也即生态自然中心主义价值观指导下的人类实践活动就是以自然的完整性反对人，单一强调自然的内在价值至高无上。

这是因为，实践活动本身就是一个复杂的系统整体，涉及人与人、人与社会、人与自然、人与自身等双向转化的对象性关系，是一复杂的双向对象性转化活动，受彼此相化生成与发展的对象性规约，是人们自觉能动地按照自身生存与发展的需要遵循整体平衡的生态自然规律而展开的自律性实践活动。所以，我们必须强调用生态整体性思维来指导、规范人的实践，既考虑人的物质利益诉求，又考虑人的生态自然需求，在生态实践中自觉能动地整合人类实践活动的动力机制、价值取向和制约机制，从而真正实现人对自然、社会，以及人自身的自由自觉，即真正做到人的内在尺度与物的外在尺度的辩证统一。这种统一不是人的实践活动对外在生态系统、外在自然物的被动依附、消极应对，而是从事实践活动的人对生态系统整体性、完整性的自觉协同、辩证整合，是人的本质力量在人与自然、人与社会、人与自身关系中合理应用的现实展开，这是促使人类社会实践不断趋向科学、全面、自由、可持续发展的必然要求和内在规定。就是说，本真的人类实践活动就是在客体性原则和主体性原则共同规定下辩证展开的，是在客观规律与人的主观意志、理性、诉求等的协同作用下进行的，是各种制约性因素在人的需要的框架内矛盾运动的彼此协调，只有这样，才能使“人—自然—社会”的发展摆脱片面的、形而上学的价值决定论和机械还原论，从而营造生产发展、生活富裕、生态良好的人类可持续性生存、生活环境。

因此，只有生态性彰显并内化为人的本质力量的实践才是科学、合理的实践，即生态性实践，其着眼点就是对生态自然环境的开发、改造、利用与保护、修复、建设并举，并以后者为先，强调以生态实践的思维和逻辑来协调人与自然的本真和谐可持续，而其最终目的却是要实现人的全面自由发展和社会的整体公平正义和谐可持续。这是对以往非生态性、反生态性实践活动方式的反思与纠偏，是对现实社会一切实践问题的理性思考和科学解决，既有哲学意蕴，更有现实意义，是我们必须长期坚持、丰富、发展的科学、合理的新型实践形态。

二 实践活动生态化的外在表现

实践活动作为人的主体性活动，表面上看，似乎只受人的主观意志、意愿和需要的调控与整合，但事实上，却是多种因素综合作用的历史性过程，尤其是受着实践活动内容和对象的影响与制约，并在归根结底意义上受生态自然环境的根本性制约；无论是人化自然的实践生成与发展，即物质财富、精神财富的创造与享用，还是自然化人的实践生成与发展，即人的社会性发展和社会性人的发展，都离不开生态自然环境的基础性物质支撑和制约。但是，在具体的实践活动中，由于实践活动方式的不同，即对自然采取的方式不同，其实践活动效果就会有所差异甚至与人的最初意愿根本相对立；因此，人们必须根据自己特定时代的具体社会性需求的不同来确定、调整、改善、优化具体的实践活动方式，以此来确保实践活动效果与人的最初意愿相一致，而二者的一致就是人在特定历史阶段上的人的发展和社会发展。所以，针对过去人们对自然的非生态性实践活动方式所带来的一系列现实问题，我们必须适时地对此进行合目的、合规律、合生态的科学、合理的调整，即由非生态性向生态性的根本转化。所以，实践活动的生态化发展，其实质就是对自然采取的一种新的实践活动模式即生态实践模式，这是对现实问题进行哲学反思的必然结果，也是人类社会历史发展的内在逻辑规定和本质必然要求，更是对人类本真实践活动的回归。

这种对自然采取的新的实践活动方式——生态实践模式，是对人类社会历史可持续性存在与发展在生态自然性上的积极回应，更是对人的主体性、主观能动性、本质力量在更高层次上可持续性发展的确证，并整体外在表现为人对自然的开发、改造、利用与保护、修复、建设并举并以保护优先，而其根本目的仍然是人的发展、社会的发展，只是此时的发展更突出人与自然间的整体平衡协调可持续。此种实践活动方式下的发展才是人的本真发展、社会的本真发展，才是真正人类社会历史的开始。所以，实践活动生态化发展必然是广泛渗透到人类社会生产生活的方方面面，并根本改变我们的生产、生活方式和价值理念、行为规范等。具体可作如下理解。

首先，在人与自然关系上，强调用人的方式和自然进行交往，既考虑人更考虑自然，实现人与自然间以人为目的的双向转化运动，突出生态自然环境相对于人的物质、精神生产生活上的支撑作用和人的生命得以延续的生存性基础制约作用，及其二者的实践辩证统一；反对用物的方式和自然进行交往，把自然只是看作人的资源库和垃圾场，对自然只是进行所谓的单向征服、掠夺、破坏。这里的物质、精神的支撑作用强调的是人对自然的认识、加工、改造与利用，表现为现实生活中物质财富、精神财富的实践创造与享用；而其生存性基础制约作用强调的是人对自然的保护、修复、建设与美化，表现为现实生活中各种旨在保护自然的生态环保运动；而二者的辩证统一强调的是生态性生产生活，或叫绿色生产生活。而在这一过程中，人始终处于主体性地位、发挥着主导作用，其根本目的就是要通过协调人与自然的整体平衡协调可持续性的双向转化来实现人的主体性价值目标。

所以，按照人的主观目的的需要积极能动地遵从客观规律的制约，人为地协调各种制约性因素综合平衡协调地发挥作用，将是我们人类今后必须长期坚持、丰富、发展的科学、合理的实践活动方式，只有这样的实践活动方式才能从根本上确保我们人类对自然的开发、利用是合理的、科学的和符合人性的。这里，我们所指的人对自然的生态性实践活动方式实质上也就是以生态实践来解决人类可持续性生存和发展问题的社会发展方式。这也就是，从人与自然间的关系视角来看待经济社会发展与生态自然环境间矛盾的生态实践解决，而不再只是从人的视角以物的形式来看到人与自然间的关系。因此，我们必须切实地行动起来，从实践的根本之处改变人与生态自然环境之间的种种不协调，实现人与自然主客二元对立到主客一体的发展，以新的实践活动方式来推动整个人类社会历史的可持续性存在与发展。

就是说，在人与人、人与社会关系上，强调以人与自然的整体平衡协调为基础和前提的人类利益的创造、分配与享用，通过人际关系、社会关系的生态需要、生态利益的调整和重构来克服人与自然以及人与人、人与社会交往中所产生的各种矛盾与悖谬；反对把人类丰富多样性的社会生活压缩为单一的物质利益生活和物质利益争夺，把复杂多变的人际关系、社会关系压缩为单一的物质利益关系，即反对把人际关系物化，把社会生活物质利益化；而应强调社会生活目标的多样性、内容的丰富性及其实现手段的生态性，尤其是强调精神生活的高度充实与发展，同时，还应强调人际关系、社会关系和自我发展在人与自然和谐共生基础上的充分自由、自觉、自律，由此才能实现整个人类社会历史发展的生态性、可持续性。

这是因为，人首先是作为感性的肉体存在物而与自然进行着物质、能量、信息等的交换，以获取人类自身肉体的生命存在与延续，其次才是作为有目的、有意识的理性存在物、社会存在物而与自然进行着主客一体化的共生共演共同发展，以获取人类自身个性的全面自由发展，而且二者是内在统一于人对自然的实践活动中，并以后者为最高目标。所以，人与人、人与社会关系的存在与发展就是以生态自然环境的优先存在为前提和基础，人的一切特性都只是在人对自然的实践活动中得以生成、丰富与发展；因而，能够从自然中获取人类自身生存与发展所需的生产生活资料，是人们在具体实践活动中能够获得幸福、展现并发展自身才能的根本条件。而要做到这一点，就必须首先确保生态自然环境自身的完整性、系统性存在与运行，所以我们在日常生产、生活、工作、学习、科研、娱乐等实践活动中必须充分考虑自己活动的生态效应，在人与人、人与社会关系处理中必须充分考虑人的生态需要、生态利益。只有这种生态性的人际交往、社会交往即人际关系、社会关系的生态性发展，才能确保全部社会生活的生态性发展，才能真正解决由于人与自然关系的异化而导致的人与人、人与社会、人与自身关系的异化，才能真正实现社会发展的可持续与生态自然环境的优化建设间的辩证统一。

其次，在价值维度上，第一，强调以人与自然整体平衡协调可持续为人类一切实践活动的价值评判标准，反对只以人的利益得失、多寡为其活动的唯一价值评判标准，强调人与自然双向互惠的“伙伴式”价值关系，反对人与自然片面的功利性“主奴式”价值关系；就是说，人的一切实践活动都要在确保人与自然双向互利的框架内考虑人自身价值目标的实现，而不是，为其自身价值目标的实现而不择手段、对自然是无所不用其极；第二，强调转变人对自身生存并发展于其中的生态自然环境的价值判断，强调生态自然环境不只是具有满足和推进人类生存与发展的工具性价值，更是具有支撑和制约人类可持续性生存与发展的其自身内在具有的整体平衡运行的系统价值；就是说，自然界绝不只是人类物质财富、精神财富得以创造和享用的源泉以及人类可以任意抛弃所谓废弃物的垃圾场，而更是完整意义上的人类得以生存和发展的唯一家园。

这是因为，人既是感性动物，更是理性的存在，其具有主观能动性的理性实践活动则是人类特有的存在与发展方式，而且，人类特有的主体性、本质力量就是在此实践活动中得以生成、丰富、发展的。这里的理性实践活动就是指在特定具体的价值观指导下展开，并具有其特定具体的价值目标的自由自觉的人类实践活动，所以，价值观的合理与否直接关系到人类实践活动的合理与否及其效果的合理与否。所以，面对现时代的生态环境问题，我们必须首先对长期以来占据主导地位的非生态性、反生态性价值观进行理论上的反思与批判，指出这种价值观没有看到人类能动的实践与生态自然环境的系统性、完整性相一致而共生共存的一面，致使此种价值观指导下的人类实践活动以人的实践力量遮蔽了自然内在具有的系统价值，把人的实践能力作为支配、控制、役使自然一味地向人转化的指挥棒，造成了长期以来人类实践活动的片面性、功利性、非生态性发展。因此，对实践问题的现实解决必须首先回到对其理论、价值观的反思、批判上来，并结合现实问题的具体实践情况实现价值观更加符合人性的转变和理论研究上更加科学的突破。

由此可见，实践活动的生态性转化与发展，不只是实践活动方式的转化，不只是对实践活动进行生态规制，而更是人类对待自然的一种实践新模式；这种模式不只是对待自然的行为方式上的生态性转化，更是思维和价值观上的生态性转化；这种转化的目的表面上看，是为了自然的完整性系统运行，而实质上却是为了人的可持续性生存与发展，它解决的不只是生态环境问题，而更是以此为中介的人的问题和社会问题；是在人的生态理性指导下的人的自然属性和社会属性在生态自然环境安全可持续基础上的内在辩证统一，而这里生态自然环境自身的整体安全可持续性系统运行正是通过生态性实践活动得以人文性现实展开的。

总之，生态自然环境是人类的衣食之源，是人类生存与发展之根基。人与自然在实践中浑然一体而不可分，并以自然的可持续性存在与发展为前提和基础，并实际构成了人类社会历史现实演进的具体内容。就国家来说，生态自然环境不可进口，就世界来说，生态自然环境是极其有限的；所以，在对自然的实践活动中，人们必须彻底改变过去长期以来占据主导地位的一味的功利性、片面性、非生态性实践活动方式，做到人类实践活动既合规律又合目的的主客一体的生态化发展，即实践活动的生态性转化与发展；其基本要求就是对人的实践活动进行生态规制，其基本内涵就是改造中的保护和保护中的发展，而其外在表现就是开发与保护并举并以保护为先，实质是一种对待自然的实践新模式即生态实践模式。

三 实践活动生态化的根本目的

实践活动的生态性转化与发展最直接的目的就是要解决生态环境问题，确保生态自然环境自身运行的完整性、系统性、可持续性，消除生态自然环境因人类实践活动自身的非生态性而给人的生存与发展所带来的负效应；但是，其最根本目的却是为了人的发展，为了人的本真发展，这是由实践活动内生性的人文本性决定的。

所谓人文性是指实践活动的人文目的性、人文价值性、人文主体性。就是说，实践活动是人的实践活动，是完全在人的主观意志指导下，按照人的各种社会性需要，由人来执行和完成，并最终又是为了人。正是实践活动的这种内生性的人文本性决定了，人在实践活动中不只是能够做到对自然的开发改造与利用，更是能够做到也有能力做到对自然的保护建设修复与美化，而且，只有做到对自然的保护建设修复与美化，才能真正实现对自然的可持续性开发改造与利用。

这是因为，人不只是对自然有着物质利益诉求，更是有着精神利益诉求和生态利益诉求，而且，这些利益诉求的最终实现，在最根本上，也必须是通过对自然的各种实践活动来实现；所以，人对自然的实践活动必须科学合理全面，必须实现人文性和生态性在实践活动中的有机融合统一，如此，才能在生态自然环境安全可持续基础上实现人的本真回归，确保人的本真发展，彰显实践活动的人文目的性、价值性、主体性。因此，实践活动生态化发展的内在本质规定就是生态自然环境安全可持续基础上的人的发展和社会的发展，而其根本目的就是要实现人的本性回归，即真正人的回归，也即真正人类社会历史的开始。

现时代的生态环境问题给我们带来的现实思考主要表现为两个

方面：一是生态环境问题产生并继续恶化的根源；二是走出生态环境问题这一困境的出路。这是同一问题的两个不同方面，并不是两个可以截然分开的不同的两个问题，二者在人类社会历史发展中具有前因后果的关联，并内在统一于人类具体实践活动中，其中最根本、最直接的是人类物质利益性社会生产、生活实践活动。就是说，从最终意义上看，生态环境问题的产生与解决都在于人的物质性生产、生活实践活动。这是因为，物质性生产、生活实践活动主要就是对物质财富的创造与消费，而物质财富就是直接或间接地由自然转化而来的，在此意义上可以说，自然就是人类进行物质性生产、生活实践活动的直接场所；此时，人们对物质财富的创造与消费本身就是对自然的加工、改造与利用，当这种改造与利用超出了自然自身的承载能力就必然会带来生态环境问题的发生；所以，此问题的解决也必然是要根本改变人对自然的这种物质性生产、生活实践活动方式，使人对自然的加工、改造、利用控制在自然自身所能承受的范围内，并对已经造成的损坏进行人为的修复与建设。

这里人对自然的物质性生产、生活实践活动方式的改变就是使其由非生态性向生态性的根本转变，即人类实践活动的生态化发展，并辐射到社会生产生活的方方面面，而此种转变的目的就是要根本改变现时代生态环境问题的困境，实现人与自然整体平衡协调的本真关系，并最终实现人的本真发展、社会的本真发展。就是说，不只是实践活动方式的生态性转向、生态环境问题的解决要取决于人，就是其最终目的的实现也是要取决于人，并且也都是为了人的发展和社会的发展。这是因为，人是一切实践活动的主体，是实践活动的组织者、执行者，以及实践活动结果的受益者、承担者，所以，在此意义上，实践活动本身就是人的存在与发展方式，因此，实践活动方式的合理与否直接决定着人的存在与发展状态是否可持续，二者整体上趋于正比例发展态势。

非生态性实践活动方式在特定历史阶段上的确是满足了人的某一方面或某些方面发展的需要，并在一定意义上推动了人类社会历史的进展；但是，由于人们把实践活动的目标只是投向一切所谓有交换价值的东西，造成人际关系的物化、社会生活的物质利益化，物的内容成了人际关系、社会生活的全部内容；由此，人们彼此间展开了激烈的物质利益争夺，并任意地消费、挥霍所谓的物质财富，在此过程中，许多仍具有使用价值的甚至从未使用过的物质财富都被当作垃圾任意地扔掉了，造成了自然物质财富的巨大浪费和破坏，直至人与自然关系的极度对立、异化，并外在表现为生态环境问题，以及各种自然灾害的频繁发生；最终，人对物的依赖发展到了极点并走向了反面，人以自己的方式造成了人自身的不可持续性生存与发展。所以，面对现时代生态环境问题以及由此带来的人的问题、社会问题，我们必须对自我毁灭、自掘坟墓式的非生态性实践活动方式进行理论上的彻底批判和实践上的根本转变，以此来推动人类走出当前面对的此类生存困境而走向人类的本真发展。

马克思、恩格斯等马克思主义创始人及其后来的追随者也正是从人与人的社会关系，从人类能动的物质性社会生产、生活实践活动来探究生态环境问题的根源、实质及其解决途径，即人与自然关系对立、异化、矛盾生成的根源、实质及其解决路径。这也就是把人与自然关系纳入人类社会历史的能动性实践生成与发展中，强调从“人—自然—社会”整体辩证和谐可持续的视角来探究人的全面自由发展，并对人与自然关系做出社会历史的物质性实践理解；强调具有自然性的社会人在社会历史发展中的主体性地位和作用，以及具有社会属性的、实践生成的自然在社会历史发展中的基础性地位与作用，并突出二者在能动性社会实践活动中互为中介、相互生成、辩证发展的本真关系。因此，以人与自然关系为基础和中介的人与人、人与社会、人与自身的多向度关系的相互交织、互为中介的演进，构成了人类能动性社会实践活动不同历史阶段、不同历史向度发展上的真实内容与本质规定。因此，我们在认识人与自然关系时，就不能完全割裂“自然史”与“人类史”的联系，不能把人与自然关系完全对立甚至异化，而应把人与自然关系放在人与人的社会关系，以及人类实践活动的历史进程中加以实践的考察和理解，只有这样，才能通过实现人与自然的和解而真正实现人与人的和解。

所以，人类实践活动的生态化发展，就是人类对以往非生态性、反生态性实践活动方式所带来的一系列严重阻碍人类自身生命健康完全可持续的实践问题进行批判与超越的必然选择，是人类智慧的结晶，也是人类文明发展的必然转向，其内在本质规定就是生态自然环境安全可持续基础上的人的发展、社会发展，而其根本目的就是人的本真发展，也即人的本性回归、真正人类社会历史的开始。所以，尽管人类实践活动生态化发展的着眼点是实践活动的生态规制，并外在表现为对自然的新的态度与举措，但其内在本质规定仍然是为了人的本真存在与发展。

总之，人类实践活动的生态性转化与发展作为一种对待自然的实践新模式，是人的本质力量、主观能动性、自我发展性、自我适应性和自我调整性等，在面对生态环境问题时，在更高层次上的新的历史性发展；并且，这种发展在最根本意义上，主要就是人与自然关系由传统线性单一地向自然索取转向对自然的保护与开发并举并以保护优先的双向转化与发展，即生态自然环境安全可持续基础上的人的发展和社会的发展；因此，其基本要求就是对传统人类实践活动的生态规制，即用生态安全可持续的思想引领、规范、调整人类实践活动，而其内在本质和根本目的却是要实现人的本真发展，回归人的本性。

第二节 人类实践活动生态化是一个发展的整体过程

实践活动本身就是一个有目的的对象性转化活动，是一个主体思想、需要等主观诉求通过特定介质而对象到客体的目的性客观转化活动；因此，这一活动的对象性转化必然涉及主客体间物质能量信息间的转化，是主客体得以有目的地辩证统一的客观过程，而其结果则是人的主观意愿和诉求得以现实化，人的需要得以满足，并表现为人的发展和社会的发展，而人的本质力量及其主体性也在此过程中得到确证、展现和发展。

因此，人类实践活动的生态性转化与发展也必然是一个完整的发展过程，并主要涉及主客体间通过特定介质而实现其自身的生态性转化、生成与发展，并表现为实践活动目的、过程、结果的生态性转化与发展。而这些也正是生态性实践活动必然的内在构成要素，同时也是实践活动生态性转化与发展顺利展开的内在必然要求。

一 实践活动目的的生态化

人作为社会性存在物，是一个思想性动物，更是一个物质性存在实体，并通过各种需要的不断实践生成与满足而得以社会性存在与发展。但是，作为社会性的人是在自然中获得自身的存在与发展的，自然是人的生存之基、发展之源；只是，人与自然间的关系不再是动物式的原始统一，而是能动性认识与改造的社会性实践统一；正是这种能动的社会性实践统一才使人成为源于自然又高于自然的更高级生命存在体，而人的一切特性也正是在此辩证实践统一中得到生成、确证、丰富与发展。

人与自然间的这种能动性实践统一，其实质就是人的各种主观意愿的现实化，并表现为各种需要的实践满足。就是说，人对自然的能动性认识与改造不是盲目的、无目的的，而是为了满足自身的某种需要，是在某种预设的需要的规制下进行的。而人的需要与动物的需要以及自然界中其他生命体的需要不同，他是更高级的社会性需要，是在实践中发展着的需要，是被明确认识到和计划了的需要，不再仅仅是动物似的本能性需要；就是人类最基本的生命存在和生命得以延续的生理性需要等，也是被赋予了更多的社会性和人文性特征。因而，才使得人的各种需要都具有其自身特有的实践生成与发展性。而人的这种有别于动物的特定需要，又是经过人的主观意识和思维过滤和计划了的，并受着人的主观思想意识所调控。这样，人的需要就事先在主观上实现了主客体特有的统一，并以客体对主体的服务为宗旨。当人按照这种满足需要的主观意愿和思维进行实践时，不只是使实践具有了计划性、目的性，更是使实践具有了发展性；而这样的实践所形成的结果也不只是主体主观意愿和需要的现实性满足，更是由此促进了人的需要和思维的发展；二者由此形成了相辅相成辩证一体的螺旋式上升过程，并最终汇集成人的发展和社会发展的本质内容。

正是人类这种特有的思想性、能动性才使得人对自然的一切实践活动都具有了目的性、计划性，并以人的需要的满足为其活动展开的原则和标准，同时，也确保了人类实践活动的目的与人的需要的一致性，并表现为目的的最后实践完成即目的的最后实现，也就是人类各种社会性需要的满足。换言之就是，人类一切实践活动都是在特定的思想意识指导下，有计划有目的地进行的，并且是为了满足人的某种需要而展开的；这既是人类特有的生存与发展方式，更是人类特有的能动的本质力量得以确证和发展的必然手段。所以，人类实践活动的生态性转化与发展，要想实现其自身的科学展开与发展，就必须首先实现其活动目的的生态性转化，而要做到这一点，就又必须要先实现人的主观意愿、思维和需要的生态性转化；而在此生态性思想意识指导下的生态性实践活动目的的现实化就是生态性实践活动的现实完成，同时也就是，人类生态性需要的现实满足与享受。而这整个过程所表现出来的生态性转化与发展，其实质也正是实践活动主体的生态性转化与发展。

就是说，只有实践活动主体的生态性转化，才能确保人类实践活动生态性转化与发展的现实展开，并首先体现为实践活动目的的生态性转化与发展。人是实践活动的主体，不只是实践活动过程得以现实展开的主体，更是实践活动目的的设计者、计划者；人的主体性就体现在人对实践活动的设计和践行，既有思想上对实践活动的主观认识、把握与调控，更有现实中对实践活动的实际操作与运行。所以，人的生态性转化与发展，即实践活动主体的生态性转化与发展，就必然首先是内含人的主观思想、意识和需要的生态性转化与发展，并能时刻以生态性的思维来审视和调控人对自然的一切实践活动；因此，人对自然的一切实践活动，在具体展开之前，所做的各种计划与设计也就必然是具有生态性，正是这种计划与设计的生态性从根源上确保了人的需要的生态性和实践活动目的的生态性。

实践活动的目的尽管还不是具体的实践活动现实展开的基本构成要素，还不是现实的物质性东西，还属于主观范畴，但是，它却是现实具体的实践活动能够得以现实化的必然前提与依据，是实践活动现实展开的原动力和调控力，形式上是主观的，内容上却是客观的，二者具有直接现实性的内在统一性。因此，只有实践活动目的的生态性才能确保实践活动现实展开的生态性，并且是从根源性上对实践活动的生态性转化与发展给予确保和调控。所以，实践活动的生态性转化与发展必须是首先做到实践活动目的的生态性转化与发展，即在人的思想意识中对实践活动有一个整体的生态考量与规划，并以此为依据对实践活动的具体展开进行生态性调控与整合，从而使整个实践活动的具体展开在不损害生态自然环境完整性系统运行前提下，实现对自然的人文性加工改造与转化。就是说，实践活动目的的设计不再只是为了人，而更是为了人与自然的整体平衡协调可持续，如此，人对自然的实践活动既满足了人的各种社会性需要，实现了人的当下发展，确证了人的本质力量，又美化了环境，改善了自然的系统运行，同时也为后代人的生存与发展提供了生生不息的源泉与动力。

所以，人的生态性转化与发展，就从主体性上确保了人在思想意识中对即将展开的实践活动进行生态的考量与规划，做到实践活动目的的生态性，并以此为指导来规制和调控实践活动的具体展开，做到目的与过程的具体历史的实践辩证统一。这不仅是确保了实践活动自身的生态性转化与发展，确保了实践活动结果的生态安全，满足了当代人的各种现实需要，促进了人的当代发展，更是实现了人与自然间的整体平衡协调可持续，确保了后代人生存与发展的生态可持续，实现了当代人与后代人间的代际公平。因此，在此意义上可以说，实践活动目的的生态化也就实际构成了人类实践活动生态化的必然前提和根本保障，是人类实践活动生态性转化与发展不可或缺的必然环节。这不只是人类实践活动生态性转化与发展本身内在具有的必然构成要素，更是社会性的人在更高层次上更加自由全面健康安全可持续性地生存与发展所必需的，也更是整个人类社会在更高层次上更加公平正义和谐可持续性存在与发展所必需的。

因此，人作为有思想的具有能动性的社会性存在物，人对自然的认识与改造，必须赋予严格的生态限制，并以实践活动目的的生态性为其前提和保障，这不只是人类实践活动生态性转化与发展的内在必然要求，更是人对自然和对人自身不可推卸的生态责任与历史使命。

二 实践活动过程的生态化

有了实践活动目的的生态性，这只是实践活动生态性转化与发展的前提和保障，但这并不能自然而然地必然导致实践活动现实具体的生态性转化与发展。这是因为实践活动本身是一个极其复杂而又多变的系统整体，是动态的演化过程，是过程的集合体，其自身的运行是有着其特定时空的具体限制，并受着主客观等各种因素的交互影响；所以，实践活动的具体展开过程并不总是按照目的的要求自然而然地运行的，而是需要不断地进行人文性调节和修正的。因此，实践活动的生态性转化与发展，除了实践活动目的的生态性之外，还必须实现实践活动过程的生态性；而实践活动过程的生态性恰恰也正是实践活动生态性转化与发展的主体部分。

就是说，实践活动的生态性转化与发展尽管离不开实践活动目的的生态性，并必须以此为其前提和保障，但其主要还是指实践活动本身的生态性，并具体化为实践活动过程的生态性。人所从事的任何一种实践活动，在最根本意义上，都是为了满足人自身生存与发展中的某种需要，都是为了促进人在特定历史阶段上的某种程度的发展，而其基本内容则是对自然的各种改造与转化，并以物质和精神的形式表现出来。这里所说的对自然的各种改造与转化，是在归根结底意义上使用的，并不是在最直接意义上说人所从事的一切实践活动都只是对自然的直接性改造与转化，否则，人所从事的精神性实践活动就会被排除在实践活动范围之外，甚至把物质性实践活动和精神性实践活动完全对立，造成实践活动的不完整性和片面性发展，进而造成人的发展和社会发展的不完整性和片面性；而这种不完整性和片面性发展到极致，就是人的异化和社会的异化，进而又会折射到人与自然关系的异化，而人与自然关系的异化反过来又必然进一步激化人与社会的对立和异化，并最终导致整个人类社会历史的不可持续。

这里涉及实践活动的直接现实性和间接现实性的有机辩证统一，并表现为直接的物质利益性实践活动和间接的精神性实践活动及其二者间的辩证实践转化。实践活动的直接现实性是说，人对自然的直接物质利益性生产生活实践活动，人通过这样的实践活动直接获取了人自身的社会性生存与发展；这里直接表现为人与自然间的关系，表现为人与自然间直接的物质能量信息间的双向转化，是人类物质力量的直接确证与发展；而实践活动的间接现实性是指人类所从事的精神性实践活动，这里，人与自然间的物质能量信息间的转换并不是直接通过对自然的加工改造来实现的，而是通过精神性生产生活实践活动来实现人类自身的本质力量、主体性和能动性等精神力量的确证、生成与发展，进而转化为对自然的实践改造能力和实践改造活动来实现的；在这一过程中，人的自然力量得到了精神上的社会性提升，即原始本能的自然力量越来越具有社会性，并逐渐发展成强大的社会改造力量。由此可见，精神性生产生活实践活动在最根本意义上是要转化为物质性生产生活实践活动并以此为基础才能现实地推进人的社会性存在与发展；二者具有内在的根本一致性，彼此间是相互生成与发展的辩证统一关系，都是人类实践活动本身不可或缺的必然组成部分，并与自然本身的运行相符合、相一致。

这是由实践活动自身运行的有条件性决定的。人类所从事的任何实践活动都是在特定的历史条件下所展开的具体的有限性活动，都有着时空的局限性，都受着主客观多重因素的综合影响，并以对自然的人文性认识与改造为前提和基础；因此，实践活动自身运行中，并不总是按照人的意愿自然而然地如期进行，总会出现这样或那样的突发性变化；所以，在实践活动中，人需要从物质力量和精神力量两个方面对其进行人文性调控和修正，并要充分考虑到各种可能性影响因素而对其进行优先有效的预防。这就需要人不断实现自身各种能力的提升，尤其是生态能力的自我提升，而能力的提升主要就是两个途径：一是，在直接的物质性实践活动中而实现的经验性提升；另一种就是，通过间接的精神性实践活动而实现的理性提升。只有人类具有了与实践活动相匹配的各种能力，才能确保实践活动的顺利展开，确保实践活动结果符合实践活动最初的目的，并满足人的各种社会性需要。因此，人作为实践活动的主体，其自身能力的提升必须与环境自然力自身的发展相符合、相一致，并通过物质性实践活动和精神性实践活动两个方面来实现，并以此为基础和动力推动实践活动的人文性发展。

由此可见，实践活动的发展就是人的能力的发展，而活动与能力的发展又必须和客观物质世界本身的发展相符合、相一致，如此才能做到主客观特有的实践辩证统一，并在这种统一中确保人的社会性存在与发展。因此，人在对自然的实践活动中，包括物质性实践活动和精神性实践活动，既要考虑到人的社会性需要的满足，又要考虑到自然自身的完整性系统运行，做到人与自然间更高层次上的本真的“原始性”和谐统一。而这种辩证统一的实践活动过程本身就是生态性实践活动过程。

但是，在过去传统的实践活动中，由于人对实践活动本身理解的片面性、直线性，造成了人对自然的认识与改造实践活动中，只强调自然的属人性发展，只重视人对自然的物质力量、精神力量的提升，而相对忽视了自然自身的本性发展，以及人类自身的自然属性的精神性社会提升，即人对自然的依赖性的社会性发展；进而造成了自然在向人的方向发展的同时，越来越背离人的发展，人与自然表面上的和谐统一背后隐藏着深刻的对立与异化。因此，实践活动的生态性转化与发展就是对传统实践活动生态缺失的纠偏与校正，其实质就是要现实人与自然间更高层次上的本真的“原始性”和谐统一，而其内在本质规定和目的却是和传统实践活动一样，都是要实现人的发展和社会的发展，只是，这里的发展相对于传统来讲更具有生态安全可持续性和公平正义和谐性。但是，这里的生态性纠偏和校正本身又是一个能动的辩证统一过程，它涉及主客体两方面的生态性转化与发展，因此，需要我们借用生态性的物质力量和精神力量从主客体两方面以及主客衔接的中介方面对过程本身进行能动的生态规制和调整。

所以，实践活动的生态性转化与发展，在最根本意义上，就是实践活动本身的生态性转化与发展，并具体化为实践活动过程的生态性转化与发展，即在实践活动的具体展开中，及时地对实践活动本身的发展进行生态性调整和规制。在此过程中，我们实现了人对自然的物质力量和精神力量的生态性实践辩证统一，人的自然力量和自然属性都获得了精神上的社会性提升；人对自然的依赖不再只是表现为对自然的加工改造利用与转化，而更是表现为对自然的保护建设修复与美化；不仅由此根本确保了实践活动过程本身不会对生态自然环境造成当下甚至后续的伤害，而且根本保障了实践活动结果的生态性生成与发展，既满足了人生存与发展的各种社会性需要，又确保了生态自然环境自身运行的完整性、系统性。

由此可见，实践活动过程的生态化，才是实践活动生态性转化与发展的主体部分。它是主客观现实转化的直接统一，是主观见之于客观并转化为客观实在的过程，因此，只有过程的生态性才能确保生态性主观思维和生态性主观目的得以现实的转化，并表现为实践活动主客体及其中介的生态性发展。这不只是确保了实践活动本身不对生态自然环境造成伤害，而事实上，更是对生态自然环境的美化与建设，确保了人与自然在现实性上的内在统一，同时，也在更高层次上进一步提升了人的本质力量的生态性发展，而所有这些又都为实践活动结果的生态性生成与发展提供了现实保障。

三 实践活动结果的生态化

实践活动生态化的完整过程不只是要有生态性的实践活动目的的保驾护航，以及实践活动过程本身的生态性转化与发展，更是要有实践活动结果的生态性生成与发展。实践活动的结果不只是实践活动目的的现实化，不只是实践活动过程本身的完成，而更是人的需要的现实满足和人的现实发展；既涉及主体价值和能力的客观确证和发展，更涉及客体价值和内容的主观转化与升华，是主客体本身具有的物质能量信息间在更高层次上所形成的新的辩证融合体，具有主客体双重因素和特征。

正是实践活动结果这种特有的双重因素和特征才决定了实践活动结果对人和自然的双重影响和作用，因此，也才更具有了社会意义与价值；并且，这种影响与作用是否与人和自然关系的同向辩证和谐地发展相一致、相符合，完全取决于该实践活动结果是否具有生态性。所以，实践活动结果不只是要满足人的需要、促进人的发展，更是要确保生态自然环境自身运行的完整性和系统性；只有二者兼顾的实践活动结果才能在实践活动结束之后真正确保人与自然间的整体平衡协调可持续的存在与发展，才能在生态安全可持续的基础上平衡稳定地促进人的发展和社会的发展；这样的实践活动结果也即是生态性实践活动结果，而其后期对人和自然所产生的影响与作用就是正效应的、积极的，这样的影响与作用就是实践活动结果的生态性发展。就是说，生态性实践活动过程结束之后所产生的具体实践结果，在静态上看，是人的需要的现实满足，是人主观愿望的现实化，同时，又没有对生态自然环境造成不可修复性伤害；从动态上看，就是没有对生态自然环境自身后期的自我运行与发展构成潜在的毁灭性危害，同时，又为人的后续性生存与发展提供了安全可靠的可持续性物质支撑、环境支撑。

由此可见，生态性的实践活动结果不只是对实践活动过程本身是否具有生态性的最为直接的确证，更是在现实意义上实现了与生态性实践活动目的在历史上的具体的实践辩证统一，是人类实践活动生态性转化与发展在静态上的历史性完成，并对人与自然产生后期的生态性动态影响与作用。尽管这种完成和影响是历史的、具体的、有条件的，并具有潜在的甚至是不可预测的变动性，但是，它整体上却是真实地构成了人类实践活动生态性转化与发展链条上必然的组成部分。

这是因为，实践活动的生态性转化与发展是一个历史过程，是由无数的生态性实践活动组成的复杂性系统工程；其复杂性就体现在人与人间在自然的开发利用与保护建设过程中所内在生成的物质利益性和生态性上，且是生态性基础和前提下的物质利益性和以物质利益性为根本目的的生态性，以及二者间的辩证融合一体。因此，这种复杂性就必然地要求人在对自然的一切实践活动中，都必须做到主客体间在物质能量信息转化中的物质利益性和生态性的辩证统一，并主要表现为生态性的发展；即人类积极主动地、能动有意识地用生态性思想观念技术工具等手段和介质对自然进行生态安全的物质利益性改造与转化，并反过来由此进一步促进主体人的生态性发展；而人的生态性发展就外在地表现为人类实践活动目的的设计和实践活动过程及其结果的生态性转化与发展，并凝结为人类生态性实践活动结果。所以，无论是静态的生态性实践活动结果还是动态的实践活动结果的生态性影响与发展，都是人类实践活动生态性转化与发展不可或缺的必然组成要素。

由此可见，实践活动结果的生态化就是实践活动结果的生态性生成与发展，既包括静态的生态性实践活动结果，又包括动态的实践活动结果的生态性影响与发展，是前期已经完成的生态性实践活动过程在生态可持续性上所产生的时空影响。这种影响是在生态性的实践活动过程中形成的，并在其完成后对人与自然的可持续性生存与发展所产生的生态可持续性时空影响。正是实践活动结果的生态性转化与发展才使得具体的、历史的生态性实践活动在时空上具有了无限性和可持续性，从而在人类实践活动之外确保了人的生存与发展和社会的存在与发展在时空上的无限可持续性。在此基础上，人的主体能力也获得了可持续性地相对提升与发展。

人是实践活动的主体，是人与自然关系的主体，更是社会发展的主体，人的主体能力也即体现在这些活动和关系中，并生成和发展于其中；但是，人类所从事的任何实践活动都是具体的、历史的、有限的，而人的发展却是无限的，并且是需要坚实的物质和环境支撑的。这种有限与无限间的矛盾和对立单靠具体、历史的人类实践活动本身是无法解决的，甚至会出现“二律背反”的现象与结果，因此，我们必须要更加关注实践活动结束之后的实践活动结果及其后期的影响与作用。就是说，人在对自然的具体实践改造中，表面上看，人的能力得以现实的确证、展开和发展；但是，由于实践活动的生态缺失，随着实践活动的发展、人的主体能力的提升，人对自然改造的深度、力度也随之加强，致使实践活动结束之后，人对自然造成的伤害反过来对人的主体能力的进一步发展造成了生态性的断层。而且人的这种生态缺失的主体能力在实践活动中发展得越强大，实践活动结束之后，对自然形成的伤害反过来对人的主体能力的进一步发展造成的生态性断层就会越大，这种断层发展到极致就是人的主体能力的彻底消失。究其原因就是，非生态性的实践活动，在其活动结束之后，人的主体能力的发展失去了坚实的物质基础和环境支撑。

所以，人类不只是要注重实践活动中人的主体能力的提升，更是要注重实践活动结束之后人的主体能力发展的可持续，而实践活动结束之后人的主体能力可持续发展的基点就是生态性实践活动结果。只有实践活动结果的生态性生成与发展，才能为人类实践活动结束之后主体能力的发展提供潜在的物质支撑和现实的环境支撑，而在此基点上形成的人的主体能力的可持续性提升与发展也才能确保人的发展和社会的发展在时空上的无限可持续性。这是因为，人与自然具有根源上的内在相通性，人的发展和社会的发展所遵循的规律与生态自然环境自身运行的规律在生态性上是一致的，是生态自然环境自身运行规律在人的发展和社会的发展上的社会性运行；所以，人的主体能力的发展最根本意义上就是自然力的发展，是被赋予了主观能动性、思想意识性的自然力的社会性发展；因此，人的主体能力的发展不能只是在人对自然的实践活动中展开，更是要在实践活动结束之后所形成的结果中寻求自然的物质支撑和环境支撑，而能提供这种支撑的实践活动结果就是生态性的实践活动结果。

由此可见，实践活动结果的生态性转化与发展在实践活动结束之后，在时空上确保了生态自然环境自身运行的完整性、系统性，并为人的发展、社会的发展、人的本质力量的可持续性提升提供了潜在的物质基础和环境支撑，从而确保了在实践活动之外人与自然间的整体平衡协调可持续性生存与发展；因而，在此意义上可以说，生态性实践活动结果的社会效应就是具体的、历史的生态性实践活动所内在具有的生态性影响与作用在时空上的延续，并真实地构成了人类实践活动生态性转化与发展链条上的必然环节。

但是，我们不能就此而想当然的认为，只要实践活动目的和过程是生态性的，其结果就必然是生态性的。目的的生态性和过程的生态性只是为结果的生态性提供了必要的准备和保障，这里同样是受着主客观多重因素的影响，而且，但就结果来说，也有着主客观之分，并且多以静态形式而存在，再加上人类特定历史阶段上认识的有限性，这种静态的主客观结果在变动不居的客观世界中是极易发生变化的；所以，实践活动结果的生态性生成与发展，除了要有生态性的目的和生态性的过程之外，还是需要我们人类对其进行生态性的修正、维护与建设。而这种生态性的修正、维护与建设本身又是一种新的生态性实践活动，如此循环，人类才能真正确保整个人类实践活动生态性转化与发展的现实生成和螺旋式上升。

总之，实践活动的生态性转化与发展，在最根本意义上，就是一个能动的物质性、精神性客观转化活动，是由特定的实践活动主体凭借特定的实践活动中介并依据特定的实践活动目的而对实践活动对象所展开的主客体既对立又统一的矛盾转化与发展过程；其内在构成与一般意义上的实践活动一样，既有主观因素，更有客观基础，是主客观在生态自然环境安全基础上的有目的的对象性转化与发展，既涉及主体、客体和介质的生态性转化与发展，更涉及实践活动目的、过程和结果的生态性转化与发展，并以后者为其基本内容和过程；而这种转化与发展又统一于主体对客体的人文性占有以及主体需要的生态可持续性满足，并进一步转化为主体可持续性自我发展的能力即生态实践能力。

第三节 人类实践活动生态化的基本特征

任何事物的生成与发展都有其自身内在具有的特定内容、特定构成要素和特定基本特征，由此，才使此事物与彼事物相区分而存在与发展；而基本特征则是事物所内在具有的特定内容和构成要素按照其自身特有的内在逻辑相互交融为一体过程中所展现出来的较为恒定的成分，是同类事物所具有的共性，与具体事物间形成了一般与个别的关系，是内涵个别于其中的一般。所以，认识一个事物的首要前提就是认识此类事物的共性、一般，也即所谓的基本特征，在此基础上，才能对该事物形成较为全面的本质性认识，才能在此本质性认识指导下较为科学地推进该事物的演化与发展。

同样，人类实践活动的生态性转化与发展要想获得自身特有的科学推进，除了对其基本内容、实质内涵、内在构成等有个较为清晰的认识，还要对其基本特征有个较为科学地理性把握；唯有如此，才能较为全面地推进人类实践活动的生态性转化与发展。

一 生态优先是人类实践活动的前提

在动态中完成其目标，在动态中实现其价值，这是整个人类社会在变动不居的客观世界中合规律合目的地演化与发展的真实写照。自有人类以来，人所从事的任何实践活动都是有其既定的目标和要实现的特定价值；尽管，目标和价值都有其静态的特定内涵，但是，其目标和价值的实现及其二者的辩证统一都是在人类实践活动过程中动态地完成的；换言之就是，实践活动过程本身就是既定的目标和价值的实现及其二者统一的过程，是在特定目标规制下所进行的特定价值的实现过程。而这一动态实现过程本身又有着其自身特有的属性和特征，也正是这一特有的属性和特征确保了该实践活动有别于其他实践活动，并与既定价值和目标的实现相一致，且在一定意义上就是该价值和目标本身，而这里的价值和目标本身就是人的人文性体现。

实践活动是人类特有的以改造自然为基本内容的能动的主体性活动，是一个主观见之于客观并转化为客观实在的对象性转化活动，更是人类实现自己各种社会性需要以满足自身不断发展的能动性社会活动，并以具有更大自由创造性的主观性自主活动为先导。人正是通过这种特有的实践活动把自己从自然中提升出来而成为现实的具体的历史的社会性人，而与动物具有了最为根本的区别，并在此基础上获得了人的各种社会性发展；因此，这种特有的人类实践活动就使人成了人，并给予了人所特有的各种特性和能力，所以，人类实践活动不可避免地具有了人的主观思想意识和需求参与其中，并由此促进了人类实践活动自身的历史性运行与发展，而这种运行与发展在最根本性意义上又是为了人的发展，为了人的社会性发展，并表现为人的主体性发展；所以，在此意义上可以说，人类实践活动的发展就是人的发展，就是人的人文性发展，并以人的主体性、目的性、价值性为主要内容，以人的改造性为手段、以人的发展性为目标，这也是人类实践活动的根本目标之所在，而人的价值也就真实地展现于此种活动中。所以，人文性就构成了人类实践活动特有的特性之一，并以此来规制和推动人类实践活动的社会性发展，进而以此推进人的发展，这也是人类实践活动区别于动物本能性活动所特有的内在根据。

但是，这种人文性的人类实践活动，在归根结底意义上，是以自然为根基的，是在自然基础上并以自然为对象的，否则，人类实践活动就失去了自身运行和存在的客观基础。无论是物质性实践活动还是精神性实践活动，都必须是要通过人对自然的活动，把人的主观意愿、思想意识和需求转嫁到客观物质自然身上，并使其转化为能够满足人的各种社会性需要的现实对象，如此，人的主体能力的展现与发展才能找到现实的物质基础，也才能真正现实地确保人的生存并推进人的发展，即人类实践活动的目标和价值也才能真正得以实现。实践活动的这种以自然为根基和内容的特性就是实践活动的生态自然性，正是这种生态自然性才使人类实践活动成为具有客观实在性的物质运动，才使人类实践活动自身的运行具有了现实的物质基础，并同客观物质世界自身的运行具有相通性；所以，人类实践活动的现实展开必须严格遵循生态自然环境自身运行的规律，以自然为基础和内容，并在对自然的改造过程中做好对自然的人文性保护，以此确保生态自然环境自身运行的完整性和系统性，从而为人类实践活动的可持续性运行提供坚实的物质支撑和环境支撑；如此，人的主观思维、理想信念和各种需求才能真实地转化为现实，人才能获得自身的生存与发展，即人类实践活动的人文目的性才能得以真实地实现。所以，生态性就构成了人类实践活动真实存在与运行的又一基本特征，并以此为基础和内容，而正是实践活动的这种以生态自然环境为其活动展开的基础和真实内容，才决定了生态优先是人类实践活动得以顺利推进的前提。

由此可见，人类实践活动作为有目标和价值的活动，其目标和价值的实现是要通过人对自然的活动并以自然为基础和内容展开的，并在人的主观思想意识和需求指导下进行的。这里既实现了人与自然间的主客体转化，又实现了人与人、人与社会、人与自身间的主客体转化，这种转化既有物质性的、更有精神性的，更有物质和精神间的辩证转化，是理论内化和实践外化的具体的、历史的、现实的辩证统一；并且，在这一转化过程中，无论是物质的还是精神的，都没有因彼此间的转化而使自身消失或减少，相反，却使双方因这种转化而增添了更多新的内容和形式，而这种新增的内容与形式恰恰正是人类自身的生存与发展所需的，如此，人类实践活动的目标和价值也就真实地得以实现。所以，生态性和人文目的性就真实地构成了人类实践活动自身运行和存在的两个基本特性，且人文性是以生态性为基础和前提，并通过生态性来获得自身的发展，而二者又是在人类实践活动中得以现实地辩证统一，而这种统一过程本身也就是人类实践活动的目标和价值得以现实化的过程，也即人自身的发展和社会发展的现实过程。

正是人类实践活动的这种生态性和人文目的性特征决定了，我们在对自然的一切实践活动中必须做到：既要有对自然的人文性加工改造利用和转化，又要有对自然的人文性保护建设修复和美化；既要尊重自然，又要符合人性，即实践活动合规律合目的合生态的辩证发展。如此，人类实践活动才能得以延续和发展，人也才能获得自身的全面自由可持续性生存与发展，社会也才能获得公平正义和谐可持续性存在与发展，人与自然的矛盾也才能在生态性实践这一更高层次上的运动中获得自身的解放。而人与自然的这种实践解放本身就是人的发展和自然的发展，就是人的自然主义完成和自然的人道主义完成，及其二者在更高阶段上的“原始性”本真和谐统一。而这样的实践活动就是生态性实践活动，而此种实践活动的发展也就是实践活动的生态性转化与发展。

所以，实践活动的生态性转化与发展同样是价值和目标的动态化实现过程，同样是生态性和人文目的性的动态化辩证和谐统一过程，并且，这种统一与转化在新的更高层次上被赋予了更多以人为本的生态规制。这也是生态性实践活动和传统非生态性实践活动最大的根本性区别之所在：传统实践活动中，人类也意识到了实践活动的生态自然性，认识到了实践活动的生态自然基础，并切实做到了以生态自然环境、自然资源能源为活动的真实内容；但是，由于历史上人对自然改造能力发展的有限性，即社会生产力发展的有限性，致使人类历史上只是重视对自然的开发改造与利用，尽管一定意义上，也的确实现了特定历史阶段上的所谓目标与价值，同时，也极大地推进了人的发展、社会的进步、文明的更替；但是，由于这种实践活动缺失了对自然的实践保护，因而由此导致的人的发展、社会的进步、文明的更替也是片面的狭隘的不科学的，并由此在更大范围内加深了人对自然的伤害，从而造成了现当代社会运行中人与自然发展上的悖论，并深刻导致实践活动目标和价值在辩证统一发展中因生态性缺失而走向自己的反面；所以，实践活动的生态性转化与发展就是要扭转这一实践活动发展上的生态缺失，从而在根源性上确保人的可持续性生存与发展，解决人与自然发展上的悖论，真正实现动态中完成其目标、动态中实现其价值的历史性任务。所以，生态性实践活动和传统非生态性实践活动的分水岭就是人在对自然的实践改造中是否做到了对自然的实践保护并以保护优先。而这种对自然的实践保护同样坚持的也是实践活动的生态自然性和人文目的性的动态性实践辩证统一，并以对生态自然环境的实践保护为先，而其根本目的同样是人的发展，即实践活动的人文目的性发展。

所以，实践活动的生态性转化与发展的基本特征就是以生态性和人文目的性的实践辩证统一、动态和谐发展为主线，并以生态优先为其活动展开的前提，在坚持生态优先和人文发展辩证统一的新的更高层次上实现实践活动的价值和目标。而正是这种以生态安全可持续优先的生态性和人文性的辩证和谐统一为原则和特征，才使得人类实践活动在对自然的改造中实现对自然的美化与建设。

二　保护性开发是自然资源利益优化配置的前提

人类实践活动的最直接目的在最根本意义上就是要从自然中创造出极大丰富的社会物质财富，并通过这种创造来满足人的各种社会性需要，实现人的社会性发展；而这种创造与满足都是以对生态自然环境、自然资源能源的开发利用与转化来实现的，并以此为基础和内容。因此，这里必然就会涉及人与人在对生态自然环境、自然资源能源进行利益分割和享用的问题：只有获得了自然资源能源，才能进行现实的实践改造活动，才能获得自身生存与发展所需的生产、生活资料，才能在此基础上真实地推进人自身的发展。因而，人与人在对生态自然环境、自然资源能源上所进行的不公平非正义的利益分割与掠夺势必会导致人类社会实践活动的非生态性运行，尽管这种利益的分割和掠夺会有着隐性和显性的区分、有着国内和国际的地域性差异，等等；但是，由其产生的非生态性影响与作用却是绝对的和不容忽视的并具普遍性，且极易转化为经济问题、政治问题、社会问题甚至人自身的问题。

人是要依靠自然资源能源而生存与发展的，这是由人的自然属性决定的，尤其是在生产力不足够发展状态下，只有拥有了更多自然资源能源，人才能生存和发展得更美好、更有力量，并因此而拥有更多话语权；由此，人与人之间所进行的对自然资源能源的占有和享用就又演变成了经济问题、政治问题乃至军事问题等社会性问题，甚至演变为国与国之间利益博弈的国际问题，等等。这是因为，自然资源能源整体上是有限性的，且人对其的开发利用和转化的能力在特定历史阶段上也是有限性的，然而人的需要和欲望却是无限性的；这就导致在特定历史阶段和特定历史条件下，人为了使自己享有更多社会物质财富、拥有更多社会政治权力，必然是一方面继续加大对自然资源能源更深层次的纵向开发利用与转化，另一方面会加大对自然资源能源更宽广范围的横向掠夺和占有；这就必然会出现对自然资源能源的掠夺性开发和野蛮式占有，并演变为以此为核心和内容的政治问题、军事问题，甚至国际问题，等等。而所有这些问题的不科学解决又进一步加大了对自然资源能源的过分掠夺和野蛮征服，这就必然会是使原本就总量有限的自然资源能源在人类整体发展中被更加不合理的开发和利用：既有人类对其肆无忌惮的人文性改造，更有人类毫无顾忌、随性随意地向其排放废弃物、污染物、垃圾等的非生态性行为，等等。

这种改造和排放都是建立在人对自然资源能源的不公平非正义的掠夺和占有基础上的，正是这种不公平非正义的掠夺和占有才导致人对生态自然环境只是一味地改造利用和破坏，而从不去考虑对生态自然环境自身完整性系统运行进行人文的修复保护建设和美化。尤其是在阶级社会，特别是工业革命以来的二百多年，人类进入了科学主导的全球化时代，经济社会迅猛发展，工业化、市场化、信息化等现代性因素狂袭整个人类，更是把整个世界浓缩为一个“地球村”，自然资源能源更是在整个世界被瓜分和抢占；如此，更是加重了自然资源能源的浩劫、生态自然环境的破坏和大气水土壤的污染等，并由此，产生了全球范围内持续性生态环境问题。这些问题已经影响到人类社会生产生活的方方面面，不但深刻严重地影响到自然资源能源被掠夺的一方，也深刻严重地影响到掠夺自然资源能源的一方，不但深刻严重地影响到现当代人类社会生产生活的健康安全可持续，更是深刻严重地影响到后代人的可持续性生存与发展；尽管人类在此掠夺和占有过程中获得了巨额的有形和无形的资产和利益甚至所谓的权力，但是，他们这种“杀鸡取卵”的生产生活方式最终还是给整个人类带来了“灭顶之灾”。

由此可见，这种以谋取资产和利益以及权力为唯一终极目标而对自然资源能源进行不公平非正义的掠夺和占有正是人类实践活动非生态性运行的“罪魁祸首”；这种生产生活方式势必又会世俗化为大众行为方式和思维方式，并为整个人类社会所效仿和追求。只要是这种价值目标和追求不变，尽管会出现已经步入现代化的发达国家和地区可能会考虑并切实改善自己所生活其中的生态自然环境，并一定程度地实现本国内和本地区内生态自然环境的保护修复建设和美化以及自然资源能源的合理开发利用和替代，但是，他们这种生产生活方式的性质并没有根本改变，并会转移到其他国家和地区，并为后进国家所“复制”和“拷贝”。这是因为，整个世界仍然是处于以掠夺自然资源能源为核心的利益争夺之中，仍然是“恃强凌弱”“弱肉强食”的时代，各国仍然是要靠所谓的实力说话，而这个所谓的实力就来自对自然资源能源的占有改造利用与转化；所以，发达国家为了确保并巩固甚至提升自己已有的优势而必然是继续在全球范围内抢占自然资源能源，而广大发展中国家为了摆脱自己在国际上无话语权的窘迫困境，以及本国人民所期望的所谓的经济社会发展，也必然会竞相展开对自然资源能源的占有与改造，并表现为国际范围内以 GDP 为核心的所谓实力之争、军力之争。

所以，在这种大的历史时代背景下，无论是国际还是国内，无论是国家还是个人，在对自然的实践活动中，都更加注重的是对自然资源能源的占有开发与改造，而很少也很难真正做到对生态自然环境的修复保护建设与美化，实践活动的非生态性发展仍在所难免。发展与保护的问题，环境的改善、生态的修复、污染的治理等与对自然资源能源的开发改造利用间的矛盾仍将是世界各国共同面临的棘手问题。但是，面对日益严重的全球性生态环境问题，世界各国也都在积极探求走出此困境的有效途径，无论是在理论上还是在实践上，也都取得了相应的积极成果，但是从目前总的形势来看，并无根本转变，仍然是发展中的持续恶化。

实践活动生态化就是为了解决生态环境问题而提出的，其核心理念就是要在对生态自然环境的加工改造利用过程中实现对其的保护建设修复与美化并以后者为先，而其根本目的仍然是发展，是发展中的保护和保护中的发展并以保护优先，并表现为经济效益、社会效益、生态效益、政治效益等的全面综合发展。在新的世纪、新的历史时期、新的时代背景下，改善环境、优化生态、实现可持续性综合发展成了民众的一致呼声，各国政府不得不将生态环境问题提上议事日程，作为政治问题来重视对自然资源能源的综合平稳的合理开发与改造，促进人类实践活动的生态性转化与发展；因此，以生态化实践来解决生态环境问题，成了各国政府的历史性必然选择，这既是人们的呼唤，更是时代的强音。

只有实现了对生态自然环境、自然资源能源的合理开发利用与转化，做到开发与保护并举并以保护优先，即改造中有保护、保护中有发展，才能把生态自然环境优势转化为经济社会发展优势，把生态修复、环境保护、污染治理等转化为经济社会发展动力，真正构建并践行大众化绿色生产生活机制和模式，使绿色产品、生态产品成为人们日常社会生产生活的主产品，使人类实践活动、人类社会发展真正步入生态可持续性新常态。实践活动的生态性转化与发展，其内在要求就是要实现对自然资源能源利益配置的优化，最大限度地提高自然资源能源的有效利用率，尽可能地减少对生态自然环境的人文性浪费破坏和污染，并及时对生态自然环境进行人文性的建设保护修复和美化，为民众健康、舒宜、可持续的生产生活创造有利的社会条件和环境条件，推进人与自然间的整体平衡协调可持续。

这是因为，生态性的实践活动不再是以人与人间在对自然资源能源的利益争夺为核心而展开，而是以人的本性回归、人的本真发展即真正人类社会历史的开始为核心而展开，并外在表现为，人与人间在生态自然环境、自然资源能源利益上的共享共建共同发展。这样的实践活动，既有利于社会稳定、国家发展，提高政府在民众中的威信，增强民众对政府的信任；同时，更能在国际范围内促使国家间、国家和地区间搁置争议和分歧，寻求自然资源能源利益上的平衡点和最佳结合点，推进国际尤其是地区间生态安全可持续性互信协作和发展，实现整个人类社会在生态自然安全可持续基础上的公平正义和谐可持续。

就是说，只有在生态性实践活动中，对生态自然环境的保护、对自然资源能源的节约，以及新能源替代等生态性理念才能真正内化为人的思想意识，并自觉外化为生态保护性实践活动，形成实践自觉、自治、自律、自信；如此，我们在对自然的一切实践活动中，考虑的就不再只是人与人之间的利益争夺、占有与享用，而更是如何实现对生态自然环境的保护和对自然资源能源的节约以及新能源替代等；这样，在现实生活中，人人都是生态性实践活动的主体，即人人都是自然的保护者、都是资源能源的节约者，以及新能源的开发者，这种状态下，人与人间联系的主要纽带已不再是利益争夺和对资源能源的分割，而是如何实现资源能源的节约型、替代型合理开发与运用以及利益的共享，即如何实现对资源能源的全民共享共建共同发展以及发展成果惠及全人类。

由此可见，是否实现了对自然资源能源利益配置上的优化，是传统非生态性实践活动和生态性实践活动相区分的又一个重大标志，并实际地构成了生态性实践活动又一个基本特征，从而为实践活动的生态性转化与发展注入了新的更加强大的生命力和活力。就是说，传统非生态性实践活动在自然资源能源利益配置上遵循的是“丛林法则”原则，是以掠夺为主的，这样的实践活动只能是对自然的破坏，而不可能是对自然的美化与建设；而生态性实践活动在自然资源能源利益的配置上坚持的是共享共建共同发展，是以保护建设为先的开发利用，这样的实践活动对自然的改造与利用其实就是对自然的变相建设与美化。因而，只有生态性实践活动才能真正实现自然资源能源利益配置上的优化，并在对自然的改造中确保生态自然环境自身的安全可持续性存在与运行。

三 生态自然环境安全是人类可持续发展的前提

实践活动的生态性转化与发展主要实现的就是，以人的发展为目的、以生态安全可持续为优先的，人与自然间的整体平衡协调可持续，并表现为人与自然间物质能量信息间的双向转化与发展；而不再只是，以人的发展为目的、以生态自然环境为代价，对自然进行线性地单方面加工改造利用和转化。这不只是人类社会全面健康安全可持续性生存与发展的需要，更是对民众现实利益的维护与发展；不只是推进了人与自然间矛盾的现实和解，更是确保了人与人、人与社会、人与自身在生态自然环境安全可持续基础上的公平正义和谐可持续。

对良好的生态自然环境安全的需要，对自然资源能源的合理开发与改造，是人类实践活动生态性转化与发展的内在动力、原则和目标，其发展的价值旨归就是“人—自然—社会”在时间发展上的纵深可持续性和在空间发展上的广延协调性，以及在质量发展上的全面公平正义和谐自由性。只有做到“人—自然—社会”在空间上的全面协调地发展，彼此间相互生成、互为中介、共同演进，并以生态自然环境安全为基础和前提、以人的全面自由发展为根本目的、以社会的公平正义和谐发展为手段和保障，才能在发展中实现对自然资源能源的合理配置与开发利用，减少浪费和污染，并确保彼此间的发展在时间上的可持续性；同样，只有确立彼此间发展的可持续性长远目标，才能在对自然的实践活动中做到彼此间真正的公平正义和谐，消除彼此间为利益的争夺而此消彼长的斗争，才能使彼此间的发展在空间上全面协调成为可能。就是说，全面、协调、可持续本身就是一个有机联系整体，这就要求人类在实践活动中价值目标的实现必须严格遵循生态自然规律，使人类自身的内在价值尺度严格遵循生态系统完整性的外在价值尺度，把生态系统的整体性规约内化为人类实践活动运行与发展的自觉原则，以整体辩证可持续性思维引领和规范人类实践活动，使人的生存与发展和自然自身的运行之间协调展开，做到人类实践活动中的价值取向、制约机制和动力机制的有机内在统一。

这种全面协调、内在统一的有机发展就是“人—自然—社会”本真的发展，就是更高级阶段上的一种更加合理科学的人类社会历史发展新形态。“当我们提出人与自然的关系时，实际上把人定义为社会关系的总和，把自然定义为人的对象性存在，从而把人与自然的关系纳入到人与人的关系之中。”① 因此，人与自然关系的紧张、冲突，实质上就是人与人的社会关系不协调以及人类社会历史发展上的不公平非正义在自然上的反应，是人的利益争夺在自然资源能源上的继续。这种状态下的发展只能是人对自然的掠夺、人与人间的利益争夺，并表现为人对人的压迫、剥削、统治和役使；特别是在阶级社会，或是有阶级存在的社会，生产资料被私有化，这种以利益争夺为核心的压迫、剥削式发展更是达到了“白炽化”状态，并随着全球化的发展而侵蚀到整个人类社会，不只是造成人与人间的利益冲突、对抗和矛盾，更是严重导致人与自然间的矛盾、对立甚至异化；且这两种趋势的发展是相互交融在一起的，是同一过程的两个方面，并成正比例同向发展，所以，这种状态下的发展其实质就是人类自我毁灭式发展，其发展程度越高，人类因此而遭受的自我磨难、苦难和灾难就越多，自我毁灭的步伐就越快，并最终以自然的无法忍受而对人类自身的反自然、反人性行为进行报复而使整个人类社会历史发展落下“帷幕”。

很明显，这样的发展是一种畸形、变异的发展，是一种“竭泽而渔”“杀鸡取卵”式的发展，是一种发展中的自我毁灭。所以，我们必须对此予以清晰的认识，并积极果断地强制性改变这种发展方式，回归发展本性，提升发展质量，实现“人—自然—社会”的本真发展。发展是多向的、多维的，且是受着主客观多重因素影响和制约的，并具有特定历史阶段上的时代特征，甚至会出现某一特定历史时期的畸形发展；但是，发展的本质却是唯一的、客观的，是不容改变的，更不会凭空消失，只是在特定的时代背景和历史条

① 傅华：《生态伦理学探究》，华夏出版社 2002 年版，第 85 页。

件下，有可能会被暂时性遮蔽。正是由此，才使得发展更是呈现出丰富多彩性、曲折性和不可改变性、客观性，并因此而更具有生命力；所以，我们必须要学会用哲学的思维透过发展的种种具有时代性的现象探究其本质，在纷繁复杂的乱象中促进其本质的发展。而这一发展的本质就是，生态自然环境安全可持续基础上的人与自然整体辩证和谐可持续，这既是发展的本性决定的，更是人类本质力量适应性发展不可推卸的历史责任。所以，面对现时代“人—自然—社会”功利性的畸形发展，面对由此而导致的人与自然关系的紧张、对立以及以此为中介而引发的人与人、人与社会间的矛盾和斗争，我们必须积极探索人类社会历史发展新形态，并积极推进新形态常态化。

现时代“人—自然—社会”发展的新形态，既要有质量上的更新、提升，更要有时间上的纵深可持续性和空间上的广延协调性，并要具体化为经济社会的发展必须严格限定在自然资源能源和生态自然环境自身所能承载的能力和范围之内；此种状态下，其发展才不再是权力和利益的“狼狈为奸”，而是人与自然的整体平衡协调可持续，是对民生的关注，是对公平正义和谐自由的伸张；而其具体实现路径就是人类实践活动的生态性转化与发展。就是说，生态性的人类实践活动方式是现时代“人—自然—社会”存在与发展的新形态，正是这种新的实践活动方式才在根源性上确保了“人—自然—社会”的发展在时间上的可持续、空间上的广延和质量上的整体平衡协调，这是由生态性实践活动本身内在具有的本质规定、性质特征、基本要求、精神实质决定的。

由此可见，人类实践活动的生态性转化与发展不只是实践活动发展方式的转变，而更是人类社会历史发展方式的优化，并以人与自然的整体平衡协调可持续为其基本内容和特征。这是因为，人类社会历史的发展无论以什么样的方式展开、有着什么样的发展历程、具有什么样的发展内容、展示什么样的发展成果等，在最根本意义上，只能是为了人的发展；尽管这里的“人”在特定历史阶段上会有着身份、权力、地位等历史性阶级划分、政治划分，甚至有着国别、地域、民族、种族的区分，但是，其根本实现路径只能是人的实践活动。这是由人类实践活动的直接现实性决定的，这里既有主观能动性的自我超越性发展，更有客观基础性的自我限定性发展，而这种主客观辩证交融的自我否定性发展就实际地构成了人类社会历史发展的真实轨迹。而人类实践活动的真实内容或者说是对象，在最根本意义上，就是自然，所以，无论是人类社会历史发展方式的转变，还是人类实践活动发展方式的转变，在最根本意义上，必然会涉及人对自然方式的转变，并以此为其基本内容和特征。

所以，人类实践活动的生态性转化与发展，在最根本意义上，就是人对自然方式的生态性转变和发展，并以此为基本内容和特征来推进整个人类社会历史发展方式的生态性转变和演化。由此，才能根本转变过去人类实践活动中人与人间以利益争夺为核心、靠实力说话的压迫、剥削式畸形发展，才能根本实现以生态自然环境安全为基础和内容的整个人类社会历史发展的公平正义和谐可持续，以及个体人发展的全面自由和谐可持续，从而真正回归发展的本性，提升发展的质量，实现发展在时间上的可持续性和空间上的协调性。

总之，人类实践活动的生态性转化与发展作为一种新的实践活动方式、发展方式、生存与生活方式，与传统非生态性实践活动方式相比较而言，具有其自身特有的内在特征：以生态优先的生态性和人文目的性动态化实践辩证统一，以人与人间在自然资源能源利益上的共享共建共同发展为核心驱动的资源利益配置的优化，以生态自然环境安全为基础和内容的人与自然整体辩证和谐可持续，等等。正是这些特征构成了人类实践活动生态性转化与发展特有的运行方式，这既有利于我们准确科学地理解、把握和运用生态实践的本质及其发展规律，更有利于我们推进整个人类社会历史发展的生态性转化与发展，做好我们应尽的各项历史性任务，进而形成一种新的有序发展过程，回归发展本性，提升发展质量，实现发展在时间上的可持续性和空间上的协调性。

本章小结

面对全球性生态环境问题，中国共产党适时地提出旨在根源性解决生态环境问题的生态文明建设的宏大战略目标，并从法律、制度、机制、体制建设和完善的政治高度多角度多层次多视野多范围的强烈综合推进。这不只是整个人类社会全面健康和谐可持续发展的现实需要，更是对我国民众利益的高度重视和关怀，而其基本实现路径就是人类实践活动的生态性转化与发展。

从目前总的趋势来看，人类社会对生态环境问题的科学解决越来越为关注，民众对良好的生态自然环境的需求越来越高，生态安全、生态公平、生态正义、生态可持续、生态利益、生态需求、生态建设等生态文明理念越来越成为人们关注现实生活、规范自身行为、提升发展质量、转变发展模式、回归人类本性的行为准则和价值追求目标。就是说，实践活动生态性转化与发展的社会条件越来越成熟，民众对具体实践活动选择的生态标准、生态规范等越来越明确和严格，对实践活动生态性转化与发展的期望和要求越来越强烈。实践活动的生态性转化与发展已经是历史所趋，生态文明建设势在必行。

因此，通过对人类实践活动的生态性转化与发展进行哲学上的理论分析与探究，指出实践活动生态化是人类走出人与人、人与自然矛盾的唯一必由之路，即从实践的视角以实践的思维和逻辑来解决人的全面自由和谐可持续性生存与发展，就显得尤为重要，并具有深远的社会历史意义和价值；同时，也为人类实践活动的生态性转化与发展的具体展开、历史性推进提供了理论上的科学论证和学理支撑。

第四章

人类实践活动生态化的实现路径

理论的发展离不开实践，否则，就只能是“空中楼阁”“镜中花”“水中月”；同样，实践的发展、事物的变化也离不开理论，否则，就只能是引起混乱、动荡甚至自我毁灭。这一理论与实践的同向辩证发展已经为中国革命与建设实践所证实，这也是马克思主义思想理论体系，尤其是马克思主义哲学实践观本身具有的理论品质和题中应有之意，更是党和国家永葆青春活力和旺盛生命力的强大生命线。因此，实践活动的生态性新发展首先就需有科学合理的生态性理论给予思想观念的生态性转化与发展，然后再转化为生产生活等具体实践活动，即行为方式的生态性转化与发展，同时还需要有生态性的科技、政策法律法规制度等的生态性支撑和保障，并在此过程中促进生态性理论的进一步自我完善而发展。

为此，我们既需要在理论上不断深化，更需要在实践上不断探索，真实做到理论自觉、实践自觉，逐步实现并不断完善整个人类社会实践活动的生态性科学化发展。而实践活动的生态性新发展与传统实践活动的非生态性发展，是同一个路径，只是方向正好相反；因此，我们需要首先从整体上彻底改变人的非生态性传统实践观、自然观、价值观、发展观等，更新发展理念，树立并坚持科学的马克思主义社会实践自然观、生态文明价值观、以人为本的科学发展观，从理念上实现人对自然的共享共建共同发展，然后，才能推进到日常生产生活中具体可感可控的生态性实践活动。其具体路径可作如下分析。

第一节　更新发展理念

社会存在决定社会意识，社会意识反作用于社会存在，二者的辩证融合就是社会的真实发展；而发展理念就是人对事物运动变化发展规律的理性认识、观念反应，是社会存在在人类思想意识中的逻辑整合、辩证发展，所以，社会存在由实然向应然的转化与发展，就必须有着科学合理的发展理念予以科学指导与规制。然而，人类所谓的科学合理的发展理念也不是天然使然地就存在于人们思想意识中而一成不变的，而是在人的社会实践中逐渐形成并随着实践的变化发展而变化发展的，并表现为人类思想意识中发展理念的不断更新。所以，面对变化发展的现实事物与问题，我们必须是首先实现思想意识中发展理念的更新。

同理，面对，现实生活中生态环境问题的日益严重化，以及由生态环境问题导致的人类社会问题的日益尖锐化等，这一变化了的社会现实，我们必须首先在马克思主义哲学思想指导下，与时俱进地及时提出一系列旨在科学解决这些问题的创造性新思维、新思想、新理念，实现发展理念上的更新，然后，才能确保在实践中采取一系列切实有效的新举措、新方法。

一　树立马克思主义新型自然观

实践是否可行，以及如何推进及其效果如何，必须要有理论上的论证、价值上的规导。离开了后者，实践很难成功，并极易走向自己的反面。因此，实践活动的生态性转化与发展必须首先要从理论上进行整体的论证并以此为指导，如此，才能在对传统非生态性实践活动的“破”中实现对未来生态性实践活动的“立”，进而回归本真实践活动，推进人类社会历史本真的发展。而这里的理论首要的就是马克思主义哲学世界观，尤其是马克思主义社会实践自然观，由此形成对自然、对人与自然关系的整体辩证和谐可持续的科学认识，即新型自然观的形成、发展与运用。

马克思主义哲学的科学魅力、革命性质就是把抽象的哲学研究回归到对现实物质世界本身，以及对从事现实实践活动的社会人自身的反思，而其切入点就是现实人的物质性社会实践活动。就是说，马克思主义哲学的一个最基本原则就是一切哲学研究都应以人的物质性社会实践生成与发展为出发点，并从人与人的物质性社会实践关系来解释客观的物质世界，强调世界发展的多样性与统一性、辩证性与可持续性、生态自然性与社会能动性在实践活动发展中的以人为本。

哲学研究最根本的一点就是：关注现实，反思过去，并指向未来，规导实践，既对现实问题进行理论反思，对人生意义进行价值规导，同时，又在实践活动中得以检验、丰富与发展。这里的“现实”与“事实”并非一回事：现实是指事物发展过程中所展现出来的客观必然性，是事物本真应有的状态，即事实与本质的统一；而事实则是指已经发生过了的已经如此的状态，是事物的实际存在状态，其现存的状态与其本真应用的状态未必是一致的。只有当二者同向发展时，即事物现存的发展状态与其本真应用的发展状态相一致时，才是事物真实的发展、本质的发展，否则，就会出现事物发展上的混乱、动荡，从而给人类自身生存与发展带来伤害、甚至是灭顶之灾。现时代由于实践活动的生态缺失而造成的生态环境问题以及以自然为中介的人的问题、社会问题，就是人与自然关系非本真的发展给人类带来的危害，其消极作用通常表现为人们在对自然的实践活动中为了自己的利益而否定自然自身运行的整体性、完整性及其系统性。

所以，这就需要我们首先是在理论研究上做到透过“事实”把握“现实”，对已出现的问题进行理论反思，以期做到理论上的自觉；其次是要广泛深入社会实践活动中，做到理论与实际相结合，用科学合理的理论规导实践，以期实现实践上的自觉，这也正是理论在实践发展中的具体化，并接受实践的检验与发展。这是因为，人是有目的、有意识的类存在物，人所从事的任何具体实践活动都是在特定的思维指导下并按照事先做好的计划朝着既定的目标进行的，思维的正确与否直接决定着实践活动过程及其效果的合理与否，而人的思维意识又是形成并发展于人类实践活动之中，并受其规导。所以，我们必须做到理论上有所突破、实践上有所创新，以期真实地把握现实、规导未来，避免把一般性理论抽象地运用到一切事物之中。因此，对现实实践的把握必须进行理论上的探索，而理论上的突破又必须深入社会实践中，做到二者的有机结合、辩证一体、整体推进、共同发展。只有这样，我们才能在理论上真正找到生态环境问题产生的现实根源即实现理论上的自觉，才能在现实中真正实现人类实践活动生态化的本真发展即实现实践上的自觉。

而要做到这一点，就必须坚持马克思主义哲学世界观，尤其是马克思主义社会实践自然观的科学理论指导。马克思主义社会实践自然观是马克思主义哲学在当代中国的生态化发展，是马克思主义中国化发展在人与自然关系上的最新理论表述，是马克思主义哲学在中国的理论自觉，是符合中国现实并服务于当下中国实践的，既有其特定的历史继承性，又有其符合中国特色的生态发展性。马克思主义社会实践自然观就是对人类社会历史发展现实的关注，是对现时代生态环境问题本质根源的科学探索，是对人与自然关系理论上的反思与实践上的规导，进而突出强调人类能动性社会实践活动在人类社会历史发展中的特有的地位、作用与功能，并由此指出，人与自然关系首要的基本的实践本质。因此，面对现时代的生态环境问题，以及以此为中介引起的人的问题、社会问题，我们必须以马克思主义社会实践自然观为指导，彻底改变我们过去的极端功利性生态自然观思想，也即传统的人类中心主义价值观思想，在人与自然关系上，实现主客二元对立向主客一体化的根本转变，进而实现人类实践活动由非生态性向生态性的根本转变。

所以，只有马克思主义社会实践自然观这一新型的自然观思想指导下的人类实践活动，才会是本真的人类实践活动。只有这样的实践活动才能真正做到人与自然的本真发展，即人与自然既对立又统一的辩证发展，也才能真正做到自然史与人类史的辩证统一，即真正人类社会历史的回归，而不再是人与自然相对立、自然与历史相分离。此种状态下，人与自然的关系也才是人与人的关系，自然才成为人，人的本质才体现为社会关系的总和，人的发展才是真正的自由自觉。这是因为，在马克思主义社会实践自然观指导下的生态实践中，人与自然既是平等互动、双向发展的对象性关系，更是整体辩证矛盾一体的系统关系，而不再是自然役使人，或人役使自然的单一发展状态；此时，作为实践主体的人与作为实践对象的自然也不再是消极对应、单向流动，而是交互作用、共同推进。这样的实践活动就意味着生态自然环境的保护建设修复与美化与经济社会发展的双赢，二者是同一过程中的两个不同方面，而不再是经济效益、社会效益与环境效益、生态效益的对冲，此时的经济社会发展方式、社会生产生活方式等才会是与自然生态系统自身运行体系相融洽的最优化的资源整合方式。生态实践中这种把生态成本纳入经济社会发展成本中的资源最优化整合方式，在短期的经济社会发展中可能不会带来经济效益最大化；但是，从长远的视角看则是经济社会可持续发展的必然选择和必要方式，其实现的不再只是经济效益，而更是生态效益、社会效益，其关注的不再只是个体利益、私有利益、眼前利益，而更是人类整体利益、公有利益、长远利益。

而生态环境问题的解决就是要构建生态可持续化的生产生活实践活动，把人与自然关系纳入人与人的社会关系中，把自然看作人格化了的自然而与之进行平等对话，努力做到二者交往中的互惠互利，即努力做到在对自然的保护建设修复美化中实现人的利益诉求；由此，就需要在人与人、人与社会、人与自然等关系的交互中寻求彼此的利益平衡点，做到彼此的双赢，既满足人的社会性物质精神生产生活需要，又要满足人的社会性生态需要、环境需要。如此，生态环境问题才能得以科学解决，人与自然才能得以本真地发展。

因此，生态环境问题的解决、人类实践活动的生态性转化、人与自然的本真发展等可以说在本质上是一致的，都是为了人的本真发展，即人的真正自由全面发展，并在实践上表现为统一历史过程，而且都是马克思主义哲学世界观、马克思主义社会实践自然观的题中应有之意。所以，这些问题的科学解决必须在马克思主义哲学世界观、马克思主义社会实践自然观这一新型世界观、自然观指导下进行，只有这样，才能克服二元分立的哲学实践观和以利益争夺为核心的人类中心主义价值观，才能真正科学地推进我们人类在人与自然关系上的理论自觉和实践自觉。

二　坚持科学的生态文明发展观

以马克思主义哲学为指导的社会主义生态文明建设，是社会主义现代化建设总体布局的重要内容之一，是全面推动小康社会科学实现的主要奋斗目标之一，并处于突出的战略地位，是社会主义社会又一重要特征，为我国“人—自然—社会”整体辩证和谐可持续生存与发展提供了强大精神动力。不只是如此，面对现时代已严重危及我国经济社会平衡协调可持续发展的全球性生态环境问题，以及由此衍生的一系列新的人的问题、社会问题，我党更是从整个人类社会文明形态在更高阶段上的演进与发展的视角，及时明确地提出旨在科学解决这些问题的生态文明建设宏伟战略目标；这是相对于过去人类一切文明形态，包括以市场经济、工业经济为基础和特征的工业文明，而提出的又一新的更加符合人类社会历史发展本质规律的文明形态，是对以往文明形态的辩证超越与发展；进而，为我们整个人类社会历史更加人性的公平正义和谐可持续，以及每个个体人更加全面自由的发展，指明了未来发展方向、提供了科学的发展思维与模式。

这是一种发展的理念、文明的理念，更是一种哲学的思维，是从人类文明形态演进的战略高度，强调用哲学思维整体辩证系统地认识和推进整个人类社会历史在生态自然环境安全可持续基础上的本真发展；进而，指出生态文明建设、人与自然整体辩证和谐可持续发展的实践构建，即，人类实践活动的生态性转化与发展，将是中国社会未来发展乃至整个人类社会历史未来发展的必然趋势。这一指导思想反映到理论层面就是以马克思主义为指导、与马克思主义一脉相承的生态文明发展观。

“在全面建设小康社会进程中推进实践创新、理论创新、制度创新，强调坚持以人为本，全面协调可持续发展，提出构建社会主义和谐社会，加快生态文明建设，形成中国特色社会主义事业总体布局，着力保障和改善民生，促进社会公平正义，推动建设和谐世界，推进党的执政能力建设和先进性建设”。①

就是说，生态文明作为一种新的更高级的人类文明形态，适应

① 胡锦涛：《坚定不移沿着中国特色社会主义道路前进 为全面建成小康社会而奋斗》，人民出版社 2012 年版，第 11—12 页。

了现时代人民对更加健康和谐幸福生活追求的新期待、新要求，更是我党在新的历史条件之下向全国人民做出的政治保障和改善民生、促进社会公平正义和谐的重大政治决策，同时也是2020年全面建成小康社会的重要目标之一；其自身建设即理论在实践上的具体化更是一项极其复杂的系统工程，目的就是要从人与自然在实践基础上的整体辩证和谐可持续性生存与发展的视角来审视人类社会历史发展的唯物辩证性、客观规律性、实践发展性、生态自然性以及人文目的性，强调社会实践发展上的经济效益、生态效益、社会效益的内在统一，其最终目的就是要为实现人的全面自由可持续生存与发展提供良好的生态自然环境、社会环境，进而推进社会的公平正义可持续，以及整个世界和谐可持续的构建。

历史总是在矛盾中展开并由此获得发展的动力。生态文明建设作为对工业文明发展模式弊端的自觉反思与辩证否定，无论是在理论上还是在实践上涉及的内容都极其广泛而又复杂，它强调的不只是在实践中对自然的保护、对生态的修复、对环境的治理等，而更是涉及物质文明、精神文明、政治文明、社会文明等整个文明形态在实践中的历史性大变革，即整个人类文明形态的历史性演进。由此可见，生态文明发展观指导下的人类社会发展是在实践自然基础上的人与自然主客体辩证统一的可持续科学发展，其实现路径就是实践活动的生态化。

生态主要是指生物与生物之间，生物与其周围环境之间的相互关系及其存在状态，有其自身内在的逻辑发展和自在自为的系统发展规律；而生态化本身则是一辩证的动态演化过程，主要是指人类严格遵循生态自然环境自身运动变化发展规律处理人与自然关系、人类社会历史的发展，使人类一切能动性社会实践活动在满足人类自身生存与发展的同时，不对生态自然环境自身的发展构成不可修复性损害，对已经构成的损坏，要及时地给予人类人为的人文性修复与建设。这里主要涉及的是人类实践活动的生态转向，即给予人类实践活动以生态限制，把人类实践活动严格限制在自然自身所能承受的范围之内，使人类实践活动具有生态性、可持续性。而在此过程中所展现出的人类思维就是生态性思维，其最大特点就是整体辩证性、系统发展性、协调可持续性，以及以人为本性，因此，在此意义上可以说，生态性思维也就是整体辩证的系统性哲学思维。

文明则是指人在对自然、社会的能动性实践活动中所取得的一切积极成果，是人类智慧的结晶，是人类本质力量对象化的结果，更是人类自身能力不断提升的外化，是人类社会进步与发展的状态；而生态文明则主要是指人类在严格按照“人—自然—社会”三位一体的整体辩证和谐可持续发展规律处理人与自然关系、自然自身发展、人类社会自身发展过程中所取得的一切积极成果，是物质文明、精神文明、政治文明、社会文明等在人与自然关系发展上的具体实践展开，是对以往传统工业文明、农业文明、原始文明的积极扬弃、辩证超越，其基本要求就是人类所从事的一切旨在实现人自身生存与发展的物质性、精神性社会实践活动都必须以生态安全、生态正义、生态可持续等为其前提和基础，进而实现人与人、人与自然、人与社会、人与自身发展上的整体辩证和谐可持续。这里主要涉及的是人类社会历史发展上的生态转向，即人类社会历史的发展不只是对自然的索取，更是对自然的保护、修复、建设与美化，并具体表现为人类社会经济、政治、文化、社会等各领域的生态转向，包括人的思想道德意识、日常生产、生活、消费等的行为模式与理念，以及科学技术、文化艺术、法律制度等的发展都必须具有生态性，等等。而所有这些的生态性转向与发展又都必须是在人类自身所从事的一切物质性、精神性社会实践活动中得以生成与完善，并最终必然导致人类社会历史发展形态的根本性转变，即更高级的人类文明形态——生态文明时代的到来。

由此可见，生态文明发展观，其实也就是生态性哲学思维在实践中的科学运用与发展，其处理的不只是生态环境问题，不只是人与自然关系问题，而更是要处理以自然为中介的人与人、人与社会、人与自身的矛盾与问题，并通过人的问题的处理来实现生态自然环境问题的处理，并最终实现人的科学化发展与人类文明形态的历史性演进，不仅彰显了人对自然的各种认识能力、实践能力的提升，同时，也更彰显了人与自然关系的不可分离性、不可逆转性、不可逾越性。而所有这些问题的处理都必须是寻求于人、依赖于人、取决于人并最终又是为了人。

就是说，生态文明发展观指导下的人类实践活动生态性新发展，其实也就是，人在生态性哲学思维指导下，通过具体的实践活动，来协调整合人与自然、人与人、人与社会甚至人与自身间的可持续性系统发展：让各种因素在实践活动中都充分动起来，让各种因素在具体的实践活动中都找到其自身应有的位置、发挥其自身应有的作用与功能；并在这一整合过程中促进人自身的发展，而且，在确保人自身发展的同时，又要有利于自然、社会、他人的发展。而这里，人的发展，其实也就是，人的实践活动能力的不断提升，并广泛渗透到人类社会生产生活的方方面面，并最终构成人类社会历史演化与发展的真实内在动力，体现在人与自然关系上，就是人对自然的物质性社会生产力的生态性发展。而生态文明的构建，就是人类自身能力的生态性发展，并具体化为物质性社会生产力的生态性发展，即生态生产力的实践发展。只有生态生产力的发展，才能在人与自然关系上，保障人类自身能力的发展既是对客观物质世界的认识加工改造利用能力的发展，更是对生态自然环境的保护修复与建设能力的发展，而不再是以征服、掠夺、损害生态自然环境为代价的发展，而是真正实现人的全面自由可持续性的科学化发展。

而要做到这一点，就必须实现人类实践活动的生态化，尤其是人对自然的直接的物质性社会实践活动的生态化。因为，人类文明形态的演进、人类自身能力的提升都是在人类各种社会性实践活动中得以生成与发展，并受此规导的；所以，只有人类实践活动的生态化，才能在人与自然关系上，真正做到人对自然的主客一体化发展，而不再是主客二元分裂、对立、异化的发展，人与自然的关系才能是对象性关系和一体化关系的辩证统一，而不再只是单向度的对象性关系。这样，人类自身能力的提升才能真正推进“人—自然—社会”整体辩证和谐可持续的科学化发展。为此，我们又必须实现思想观念的生态化、科学技术的生态化、法律制度的生态化等。而所有这些又都是生态文明建设这一宏大诗篇的题中应有之义。

因为，只有具有了生态文明理念、生态文明价值观，即生态人的培养，人们才能在对客观物质世界的认识加工改造利用过程中，自觉自律自主地遵循客观物质世界自身运动变化发展之规律，科学地看待与处理人与自然万物的关系，以及以自然为中介的人与人、人与社会、人与自身的关系，才能及时有效地推进科学技术的生态化、法律制度的生态化、人类社会生产生活的生态化等，才能不断克服人类实践活动的生态缺失，从而，为生态文明的构建、美丽中国梦的实现、人类实践活动的生态化提供坚实的科学技术支撑、法律制度保障和雄厚的物质财富基础。

由上述可知，生态文明的构建就是要在科学的生态文明发展观指导下，运用生态性哲学思维来实现人类实践活动生态化，并具体化为生态人的培养、生态生产力的发展、生态科技的科学化推进和法律制度生态化的构建等。而生态文明建设在实践中的具体推进、生态文明建设的具体实践落实，其实也就是人类实践活动生态化发展，换句话说，人类实践活动生态化就是生态文明建设在实践中的具体化。

所以，实践活动的生态化科学发展就必须自觉、自主、自律、自愿地遵循科学的生态文明发展观，只有这样，自然才能为人类自身的生存与发展源源不断地提供生产生活资料和宜居的生态自然环境，人与自然才能可持续性和谐共生共演共同发展，人类社会才能永续性和谐繁荣。

三 确立生态实践观

党的十八大首次明确提出我国社会主义现代化建设事业得以继续科学推进的“五位一体”的整体战略部署与决策，强调我国经济、政治、文化、社会、生态等多方面的综合推进与科学发展，即“人—自然—社会”在生态自然安全可持续基础上的整体平衡协调可持续地实践生成与发展；十八届五中全会又进一步提出“四个全面”“五大发展理念”等科学发展理念，而所有这些理念与决策落实到实处，其外在表现就是人类实践活动生态化科学发展。

人类实践活动生态化发展作为生态文明建设的具体化、作为生态环境问题科学解决的必然选择，是一个极其复杂的系统工程，除了需要我们从整体上对其进行系统规划和理论论证，更需要我们不断地对实践中的各种具体要素进行积极能动地、整体辩证和谐可持续地系统整合，即对实践活动本身予以生态性科学认识和运用；而且，这种整合本身又是变动不居的，而不是简单地机械相加、一劳永逸的，其各种要素间也不是截然分开、互不相干、各行其是的，而是彼此相互交错、互为中介、相互作用、共同发展的；尽管各要素间有着各自差异性和自身特定的要求与发展，但是，彼此间又有着内在统一性，都对实践活动的现实运行有着自身特有的作用。因此，要想在这一复合多变的系统中不断寻求最适合人的本真发展而又不对生态自然环境自身运行系统造成不可修复性破坏的最佳契合点，就必须有着科学合理的生态实践观，并在此实践观指导下做到实践活动生态化发展的具体化、科学化。

就是说，人类实践活动生态化发展的科学推进，除了整体上的理论论证、价值规导、系统规划之外，还必须实现其由理论到现实的科学具体的转化，即转化为人们现实、具体的日常生产、生活等可感、可控的实践活动。而这一转化本身又是需要许多具体环节的，包括实践活动具体的主客体、目的内容过程和结果，并具体化为经济、政治、文化、教育、科技、卫生等社会生产生活的各个方面，且各个环节之间又是彼此相互交错融合辩证一体的；而其中，最为主要的环节可以大体归结为彼此相互交织、相互促进而共同发挥作用的几个方面，即教育生态化、科技生态化、经济社会发展生态化、社会生活生态化，以及法律制度的生态化等各个方面的整体综合推进；且这里首要的就是生态理念的转化与发展，即生态人、生态意识、生态价值观的培养与发展，由此，才会有生态科技、生态生产力、生态生产生活等生态性实践活动的现实运行，也即人类生态责任的全面落实，同时，还要有着法律制度以及机制体制上的生态性政治保障。而所有这些综合到一起就是说，实践活动的生态性具体展开与发展是需要有科学合理的生态实践观为指导的，否则，其复杂的系统结构与动态性运行很难做到在对自然的保护、建设、修复、美化中实现人的利益诉求。

科学合理的生态实践观就是要通过实践活动的生态性回归，来确保人类生活其中的生态自然环境自身的安全可持续性完整系统运行，进而为人类自身在更高层次上生存与发展的可持续性提供潜在的物质环境支撑，其基本要求就是在对自然的实践活动中做到保护与开发并举并以保护优先，在开发中实现保护、在保护中促进发展。所以，生态实践观的确立其实就是要通过人类实践活动生态性运行与发展，使实践活动生态化的理念、生态实践价值观等深入人心，然后，再以此思想来统领、规范人的行为举止，做到人在对自然的实践活动中实现人的和谐可持续性科学发展，同时，又不对生态自然环境自身发展的系统性、完整性、可持续性造成不可修复性的损坏。

而所有这些又都离不开教育，离不开生态思想、生态意识的灌输和生态人的培养。这里的教育主要是指生态性教育，即生态知识的全民普及教育和生态知识的专业素养教育，其目的就是要培养生态人，使人“崇尚自然，追求真理”，具有生态思维，而其实质就是培养人的生态素质，促进人自身素质的全面科学发展，其中，最为基础的就是全民普适化的生态宣传和教育。这是因为，人民大众是实践活动的主体，是推动经济社会发展的主体，是社会生活的主体，更是生产的主体，消费的主体，同时，也更是对自然进行改造与建设等实践活动的直接参与者，是与自然发生关系最为紧密的人群；所以，实践活动的科学与否、生态与否、可持续与否在最大程度上取决于人民大众，取决于人民大众是否具有生态意识、生态思维、生态价值观等科学的生态实践观。

只有开展各种形式的生态宣传和教育，不断培育和强化全社会的生态安全意识、生态环保意识，将节能环保、节约减排、低碳生活、绿色出行等作为社会主义文化的特殊部分大力宣传；从而才能真实地让科学的生态实践观、发展观、生活观、自然观、文明观等广泛深入人心，在全社会范围内真实地形成科学、文明、多元、进取的生态性生产、生活方式，以及生态性思维、行为模式，让更多人自觉自愿自主地积极能动地参与社会主义生态文明建设宏大工程之中来，更好地履行人民大众对社会、国家、民族等本应负有的生态责任、历史使命，更好地为社会主义现代化建设、美丽中国梦的实现、全面建成小康社会等服务、献计献策。

所以，生态实践观的培育与践行、实践活动的生态性转化与发展、生态文明建设目标的贯彻与落实等，必须是具有社会主义性质的生态教育先行。只有在中国共产党领导下促进国民素质的生态性全面发展，也即实现人的生态性全面发展，让生态意识成为人的主导思维并转化为自觉的生态责任而贯穿到社会生产生活的方方面面，如此，才能使人们在对自然的实践活动中自觉自主自愿自律地做到保护与开发并举并以保护优先。

总之，由上可知，人的言语行为等实践的改变，其实质就是人的转变，而人的转变又必须是思想意识观念的改变先行，就像打仗，军马未动，粮草先行；而思想意识理念的转变又必须是以科学的思想理论为指导，并有着特定的社会环境、具体的实践活动等因素的影响、规约，同时，还要有法律制度、政策法规等强制性手段加以政治保障；如此，多重因素、手段、介质等相互结合、循环往复地交互作用，才能最终确保人的经济社会发展方式、社会生产生活方式等的生态性转变，也即人的具体实践活动的生态性根本改变而发展。

第二节 转变经济社会发展方式

发展是一个实践中的问题，但更需要理论的指导，尤其是更需要从哲学的高度予以整体规划、全面设计、系统论证、协调推进；因此，就此意义可以说，发展本身就是一个理论问题、哲学问题，并由实践来完成。所以，对发展的理论分析、哲学探讨，实际上也就是对实践活动方式、内容如何更加符合人的需要的研究与探讨，二者是内生性的本真一体。发展是实践中的发展，是在实践中得以完成和提升的，是以实践为自身得以现实化的母体和载体，并决定实践的方向和内容；实践是发展中的实践，是以发展为动力和目标并由发展所规导；离开实践的发展不存在，没有发展的实践也会因缺乏活力而归于消亡。所以，发展与实践不可分，发展方式的转变必然导致实践活动内容、方式的转变，而转化后的实践又必然进一步促进新的发展。这里的发展主要是指经济社会的发展，是内含人的发展与自然的人化发展为一体的综合发展；所以，这里的实践活动主要就是指经济社会领域内的活动，并内含各种人的活动和自然的人化活动；因此，经济社会发展方式的转变必然也就是人的实践活动方式的转变并决定实践活动内容的相应性变化，而其直接处理的或者说主要处理的就是人与自然间关系。因此，实践活动生态性转化与发展最为基础、最为核心的部分就是经济社发展方式的生态性转变。

而实践活动的生态性转化与发展是一个整体性概念、综合性概念，表达的是一个永无止境的动态辩证的复杂过程，是对传统实践活动由非生态性向生态性转化与发展的总体表述，是对人类实践活动未来更加合理科学发展的总体规划与要求；但是，同时也更是一个具体概念，有着其自身特有的具体内容和特性，并是通过一个个具体实践活动的生态性转化与发展来表现和完成的。所以，实践活动的生态性新发展除了需要理念的更新、科技的支撑、物质的保障、制度的规制等，更需要具体实践活动来展开，并首要地表现为以自然为直接对象和基础的经济社会领域内实践活动的生态性转化与发展，即经济社会发展方式的生态性转变与发展。而经济社会发展方式的生态性转变首要的又是生态科技的发展所提供的生态性科学技术支撑，其次是生态物质利益的发展所提供的物质经济基础的支撑，最后才是所谓的科学合理的经济社会发展方式的生态性转变，而其最优的生态性转化方式就是区域性生态协作发展，并最终由区域性走向全球性。

一　强化生态科技的发展与支撑

经济社会发展方式的生态性转变，是实践活动生态性转化与发展最为核心和基础的部分，也是生态环境问题得以根源性科学解决和生态文明建设、美丽中国梦全面科学实现最为核心和基础的部分，并主要表现为生产实践也即劳动实践的生态性转变。而生产劳动实践的生态性转变也即经济社会发展方式的生态性转变，除了需要制度等的政治性生态保障之外，更是需要从其内部构成要素上进行生态的根本改变，即不能只是从所谓的生产关系、上层建筑等方面进行生态规制，更是需要从生产力发展上进行生态的根本转变，而生产力的生态性根本转变必须要有生态的科学技术支撑。

科学技术是人类在长期的社会实践活动中，尤其是在对自然的认识、改造等生产劳动实践活动中逐渐形成的有关事物运动变化发展之本质规律的理性概括和经验提升，是一理论体系、知识体系、技能体系，具有巨大的社会实践功能：既能改变我们的生产生活方式、思维认识方式等实践行为方式，推动社会的发展，更能造成社会发展的不可持续、带来社会发展的巨大危害；表现在人与自然关系上，就是一方面推动自然向人的转化而发展，另一方面却是造成自然自身的不可持续和中断，即生态环境问题的发生与恶化，进而影响到人的生命健康安全可持续。所以，我们在强调科学技术的实践功能与作用的同时，必须对其进行辩证的实践认识与运用，使其发展完全掌控在有利于人与自然和谐共生共演共同发展的实践范围之内，确保社会的健康运行与发展。

科学技术是第一生产力，科学技术的发展就是生产力的发展，并表现为经济社会的发展和生产劳动实践的发展。这是在最根本意义上来讲的，特别是在现时代，科学技术直接转化为生产力的速度越来越快，且在生产力发展和社会发展中的作用越来越大；其最直接的表现就是极大增强了人对自然的认识和加工改造能力，极大扩展了人类利用自然、改造自然的深度、广度和强度，使得人类实践活动尤其是生产实践活动经过科学技术的强化和武装而成为促进自然自身演化的重要力量；其现实结果就是人类从自然中创造出大量丰富的自然本身无法生成的社会性物质财富、精神财富，从而极大推进了人类社会的进步、人类文明的发展。就是说，科学技术是一种推动人类社会历史发展的革命性力量，其根本任务就是通过对自然的科学认识、加工、改造、利用而为经济、社会发展服务，是表征人类文明发展程度的最为显著的标志。换言之就是，改造自然、创造财富是科学技术固有的使命，科学技术正是通过这种方式来充分彰显人的本质力量，实现人的价值，展现国家实力，并因此而成为国家、社会、甚至个人间争夺利益、获得话语权的工具、资本。科技活动成为人类社会实践活动最为基本的重要组成部分，不但改变了自然、更是改变了人自身，这是对科学技术社会作用的通常意义上的理解与运用。

但是，这种对科学技术社会作用通常意义上的理解与运用，只看到了科学技术的工具价值理性，而相对忽视了其自身本应有的生态价值理性，只重视自然及其规律属人性的社会转化，而相对忽视了自然自身系统运行的完整性、有限性，进而忽视了人对自然本应负有的生态责任；致使长期以来，人们只关注科技创新的物质利益化发展，即只关注科技创新在推动物质形态的转化与利用方面的功能与效用，而相对忽视了科学技术的创新能否促进生态自然环境自身的健康运行，是否会对生态自然环境自身的健康运行造成负面影响，从而造成了科技创新实践活动的极端功利性价值取向和单一化发展。在此科技观念指导下，人们在现实生产生活中只关注如何才能从自然中创造并享用更多的社会财富，如何才能使经济社会发展的更快，并产生巨大的经济效益；“经济增长”被单一地等同为社会发展，并被单一地看作科技创新的唯一终极价值目标，而相对忽视了这种增长方式的社会效益、生态效益，即相对忽视了这种增长对自然、对人自身的生命健康完全可持续可能带来的社会性生态后果。

由此可见，这种科技发展观是一种主客二元对立的思维，是一种生态缺失的科技发展观，其信奉的是“发展是天然合理的”哲学信念，只强调人对自然的征服、统治、役使，迫使自然强制性地、被动地、超负荷地为满足人类实践生成与发展的各种社会性需要服务，而相对忽视人对自然的保护、修复、建设与美化，相对忽视了人类社会历史发展的系统整体性、辩证可持续性的哲学问题和环境问题；因此，此种科技观指导下的科技的发展、社会生产力的发展必然导致对自然的极大破坏，并最终直接影响到人类自身的生命健康完全可持续，尤其是在现时代生态环境问题日益恶化的状态下，这种科技发展观不仅在理论上是错误的，而且在实践上也是极为有害的；因此，此种科学技术的创新与发展，以及由此武装、强化的社会生产力的发展也必然是短视的、暂时的、不可持续的。

发展是一个多维的可能性实践活动，是多种因素相互冲销组合的综合性系统化过程，其目的是要实现事物相对过去而言的综合优化和提升，即我们常说的新事物的产生旧事物的灭亡；因此，发展的思维本身就是一个综合、平衡、稳定、可持续的思维，是一个辩证、协调、系统、全面的思维，也即哲学的思维，反映在人与自然关系上就是生态性思维。所以，科学技术的发展同样也应该自觉、自愿、自主、自律地遵循这一发展思维，既要实现科学技术发展上的经济效益、社会效益，更要实现科学技术发展上的生态效益、环境效益，如此，科学技术的发展也才能获得其自身本应具有的可持续性自我生成能力和实现其自身的可持续性社会化发展。而要做到这一点，就必须实现科学技术发展上的生态性转化，即实现科学技术的生态化发展，开发研制运用不对生态自然环境自身运行造成损坏的科学技术、和旨在保护修复建设美化生态自然环境的科学技术，以及资源能源替代性技术，并表现为，新兴能源的研发与运用和新兴产业的推广与发展；由此，我们的社会生产力的发展才不会只是对自然的加工、改造、利用的能力的发展，而更应该是对自然的保护、修复、建设、美化能力的发展，而二者的辩证统一就是生态生产力的发展。

其实，早在20世纪五六十年代，随着西方社会生态环境问题的日益全球化，人们就已经开始对科学技术的创新与发展进行了生态地批判与发展，并由此提出了诸多有关科学技术生态化发展的思想与理论，这不只是对生态环境问题的现实解决所做出的理论回应，更是对生态自然科学、社会科学自身发展的积极回应。尽管，到目前为止，人们对科学技术生态化发展的理解与运用等方面仍有着各自的差异性，但整体上讲，这种对科学技术生态化发展转向的新认识，是解决现时代生态环境问题、人的问题、社会问题等一系列实践问题的迫切需要，更是与人类认识能力发展的有限性相关，也是人类真理性认识不断由相对走向绝对的必然环节，而其目的就是要实现生态生产力发展基础上的人类社会历史的可持续性发展，其基本特征就是科学技术发展上的生态规制，即用生态思想规范、调整、优化科学技术的发展。

由生态科技支撑的社会生产力就是生态生产力，其最大特点就是生产力发展上的生态规制，就是说，生产力的发展不再只是对自然的加工、改造、利用能力的发展，而更是对自然的保护、修复、建设能力的发展，是二者的辩证统一，也即是自然生产力与社会生产力的辩证统一发展，其强调的是“人—自然—社会”辩证统一、和谐共生，在这个意义上，可以说“一切生产力都归结为自然界”①，即生态生产力。由此进行的社会生产就是生态性生产，因此，这里的生态生产简单来说就是社会生产的生态化，也即社会生产与自然生产的辩证统一，就是把人类社会的物质生产、精神生产看作自然生态系统自身运行的一个部分，遵循自然生态系统自身运行的规律，使我们的社会性生产在修复、美化、建设生态自然环境基础上满足我们人类特定的社会性需求，以此确保我们人类社会发展中的生态平衡、稳定、可持续，其目的就是要实现社会生产发展上的经济效益、社会效益、生态效益“三位一体”。由此可见，发展生态科技，实现生产力的生态化发展，进行生态的社会性生产是人类解决生态危机的根本途径，是人类社会可持续发展的必然选择。

就是说，科学技术生态化发展不只是实现了科学技术发展上的革命性变革，更是决定了整个人类社会历史发展上的生态化革命，并表现为人们现实生活中生产生活的生态化转向，即用生态生产、绿色生活代替过去极端利益性的物质生产生活，从而根本改变高消耗、高污染、低效益的粗放型经济社会发展模式，以及在此基础上的虚假的、异化的经济社会生活模式；由此，生态生产力将成为未来社会发展的主导力量，生态产业将成为未来社会发展的支柱性产业，生态生活、生态消费将成为未来社会发展的主流模式，生态实践活动将成为未来社会发展的必然选择，而人与自然整体辩证和谐可持续的生态思维将成为未来社会发展的主导思维。

这是因为，科技生态化的转向与发展所遵循的是人与自然整体辩证和谐可持续生存与发展的生态性思维并以此为其基本目标，是生态学基本原理和生态化的思想观念在科学技术自身发展中的综合运用，也即生态原则与人及其社会生存与发展的需要原则的综合应

① 《马克思恩格斯全集》第47卷，人民出版社1979年版，第569页。

用、并以此为其价值规导；它打破了过去由科技进步、经济发展、环境破坏所组成的三角悖论，体现了“人—自然—社会”辩证一体的综合目的，而不再是单一的人的目的。因此，科学技术的生态化发展有利于我们实现对人与自然本真关系的全面认识，提高我们对自然的保护与开发并举、并以保护优先的能力，即生态生产能力，进而恢复、改善和提高整个生态自然系统自身运行的人口承载能力，从而为我们人类在更高层次上的可持续性生存与发展提供健康安全的生态自然环境和强有力的社会环境的保障与服务。就是说，科学技术的生态化发展是把科技与“人—自然—社会”作为一个有机整体来对待，既符合自然界的多样性本性，又符合人的实践发展本性，是在确保各种生命体健康安全可持续存在与发展前提下而为人服务的，是立足于人的利益，并有利于生态自然环境的，其实质就是要使生态科技的发展成为一种社会建制，并广泛渗透到社会生产、生活、消费等各个领域，全面权衡并协调科学技术创新与发展的社会影响、生态影响。

所以，只有全面展开科学技术的生态化发展才能在实践活动中创造并保护相对传统工业文明的更多、更绿色的生态生产力，才能支撑绿色生产、绿色生活、绿色消费，并实现自然资源能源的人文替代，才能积极有效地应对日益严重的生态环境问题，才能实现社会发展的社会效益、经济效益、生态效益的可持续性辩证统一。所以，推进实践活动生态化发展就必须充分依靠生态化的科学技术，实现科学技术的生态化发展，进而转变经济社会发展方式，既要研发应用新的生态科技，又要对原有科技进行生态的改造。

二 加快生态物质利益的生产与发展

经济社会发展的内容极其丰富多样、方式极其灵活多变，并渗透到经济、政治、文化、科技、教育、卫生、军事、国防、生态等方方面面；但是，其基础性发展却是经济生活的发展即物质利益的发展、物质财富的创造与享用，在此基础上，才有了人的发展、社会的发展，以及自然的发展等，并以人的发展为根本之目的，反过来又进一步促进物质利益更高的发展。就是说，经济生活的物质利益发展是人的发展、社会发展的基础与前提，而人的发展则是经济生活物质利益发展和社会发展的价值目标与原则，且二者又统一于自然的可持续性系统运行与发展。所以，经济社会的健康运行与发展必须是生态自然环境安全可持续基础上以人为本的物质利益生产，而“生产”主要就是“对自然的占有”①。

人类生存始终是第一位的，只有人的存在才会有人类社会历史的存在与发展，才会有人类所谓丰富多彩的社会生活，也才会有人类实践活动的具体展开与发展；而人要想存在，就必须优先解决衣、食、住、行用等最为基本的生存问题；所以，马克思、恩格斯就此指出：“人类生存的第一个前提，也就是一切历史的第一个前提，”就是为满足自身“吃喝住穿”等的基本生活需要而进行的物质性社会生产实践活动，即“生产物资生活本身”②，并主要表现为对自然的加工、改造、利用与转化。为此，人们不断地反思、改进、优化自己的物质生产、生活方式，在此基础上，人们才能从事政治、文化、教育、科技、军事等更高层次的社会生活，这是因为“物质生活的生产方式制约着整个社会生活、政治生活和精神生活的过程”③。所以，生存与发展就成为人类社会永恒的主题，而经济社会的生产发展方式就成为人类推进自身存在与发展的必要手段，并表现为人类丰富多彩的物质利益生活。

就是说，经济社会发展、物质生产实践、物质利益生活等构成

---

① 《马克思恩格斯选集》第 2 卷，人民出版社 1995 年版，第 5 页。
② 《马克思恩格斯选集》第 1 卷，人民出版社 1995 年版，第 79 页。
③ 《马克思恩格斯选集》第 2 卷，人民出版社 1995 年版，第 32 页。

了整个人类社会历史发展的基本内容和主旋律，无论是过去、现在还是将来，都是人类社会生存与发展无法回避的现实；但是，由于这一过程本身主要是对自然的加工、改造、利用与消耗，所以，如果经济社会发展的方式不合理、社会生活的过度物质利益化，就必然会造成对自然的损坏，导致自然对人类反自然行为的报复，即生态环境问题的凸显，并会进一步威胁到人类自身的生命健康完全可持续，这一点已经为人类社会历史的发展所证实。所以，我们必须在确保经济社会发展的同时，强有力地确保生态自然环境自身运行的平衡、稳定、可持续，使人类社会历史发展根植于生态自然环境自身完整健康的运行系统体系之中，使人类社会生活完全限制在生态自然环境自身所能承受的范围之内，使人类社会实践活动完全遵循生态自然环境自身运行规律。而要做到这一点，就必须实现经济社会发展方式的生态化转变，并首要表现为物质生产实践活动方式的生态化发展。

经济社会发展方式的生态化转变其实质就是生态的物质利益生产的发展，并具体表现为彼此相互交融、相互促进的两个过程：一是经济社会生态化；二是生态经济社会化。这二者的辩证统一过程就是以生态法则为规导的生态化经济社会发展新历程，这是一个涉及生产、分配、交换、消费、再到再生产等各个环节的生态化复合过程，是人与自然、生态与经济、社会与环境、产业与资源能源等辩证一体的历史整合过程；这一过程本身不仅只是涉及产中各个环节的生态化，而且涉及产前、产后等各个环节的生态化，是经济社会发展的全程生态化过程。从而，使得经济社会发展以及对自然资源能源环境的开发、利用等实践活动向前延伸到绿色原料、绿色能源、绿色科技、绿色设计等环节，更是向后延伸到绿色交换、绿色流通、绿色消费、绿色评价等领域；使得生产实践活动不再只是极端物质利益生产，而更是生态的物质利益生产，即生产的对象不再只是自然，而是人与自然、社会与自然，生产的结果不再只是为了人，而是为了人与自然、社会与自然的辩证和谐、共生共演，而由此生产出的产品的绿色含量将成为人们的首要关切。

一般来讲，一个国家、地区、民族、甚至个人的发展，首先应该是单一物质利益生产，这是由人的生产发展能力的有限性及其自身的自然特性决定的。当生产力发展相对落后时，人为了生存、为了生命的延续，必然是首先进行单一物质利益的生产，从而创造出能够满足人们各种社会性需要的具有使用价值的物质财富，这是人类社会存在与发展的必然前提；在商品社会，又进一步外化为商品生产，其目的是为了获取更多的利润，而其实质仍然是人类为自身所进行的单一物质利益生产，是人类单一地向自然索取、使自然被迫强制性地为人类服务的生产。这种生产是异化的生产，人在生产中关注的只是物质利益、经济效益，而完全不顾生产的社会效益和生态效益；尤其是在工业文明的现时代，人们关注的更多只是资本的增值，并完全受资本的逻辑所控制，致使人完全被利益化、人际关系完全被物化、社会完全被异化，进而导致人与人、人与社会、人与自然、甚至人与自身等关系的极度紧张、异化、扭曲。生态环境问题，以及以此为中介引起的人的问题、社会问题也正是在如此状态下产生并进一步恶化的。

所以，随着人类社会生产发展能力的更高层次的提升，尤其是在面对由此带来的一系列严重实践问题，我们必须实现经济社会发展方式的生态化转向，即由极端物质利益生产向生态的物质利益生产的转化，并配以一系列生态的评估核算整合机制等，由此人类社会发展也就进入了经济社会生态化和生态经济社会化的辩证统一发展历程。目前，经济社会生态化、生态经济社会化还没有一个统一规范的定义，但整体上来说，都是为了人与自然的和谐共生。大致可作如下理解。

经济社会生态化是指经济社会发展要遵循生态自然环境自身运行规律，在维护生态平衡、优化生态环境、重建生态机制基础上科学合理地开发、利用自然，把人们的生产、生活、消费等实践活动严格限制在生态自然环境自身所能承受的范围内；其经济生产目标不再只是为了追求所谓的GDP，而是转向了物质利益生产和生态自然环境保护与建设同时进行，既为人的生存与发展提供无公害的绿色产品，又为人生活得更休闲、生存得更美好、发展得更安全提供生态服务、生态保障；由此，构建一个由人的生态性物质生产实践活动所生成的人与自然和谐共生的人工生态自然系统，以及在此基础上生成的生态的经济社会发展系统，从而使人与自然间的物质能量信息的交换真正做到双向互动、主客一体、共同推进。由此可见，经济社会的生态化发展所生产出的产品都是生态产品、绿色产品、无公害产品，既满足了人的各种发展性社会需要，又人文地增进、改善了生态自然环境自身的健康运行；这种生产又可称为绿色生产、清洁生产，其外在运行方式就是我们通常所说的循环经济发展模式。

生态经济社会化是指生态自然环境的使用是有偿使用，使生态自然环境、自然资源能源作为一种资产、资本、有价值的对象而被加以开发利用，同时对已经造成的，或可能造成的生态损坏加收额外费用，把生态成本（即自然资源能源的损耗和环保费用）附加到生产成本之中，以此来减少对自然资源能源的浪费和过度使用，并实现对生态自然环境的生态补偿，其实质就是要在开发利用中做到对生态自然环境的保护与建设。生态经济社会化发展的基本前提有两个：一是生产发展的能力不足够发达，还不能生产出足够多的产品均衡地满足人们各自全面自由自觉的发展，此种状态下，人们更多关注的还是物质利益生产，人们从事的实践活动主要还是对生态自然环境的开发利用；二是此时的生产发展能力已经超出生态自然环境自身承载能力，其对生态自然环境的加工改造利用更多表现为破坏、浪费，造成生态自然环境自身运行的断裂，甚至威胁到整个人类自身的健康安全可持续。所以，此种状态下，必须对经济社会发展施以必要的生态规制，实现自然资源能源的有偿使用，变环保为效益；由此，我们才能做到在促进经济社会发展、增进人们社会福祉、提升区域性经济社会价值的同时，实现对生态自然环境的保护、建设、修复与美化，为人的生存与发展提供良好的生态安全保障和服务。而其实现途径就是确立并不断完善生态市场机制，通过市场实现自然资源能源的最大化有效配置和使用，实现生态服务性收费和消费性付费，并以此来推进国家经济社会发展生态化和生态经济社会化的最佳耦合发展。

由此可见，以生态的物质利益生产为主导的经济社会发展的生态化，其实质就是在对生态自然环境的开发与利用中实现对其的保护与建设，既为经济社发展提供了强大雄厚的物质经济支撑，满足人的各种生存与发展的社会性需要，又极大程度上维护了人的生态权益，促进了生态自然环境自身的健康运行，实现人的可持续性生存与发展。这里，其实质就是，把生态利益、生态安全、生态正义等引入人类生产发展、社会发展的全过程，把自然资源能源的天然价值和遭到破坏后给予的生态补偿价值等植入经济社会发展中，以此来推进经济社会发展中经济效益、社会效益、生态效益的有机统一，即实现经济社会发展和生态自然环境保护的有机统一、辩证发展。而这一实现过程也就是实践活动生态化发展得以顺利展开的必然环节和手段。

三　推进生态区域性协作与发展

整个世界是普遍联系和矛盾运动的。“当我们深思熟虑地考察自然界或人类历史或我们自己的精神活动的时候，首先呈现在我们眼前的，是一副由种种联系和相互作用无穷无尽地交织起来的画面，其中没有任何东西是不动的和不变的"[①]。所以，在经济社会发展上，我们必须用普遍联系与矛盾运动的观点，看待"人—自然—社会"间的关系，看待人类社会各阶层、各区域、各民族，以及国家间、地区间的关系；既要看到彼此间的共性和差异，更要看到彼此间的矛盾对立与统一；在普遍联系的运动变化中从整体上把握其各自的自我规定性、差异性、发展性，以确保其各自自身的差异性存在与发展，同时，更是要通过一定的中介和条件协调整合彼此间的关系，重视整体功能和系统功能的发挥，以期为彼此各自共同平等的存在与发展提供安全有力的公共环境支持与保障，并最终由个体走向整体、由区域走向全球，实现整个人类社会真正无差异的、公平正义的全面自由可持续性生存与发展。

就是说，整个人类社会是一个有差异性的普遍联系的矛盾统一整体，其自身的发展是一个综合辩证的历史演进过程；但是，无论是在过去的原始社会、奴隶社会、封建社会，还是现在的资本主义社会、社会主义社会，或将来的共产主义社会，其实质都是为了人的发展、为了人的差异性基础上平等自由全面的生存与发展；尽管这里的人在不同历史时期会有着阶级、身份、地位、权力等的人为划分，但整体上，人都是社会发展的主体、动力和目的；尽管其内容和形式在不同历史时期也会有着各自的不同，但整体上，都是要涉及人与自然间物质能量信息间的转换，并主要表现为经济社会的发展、社会物质财富的增加、人们生活水平的提升以及人的本质力量的提升等，而所有这些又都可归结为人类文明的发展、社会形态的演进，以及社会发展模式的优化。

---

① 《马克思恩格斯选集》第3卷，人民出版社1995年版，第359页。

由此可见，人类社会的发展不只是人的发展，而更是自然的发展，不只是关系到人，更是关系到自然，既有自然自身的发展，更有自然的人文性发展，不只是涉及人与人、人与社会、人与自身间的关系，而更是涉及人与自然间的关系；尽管这些发展和关系在不同历史时期不是一一对应的，不是同向同步的，甚至会出现彼此间的矛盾、对立和异化，但整体上，都是在人类实践活动中相联系而展开并由此获得各自的自我规定性、自我生成性、自我发展性等。换言之就是，社会的发展是人与自然间彼此相互生成、互为中介、辩证一体的，是共生、共荣、共同发展的，任何一方出现问题，都会直接或间接地、或早或晚地影响并规定对方的生存与发展；而其发展的是否合理、科学、全面，不只是取决于人，更是取决于自然，取决于自然自身的完整性系统运行，并且都是在人的实践活动中得以相互协调而发展，这是人类社会自身发展内在具有的不以人的意志为转移的客观规律。

所以，人类要想生存的更健康、发展得更自由、生活得更美好，不只是要关注人类自身，更是要关注社会，关注自然，关注“人—自然—社会”，尤其是更要关注彼此间得以生存与发展的人类实践活动；只有实践活动方式的合理、科学、辩证，才会有人与自然以及以此为中介的人与人、人与社会、人与自身间关系的合理、科学、辩证，如此，才会有人类社会历史发展的合理、科学、辩证，人也才能因此获得更加符合人性的本性回归与发展；而同时，人类实践活动的科学、合理、辩证的发展也正是在人的本性发展中、在社会的本真发展中、在人与自然整体辩证和谐可持续发展中获得自身的特定规定性和发展性的。因此，当社会的发展、人的发展出现问题时，我们必须回到以自然为基础和内容的人类实践活动的反思和修正上，通过实践活动的合理性科学化发展来促进现实社会问题的解决和人的本性回归。

而实践活动的生态性转化与发展作为对传统非生态性实践活动所产生的社会负效应影响与作用的积极矫正，就是要通过协调人与自然间本真关系的回归来解决现时代生态环境问题，促进人类社会在更高层次上更加合规律、合目的、合生态的科学发展；因此，实践活动的生态性转化与发展所引起的社会存在与发展方式的变革也必然是符合人的本性的，既改善和优化了人与自然间的关系，更是促进了人与人、人与社会、人与自身间的公平正义和谐自由全面的存在与发展。这是人类社会发展的必然，也是人类摆脱现实困境走向更高层次的全面自由发展的必然，更是人类文明超越传统文明引领新时代的必然。

当前，我们整个人类社会正处在一个既极速发展又充满各种复杂而又尖锐矛盾的巨大变革时代：即，由传统工业文明向新型生态文明转化的大变革时代，以及由过去狭隘的地域性封闭式自我发展向现代全球性开放式协作发展转化的大变革时代，并表现为整个人类社会历史向“世界历史”的转变。人类在取得社会发展上日新月异的巨大进步，享受着工业文明所赋予的现代化发展成果的同时，也深受诸如生态环境问题、能源安全问题、粮食安全问题等非传统安全问题的全球困扰，并由此类问题引发了一系列新的人类社会问题，甚至直接危及整个人类的生命健康安全和可持续性生存与发展。传统人类社会发展模式已不可持续，人类亟须新的更加合理科学的社会发展模式来“扭转乾坤”。

中国作为一个有着几千年优秀传统文化积淀和生态文明素养熏陶的负有责任的大国，必须紧跟并能引领时代，抓住每一个机遇积极推进中国特色的生态可持续发展之路即生态强国之路；创新理念、创新思维、创新科技、创新实践，重新构建人类社会未来发展新模式，即生态文明的可持续发展新模式。如果说，“19 世纪英国人教会了世界如何生产，20 世纪美国人教会了世界如何消费。如果我国要引领21世纪的话，她就必须教会世界如何实现可持续发展”。[①] 这里的可持续既有人与人、人与社会、人与自身的，更有人与自然的，并以此为基础和前提；既有人类文明的，更有人类社会历史发展的，并外在表现为人类实践活动的生态化和思想观念意识的生态化转向与发展，反映在社会发展上就是以人为本的“人—自然—社会”整体交融辩证一体的生态性新型工业化、信息化、现代化发展，并以社会生产力和自然生产力双向并重的辩证发展为根本推动力，这也就是人类社会生态文明的可持续发展新模式。

而要实现以人为本的“人—自然—社会”整体交融辩证一体的生态性社会发展新模式，就必须首先加强生态区域性协作与发展，从单一的行政地域性管理模式向跨地域的重点区域、流域内综合性联防、联治、联控模式的转变，促进区域、流域内经济社会发展的生态性转化与发展，确保区域、流域内实践活动的生态性新发展，最终走向全球性生态协作与发展，以此实现整个人类社会的生态共享、共建、共同发展，由此，整个人类社会也就在此过程中确保了人与自然的可持续性生存与发展。这是因为人对生态自然环境、自然资源能源的开发利用，以及由此产生的生态环境问题、生态环境影响是具有无限扩张性的，而生态自然环境、自然资源能源本身却是有限的、局部的，并具有地域性、区域性特征；尤其是在现实人类社会历史发展中，由于人为因素所划分的行政区域的存在，更是把原本有限的区域性生态自然环境、自然资源能源进一步局部化、分割化，彼此间相对人为地孤立开发应用区域性自然资源能源，并存在彼此间的相互利益竞争，由此，更是进一步加剧了生态自然环境问题和生态自然环境影响的处理与生态自然环境、自然资源能源有限性开发与利用间的矛盾，也即生态自然环境、自然资源能源的

① 李迅：《推进新型城镇化建设重在做好顶层设计》，《环境保护》2013年第2期。

局部利益性开发与利用和全民性建设与保护间的矛盾。就是说，在同一区域或流域内，即使是一村、一组、一地生态环境建设与保护得再好，也抵挡不住更大范围内因利益的驱使所引起的生态环境问题的影响，所以，此矛盾不解决，势必导致该地区、该流域内生态环境问题的急剧恶化、自然资源能源的严重枯竭，以致积聚为人们的健康危机、甚至生存危机，并进而影响到整个人类世界。这已不是耸人听闻的传说，而是已经被真实的人类社会历史发展进程所证实了的历史存在，这也就是我们常说的，生态环境问题的区域性产生全球性影响；发展中的问题还需发展来解决，区域性产生的问题还需以区域性的办法来处理，就像问题的产生与影响一样，此问题、此矛盾的处理也必将最终由区域性走向全球性，即由生态区域性协作而走向生态全球化发展。

生态区域性协作与发展作为经济社会未来发展新模式，不只是处理生态环境问题的现实需要，更是人类自身未来发展的历史性需要，且是在更高层次上实现区域内生态平衡协调与经济社会发展可持续的必然选择。因此，生态区域性协作与发展就是要在特定的区域内实现经济社会发展与生态环境保护之间的辩证关系，实现区域内自然资源能源的最优化综合开发利用以及生态环境问题的最优化综合治理。所以，首要遵循的原则就是生态平衡原则，如此，才能发挥生态系统的整体效能，确保生态系统良性循环基础上的经济社会系统的良性发展，使经济社会发展在生态平衡中稳步推进；而要加强生态区域性协作与发展，遵循生态平衡原则就必须以系统观点、整体观点、联系观点等有机体论观点来认识自然以及人与自然关系，并以此为基点进行生态性生产生活等实践活动，实现人在自然上的联防联控、联合开发利用与建设和保护，在发展中不断改善生态自然环境、提升生态环境质量，同时，又在改善、提升与保护中不断推进经济社会发展，确保区域内经济效益、社会效益、生态效益等的最佳结合而发展。

其次，加强生态区域性协作与发展还要遵循利益均衡化原则，实现经济社发展上的生态公平正义。推进生态区域化协作模式，探索包括国际、国内、地区，以及行业间的区域化协作模式，即区域生态经济社会协作发展模式，以此来处理利益的区域化与生态环境问题的全球化之间的矛盾，实现区域利益全球化发展，即利益的共享、风险的共担，其目的就是要实现利益的最大化并把风险降到最低。这一利益主要是指以生态利益为核心的人类整体利益，即人类在生态自然环境安全可持续基础上的生存与发展这一根本的共同利益，这一风险主要是指人们在对利益的追求和实现过程中有可能带来的生态自然环境问题，二者是一种辩证一体的对立统一关系；因此，在生态环境问题日益全球化状态下，在人类社会历史发展日益趋向“世界历史”背景下，我们必须实现全民参与、全球协作、共同面对，把以生态利益为核心的人类整体利益作为一切实践活动的根本价值标准和行为准则，而这一价值目标得以科学实现的最佳方式就是生态的区域化协作，并由区域化最终走向全球化，其实质就是区域利益全球化。

就是说，只要存在着人与人间的利益争夺，就不可能真正实现人类实践活动的生态化；只有利益共享时，才能真正调动利益主体的积极性、能动性，消除彼此间无序的利益之争，真正实现人与自然关系上实践活动的一致性、经济社会发展的生态性，从而真正做到“人—自然—社会”的整体辩证可持续；而利益的共享、风险的共担短期内是不可能一蹴而就的，只能是在利益有差异的基础上在区域内寻求最大利益平衡点，然后，才有可能推及整个人类社会。其实，这一点已经为国际、国内所尝试，并已经有了一些可行的案例。例如，目前我国正在实施的京津冀协同发展战略等在经济社会发展与生态环境治理上就已经收效显著，现在该区域化协作发展已经包括北京、天津、河北、山西、山东、河南，内蒙古等7个省市区，以及环保部、发改委、财政部、工信部、国家能源局、交通部、住建部、国家气象局等8个部级单位。

但是，这还只是个尝试，还很不成熟，尤其是在国际协作上，由于私有制导致的物质利益区域化竞争，更是给生态区域化协作的正常化、科学化、可持续化发展带来了巨大障碍。尽管国际协作并非易事，但其合作趋势已不可逆转，并且是人类共同面对全球性生态环境问题的必然选择：爱护自然、保护家园、珍惜生命，促进人类利益整体化、均衡化、共享化发展，越来越成为一个超越国界、超越信仰、超越种族的人类共享价值观、世界观、发展观；而实践活动的生态化、经济社会发展的生态性只有在全球的“大同世界”里才能真正实现，只有“在世界历史意义上”[①] 才能真正存在与发展，其最有效途径就是由区域化走向全球化。

第三节 构建新型的社会生活模式

人类社会存在与运行的两大基本部类就是生产与生活，并主要是表现为发展与消费，即经济社会发展与经济社会生活两大部类。生产决定消费，生产为消费提供对象和材料，“没有生产就没有消费”；消费决定生产，消费为生产提供动力和目标，“没有消费就没有生产”[②]；二者是分化中的内在统一，互为基础、前提和中介，并在一定意义上可以说，“生产直接是消费，消费直接是生产”[③]，“生产和消费表现为一个行为的两个要素”或“一个过程的两个要素”[④]；所以，以生产为主要内容的经济社会发展方式的任何转变与

① 《马克思恩格斯选集》第1卷，人民出版社1995年版，第87页。

② 《马克思恩格斯选集》第2卷，人民出版社1995年版，第11页。

③ 同上书，第9页。

④ 同上书，第12页。

发展必须是以消费为依据和动力与目标，同样，以消费为主要内容的经济社会生活方式的任何转变与发展必须是取决于生产、并由生产决定，二者的内在统一就是整个人类社会历史的演化与发展，并实际构成了整个人类社会实践活动的全部内容。因此，经济社会发展方式的生态性转化与发展必然涉及并取决于经济社会生活方式的生态性转化与发展，只有消费方式的生态性转向，才会有生产方式、发展方式的生态性根本转向，并由此构成了整个人类实践活动的生态性根本转向与发展。

实践活动的生态性转化与发展就是要从生态自然环境的整体平衡协调可持续上优化人类社会可持续性生存与发展的内外环境，重构人与自然、人与人、人与社会、人与自身间的本真关系，追求生态自然环境的发展和人类社会历史的发展的双向共赢；所以，实践活动的生态性转化与发展不只是涉及生产领域、经济社会发展领域，更是涉及消费领域、经济社会生活领域，不只是关注人的生存，更是关注人的发展，并最终是为了人的衣食住行用等具有发展性的社会生活需要的满足。

所以，实践活动的生态性转化与发展不只是要有经济社会发展方式，尤其是生产方式的生态性转向与发展，更是要有经济社会生活方式，尤其是消费方式的生态性转变与发展，并以此予以其坚实的生活实践支撑。至此，整个人类社会历史的发展将真正转向以人为本的“真、善、美”相融合的生态文明的实践发展，“人—自然—社会”将真正实现整体辩证和谐的共向交互发展。

一　倡导绿色生活

“全部社会生活在本质上是实践的。”凡是把社会生活引向歧途、误区的神秘东西，“都能在人的实践中以及对这个实践的理解中得到合理的解决。”[1] 因此，对于作为人类实践活动重要组成部分、作为人类社会运行与发展主要活动领域的社会生活本身非生态性发展的消除，就必须是在其自身矛盾运动中，即在其自身“实践中使之革命化”[2]。

通常意义上，社会生活有着广义和狭义之分，广义的社会生活是相对于社会生产而言的，是指与生产相并列的衣、食、住、行用休闲娱乐等领域，狭义的社会生活是指与家庭生活相对的，是指家庭生活之外的一切非生产性实践活动；由此可见，广义的社会生活是内含狭义的社会生活和家庭生活在内的广泛领域，而我们通常讲的社会生活更多是指广义的内涵，其实，这里无论是广义的社会生活还是狭义的社会生活，其内在实质都是物质利益性社会生活和以此为基础的精神性社会生活，即通常所说的衣、食、住、行、用、休闲、娱乐等生活实践活动；这是人类最基本的生存性社会实践活动领域，是在生产性社会实践活动领域基础上对生态自然环境、自然资源能源的消耗利用与转化，其主要处理的关系仍然是人与自然间关系以及以此为基础的人与人、人与社会、人与自身间关系，其目的就是要通过这些关系的处理满足人类不断发展的衣、食、住、行、用、休闲、娱乐等生存性社会需要。

所以，社会生活方式的合理与否、科学与否直接决定着社会生活领域内人类实践活动的科学与否、合理与否，既影响着人们的生活质量和品位，更影响着人与自然间关系能否健康运行，这不只是社会生活的问题，更是人类能否长治久安可持续生存与发展的大问题。所以，面对现时代由于人类生产生活方式的不合理所导致的生态环境问题，及时转变社会生产生活方式、构建绿色可持续的生态性社会生产生活方式就势在必行了；因而，社会生活方式的生态性

① 《马克思恩格斯选集》第1卷，人民出版社1995年版，第56页。

② 同上书，第55页。

转变与发展既具有时代紧迫性更具有社会历史意义与价值，并必然地历史性构成了人类实践活动生态性转化与发展内在具有的本质构成。

社会生活方式的生态性转变与发展其实质就是绿色生活的构建，是一种与绿色环保的健康生活理念相适应的社会生活方式，其生态性转变与构建是一个复杂的系统工程和动态演化过程，主要涉及社会生活价值观的生态性根本改变和这种价值观指导下的具体实践行为的生态性转变，并广泛渗透到社会生活的方方面面。它要求人们在日常生活中按照人与自然和谐共生公演的原则去工作生活学习消费出行，使人的日常生活行为消费出行等不对生态自然环境造成伤害或尽量减少伤害，把绿色产品、绿色消费、绿色生活、绿色出行等作为自己日常生活的主要内容构成，并最终通过日常生活行为的绿色化发展实现对生态自然环境的保护、建设、修复与美化，实现对自然资源能源的节约使用与保护，进而实现人的健康安全可持续的生存与发展。

这是一种科学合理的健康生活方式，是一种对“自然—人—社会”本真一体辩证运行负责的社会生活方式，是一种充分彰显人的内在价值、发展人的本质力量、实现人的本真发展的绿色生活方式，是一种既满足了人们现实的各种社会生活需要、促进了人的健康成长，又着眼于长远利益、谋求代际间公平正义和谐可持续生存与发展的新型社会生活形态；既符合人类社会历史发展的内在本质规定性，有利于人们的身心健康安全，又符合生态自然环境、自然资源能源自身存在与运行的本真状态，有利于自然自身的自我修复、健康运行，是人们生态环保理念、可持续发展理念等在现实社会生活中的具体化，因而也更是我们必须长期坚持、发展和践行的新型社会生活模式。

由此可见，这种健康合理的生态可持续性社会生活方式，是对以往单一线性的极端物质利益性社会生活方式的辩证否定，是对以往高消费、高消耗、高污染、高浪费的不合理的社会生活方式的辩证超越。这种生活方式不仅改变了人们具体的社会生活习性，更是使人们对自然、人与自然关系的认识发生了价值观上的根本转变。即，自然不再是人们取之不尽、用之不竭的资源库和随性随意地任意排放废弃物污染物的垃圾场，而更是与人们“荣辱与共”“同生共死”的战友兄弟亲人，是人们的衣食之源生存之基；自然不只是具有满足人类生存与发展的工具性价值，更是具有决定人类生死存亡的内在价值、本真价值；人与自然不再只是征服与被征服的二元对立关系，而更是主客辩证的共生共演共同发展的一体化关系。这种社会生活方式完全是按照以人为本的“真、善、美”相融合的实践活动准则推进“人—自然—社会”整体平衡协调辩证的一体化共向交互发展，真正实现了社会发展上的公平正义和谐可持续以及个体人发展上的全面自由可持续，既提升了人类社会生活的质量品味、丰富了人类社会生活的内涵实质，又促进了人类社会生活在人与自然和谐共生这一更高层次上的公平正义和谐可持续。

所以，这种新型的绿色生活方式最大特点就是“绿色、环保、健康”，最大特性就是生态保护性、整体辩证性、可持续发展性，现实生活中的表现主要就是低碳生活、绿色出行、循环利用、节约使用等具体行为，其现实结果就是人与自然实践发展中的和谐共生。但是，现实生活中，人们对绿色生活方式、绿色产品的消费、绿色出行的认识不清晰、践行不到位，生态环保意识淡薄，节约环保力度不够；究其原因，最为直接的就是生态环保宣传不到位，生态环保产品、生态环保公共服务（包括环保公共基础设施等）不充分，而最根本的原因却是缺乏生态环保责任感，认为生态环境保护、资源能源的节约是社会的事情，是未来的事情，离自己很远，致使人们日常生活实践活动中生态保护性严重缺失。因此，针对此种问题带来的人类实践活动的生态缺失、生态环境问题的恶化、生命健康安全可持续的环境威胁等，我们必须从人的生命健康安全可持续视角加强理论研究、宣传绿色产品、确立绿色生活理念、加大绿色环保公共服务设施建设等，提供绿色环保的公共社会生活空间和条件，使人们能够真心实意地理解接受应用甚至偏爱绿色产品、践行绿色生活，把绿色环保落到实处、落到人们日常生活的方方面面，使绿色行为与理念变成人们日常生活自由自觉自律的标准与目标。

但是，社会生活方式是一种相对稳定的思维和行为，具有很大的惯性甚至依赖性，其行为理念的更新、行为方式的转变，不是自然而然的、一蹴而就的；所以，除了进行广泛的生态性宣传教育和榜样示范作用之外，还需要提供更多具有强制性的生态法律法规制度，依靠法律法规制度的力量，加强政府相关职能部门的监管调控规范引导和支持；如此，一方面是广泛的生态性宣传教育的文化力量，另一方面是全社会范围内国家行政职能的强制性力量，“看得见的手”“看不见的手”双管齐下、齐抓共管、共同发挥作用，才能真正推动人们日常生活习惯和日常行为方式等的生态性转化与发展，走向科学合理的绿色可持续生活之路，形成绿色可持续的社会和谐生活方式。

总之，构建绿色生活方式、践行绿色生活理念、推崇绿色生活时尚，用绿色环保、生态可持续、人与自然和谐共生的生态系统思想来教育规范引导人类社会生活领域内实践活动的生态性转化与发展，使“绿色、环保、健康”不只是停留在口头上、理论上、思想上，而更是在全社会范围内形成真实的科学合理可持续的绿色生活方式、实践活动方式；既有利于整个人类社会发展的更加公平正义和谐可持续、个体人生存与发展的更加安全健康自由全面有力量，消除人与自然间的对立异化而走向对立统一的融合辩证一体，又有利于彰显社会主义制度的优越性、增强社会主义本质的吸引力、提升党在人民心目中的公信力与凝聚力，从而使社会主义社会立于天地之间而长久不衰，并最终走向人与人、人与自然矛盾真正解决的共产主义社会。

二 推行生态消费

消费尽管有着生产性消费和生活性消费之分，但是，我们更多还是指生活性消费，既有物质性的更有精神性的，是人类社会生活最重要、最直接的组成部分；尤其是现代社会，消费更是渗透到社会生活的方方面面，成了一种生活方式、交往方式、存在方式、甚至自我发展方式，消费与人的本质相结合，与身份、地位、权力相等同，成为一种经济行为、文化行为、甚至政治行为，并演变成一种广泛的社会经济政治文化现象。所以，消费的合理与否直接决定着社会生活的品位与质量、内容与形式、演化与发展，并进而向前影响到生产，向后影响到发展，而所有这些又都必然会直接影响到人和自然；因此，人类实践活动的生态性转化与发展必然要涉及社会生活领域的消费。

“人们为了能够‘创造历史’，必须能够生活。”① 所以，就此意义来讲，人类所从事的一切实践活动都只是为了人能够生活，为了人能够生活得更健康、更安全、更自由、更休闲，并体现出社会生活的发展性、多向性、辩证性等特征，因而这是一个由多重因素、多个环节构成的辩证整合过程。而生活本身就是对自然的消耗，并以自然自身的优先存在与发展为前提和基础，所以，要想生活的可持续，就必须实现对自然的保护、建设、修复与美化，以确保生态自然环境自身运行的完整性、系统性、可持续性，从而为人

① 《马克思恩格斯选集》第1卷，人民出版社1995年版，第79页。

的存在与发展提供源源不断的生态安全保障和服务。所以，鉴于此，我们必须对社会生活本身及其实现方式进行辩证的生态理解，只有生态的社会生活实践活动才能确保人类在衣、食、住、行、用、娱乐、休闲等消费性生活领域内做到可持续性地创造历史，并在此过程中不断彰显、提升人的个性、品质和力量。

尽管社会生活本身极其丰富多样，且极具变动性，但是，其最基本的内容却是物质利益生活和在此基础上的精神生活，并主要是表现为人们日常的衣、食、住、行、用、休闲、娱乐等方面，也即我们通常意义上所讲的消费与出行。这是因为，人是自然的产物，是与自然一起发展起来的，人与自然是同根、同源、同质的，正是人的这种自然性决定了人的社会性生活必然是以自然为根基和主要内容的，在最根本意义上讲，就是对自然的消费，既有物质性消费，又有精神性消费；正是有了这种消费，才有了人类社会对自然的生产实践活动，在此基础上才有了整个人类社会生活的丰富多样性发展。所以，这里讲的社会生活的丰富多样性发展，在归根结底意义上讲，就是消费的多样性发展，而社会生活的生态性发展就是消费的生态性发展和绿色出行。而消费的生态性主要是针对生态自然环境、自然资源能源的节约与保护，而绿色出行主要是针对环境污染尤其是空气污染以及由此引起的生命健康安全问题的处理，例如，雾霾的治理等。

但是，从整个人类社会历史发展来看，消费是由生产决定的，并带动生产的发展。所以，在生产力没有足够发展的状态下，人们主要是从事生产生活资料的物质生产实践活动，因而，物质生活的享受就成为人们主要价值追求，尤其是在资本主义工业文明时代，在追求利益最大化的资本逻辑统治下，人们的消费不再只是满足人的基本生存与发展，而更是为了价值的创造与增值，人类社会生活被完全物质利益化，消费只是获取价值的手段，并被赋予象征社会地位、身份、权力的意义。由此形成了资本主义异化消费主义文化价值观，消费不再只是经济现象、社会现象，而更是文化现象、政治现象；在这种消费主义文化价值观的刺激下，人们更是疯狂地单一追逐物质利益生活，用物质欲望的满足取代其他一切方面的满足，奢侈性消费、炫耀性消费等非本真的虚假消费肆意横行，并由此派生了享乐主义、拜金主义、个人主义等异化的价值观。这不仅是造成人的发展的片面性、虚假性，更是造成生态自然环境的严重破坏，激化了人与人、人与自然、人与社会、甚至人与自身的矛盾，其实质就是造成人的生态责任缺失，体现在人与自然关系上就是人类中心主义价值观的形成并发挥作用。

所以，面对资本主义异化的消费主义文化价值观及其造成的虚假性消费和人的生态责任缺失等，我们必须强调责任消费、生态消费、绿色消费，强调绿色出行、绿色生活，强调每一个消费者必须为自己的消费行为坚定地负起生态责任、社会责任、道德责任，即个人在消费时要充分考虑自己的消费行为是否会对自然、社会、他人造成损害，进而推崇崇尚自然、敬畏自然、亲近自然、保护自然的消费方式、生活方式，即通常意义上的绿色生活、消费与出行，或叫生态消费、低碳生活、绿色出行，并内含适度、均衡发展的原则。这也就是社会生活的生态化转向，也即消费方式的生态化转向，强调通过用生态学的观点来规范、调整、优化人的消费行为、生活方式、出行习惯，进而带动生产方式的生态化转向、社会发展的生态化转向，促使人们把自己更多的时间、精力自由自觉地运用到精神生产、生活、消费之中，实现物质生活、物质消费与精神生活、精神消费的有机互补。这样既丰富了人的社会生活、提升了人的精神境界、发展了人的本质力量，又不对生态自然环境自身运行造成损害，这也就实现了同代人之间，以及代际之间的生态公平正义，也即人与人间生态权益的均衡实现与发展。

这里的责任消费及其派生的绿色消费和适度消费等指导下的生态生活所形成的生态公平正义，以及生态权益的实现，就从人与自然关系的维度消除了人类社会生活的极端物质利益化，以及社会生活的不公平、非正义现象，实现了人类价值观的生态转向，推动了人类社会文明的生态转向，既优化了生态自然环境、促进了人与自然的和谐，又实现了人性的回归和人的全面自由发展，这既是社会进步的表现，更是人类实践活动生态化发展的必然选择。就是说，社会生活的生态物质利益化发展必然会促进异化的消费主义文化价值观向生态责任的消费主义文化价值观转化，进而促进极端物质利益生产向生态物质利益生产的转化，其转化的积极社会后果既实现了价值的创造与增值，又实现了大自然的休养生息，使得人对生态自然环境的开发利用不再是单向的、线性的，而更是人与自然的双向互动、共生共演。这也正是生态文明建设的内在要求和本质规定，是生态文明理念的实践践行。

这是因为，生态文明作为人类更高级的文明形态，就是要使人们成为自然界“自觉的和真正的主人”，进而成为“自身的社会结合的主人”[①]，并使社会成为“人同自然界地完成了的本质的统一”[②]，以此来确保人与自然间的物质能量信息的转化完全置于“他们的共同控制之下，而不让它作为一种盲目的力量来统治自己；靠消耗最小的力量，在最无愧于和最适合于他们的人类本性的条件下来进行这种物质变换”。从而使人类由“必然王国”进入“自由王国”[③]。那时，人们所从事的各种社会性实践活动就不再只是为了利益，而更是为了人的各种社会性需要，为了人的全面自由发展，此时，人的生活方式是生态休闲型的、生活内容是极其丰富多样性

---

① 《马克思恩格斯选集》第3卷，人民出版社1995年版，第634页。

② 马克思：《1844年经济学哲学手稿》，人民出版社2000年版，第83页。

③ 马克思：《资本论》第3卷，人民出版社2002年版，第926—927页。

的，消费成为人们本质力量得以丰富发展的手段，而不再只是价值创造和增值的手段；如此，人们也就可以合理地调控人和自然间的物质变换，实现“人—自然—社会”的和谐共生共演共同发展，走上生产发展、生活富裕、生态良好的可持续发展道路，并把这些作为人类自身本应有的历史责任和担当而践行。因此，可以说，生态文明就是要使人们的实践活动方式、生产生活方式、消费方式、出行方式，以及社会发展模式等在整体性生态思维指导下发生生态性的根本转变，以此来确保整个人类社会生活生产的可持续性丰富与发展，并最终实现人的彻底解放。而所有这些的根本改变，在最终意义上，又都是为了人能够生活；所以，生活上的生态性根本改变必然会要求和带动人类生产、生活、消费、出行、发展等实践活动方式的生态性根本转变，也即生态文明的全面展开。

由此可见，生态自然环境的优化建设程度与人的生态权益实现程度以及人的全面自由发展程度具有某种程度上的直接关联性，而人的生态权益实现以及人的全面自由发展又离不开可持续性的生态生产方式、生活方式和消费方式以及出行方式，并以生态自然环境的优先存在与发展为前提和基础。而所有这些在现实生产生活实践活动中的具体展开就是人类生态文明理念的全面现实化，也是人类实践活动生态化的具体展开，更是人类生态责任的具体践行。

三 开展生态公益活动

尽管人民群众是一历史范畴，在不同历史时期有着不同含义，处于不同社会地位，拥有不同社会身份；但是，人民群众始终是人类社会历史发展的主体，是一切实践活动得以展开的主体，既是物质财富的创造者，更是精神财富的创造者，同时，更是社会历史变革的决定性力量。在此意义上可以说，人类社会历史的发展就是人民群众自身的发展，没有人民群众的参与，社会将无法存在、历史将无法演进。因此，在生产生活实践活动中、在社会发展中，我们必须充分发挥人民群众的积极能动性、主体创造性，使人民群众广泛参与其中，并充分发挥其自身的聪明才智、彰显其本质力量。

因此，现时代生态环境问题的处理、实践活动生态化发展、生态文明建设的全面科学推进等都离不开广大人民群众的积极参与和支持，这是党和国家政府的事业，更是社会的事业和人民的事业；没有广大人民群众的理解支持参与，党和国家的事业也就无从谈起，更不用说取得历史性成就和发展。这是因为，人民群众不只是社会历史的创造者、推动者，而更是社会历史发展成果的受益者、发展结果的承担者，是整个人类社会历史存在、运行与发展的活动主体；所以，人民群众参与性是一切社会实践活动得以顺利展开、一切社会主义事业得以顺利推进的根本特性，然而，民众参与的方式众多且灵活多变，对于同一事物的发展、同一事情的处理、同一问题的解决等，民众可以有着多重维度、多重视角、多重方式的参与，而且，参与方式上的不同，其最终的结果也必然是有所差异、甚至截然相反；因此，面对现实生活中的任何问题和事情，我们都必须积极寻求民众参与的最佳契合点，即民众参与的最佳方式。

所以，针对生态环境问题的实践解决、生态文明建设的全面推进，即实践活动的生态性转化与发展，我们必须发挥民众的力量，寻求民众的理解支持，站在民众的立场上，谋求民众的利益：一方面，通过宣传教育，更新民众理念、培养民众生态环保意识、转化民众实践行为，让广大民众担负起社会历史发展的生态责任、历史使命，从而广泛积极地直接参与并推动经济社会发展、经济社会生活的生态性转化与发展，在生产生活的具体实践活动中实现人与自然间的矛盾对立与转化，既维护人民的利益、促进人的发展、彰显社会的公平正义、推进自然自身的健康运行，又确证人的本质力量、彰显人的个性、净化人的心灵、美化人的环境、凸显人的责任；另一方面，在充分发挥党和国家的统领指导作用前提下，不断地补充完善细化各项相关法律法规制度、政策法规条例等，充分发挥社会主义社会法律制度的优势和力量，为人民广泛参与社会管理、生态治理、环境改善等提供宽松而又强有力的法律政治保障，让生态环保由宏观走向微观，由官方走向民众，由团体走向个人，由直接参与走向更高层次的管理，充分发挥政府力量和社会力量双管齐下、双轮驱动的社会效应，最终形成全体社会成员参与全社会管理的有效运行机制。

这里，民众广泛参与社会生态环保管理与治理的有效运行机制，其具体运行方式是丰富多样性的，且各种方式之间也是相互交错互为补充地共同发挥作用与效应，其中，最具广泛适用性的生态环保民众参与方式就是生态公益性活动。生态公益性环保活动作为民众广泛参与为基础的社会环境管理机制，就是要充分发挥社会民众力量在生态环境保护建设修复美化、监督管理制约等方面的积极作用，集社会力量、举全国之力、发挥民众智慧在全国范围内依据生态的法律法规政策条例等对经济社会发展与生活的方方面面进行生态的监督、管理与规约，真正按照“真、善、美”相结合和内在统一的原则在全社会引领并形成“绿色、环保、健康”的生产生活方式。这种民众参与社会生态环保的生态公益活动虽然不具有政治法律制度效力，纯属民间活动，是民间组织行为，但是，其凭借着自身特有的经济社会地位与实力等时空条件在生态环保，尤其是在生态公害事件中具有独特的优势、扮演着重要的角色、发挥着特有的作用，与国家相关行政部门、职能部门等形成功能上的“互补”，在生态环保的历程上具有不可忽视、不可替代的特殊地位与作用。

生态公益活动作为民众参与社会生态环保管理与治理的社会性

活动，主要是承担生态环保的社会公共事务、提供生态环保的社会公共服务，代表民众呼声、维护民众公共利益、展现生态公平正义、开展生态公共宣传，尤其是面对生态公害事件敢于发声、敢于作为、又能作为。但是，目前，我国生态环保组织、社会环保团体运行还很不成熟、数量也很有限，在民众中所起的影响很小、在社会生态环保中所起的作用也很有限，尤其是在面对重大公共事件时，几乎听不到民众声音、看不到社会力量；所以，尽管党和政府历来很是重视生态环境保护问题，为此也做出了众多法律法规制度等方面的重大调整与修正，并为此投入了巨大的经济物质财力和人力，但是，生态环保的社会效应并不显著，甚至在生态环保治理中引发更多新的社会问题，出现越治理越严重的现象；究其原因，固然因素有很多：有相关政府职能部门执行不力的问题，有相关法律法规制度政策条例等不完善的问题，更有相关既得利益者们利益冲突相互扯皮的问题等等；但是，其中最为主要的因素就是民众参与度严重不足、民间团体组织严重匮乏并严重“缺钙”，致使在社会公共事务的处理上缺乏沟通和协调民众与政府间的力量。

所以，在生态环保的社会管理与治理上，我们必须在确保并发挥政府的主导地位与作用的同时，大力发展生态环保的社会组织和团体，制定并不断完善修正相关法律法规制度，为民众参与生态环保提供具体有效的空间与环境；例如，建立相关的“环境信息公开制度、环境影响评价制度、环境公益诉讼制度等”，“其中环境公益诉讼作为环境保护领域的一项重要举措，为世界许多国家所采用，成为公众参与环境保护的重要途径之一”。[1]

当然，生态环保的公益活动，不只是民众参与生态环保的社会管理与治理，更重要的是通过各种形式的生态环保活动起到对社会

---

① 桂林：《论生态 NGO 在环境公益活动中的作用》，《许昌学院学报》2007 年第 1 期。

民众的生态教化与榜样示范作用，引领民众对生态环保的社会认同和积极参与，扩大生态环保的社会影响和民众效应；从而有利于生态环保在全社会的广泛兴起而发展，即生态环保广泛深入民众的日常生产、生活、工作、学习、休闲、娱乐等具体实践活动中，形成民众日常的习惯性行为，即我们现在常说的生态实践活动、生态环保活动“常态化”，从而在根源上确保经济社会发展方式的生态性常态化发展。

综上所述可知，生态公益性活动是一个有组织的社会性活动，是民众在更深层次上广泛参与社会生态环保的民间行为；其最大特点就是活动方式极其丰富多样且极其灵活多变性，因而，也就更具有最大的社会适用性和社会活力，其活动内容更是广泛而丰富，上到对国家政府、政策法律制度等功能与作用的发挥进行社会性监督与制约，中到对企业公司单位等法人的生态责任、生态义务等的履行进行社会性监督与制约，下到对普通民众的日常生活行为习惯等进行生态的社会性引领和教化等。尤其是，生态环保的公益性活动在教化上更是具有“寓教于乐”的社会性特点。不只是对社会民众起到榜样示范和宣传教育的作用，更是对参与其中的民众本身有着更为直接的潜移默化般的教化，不只是有着生态环保教育，更是有着爱国情结教育、社会公德美德教育，以及社会责任意识教育等；充分发挥了国家、社会、家庭、学校、团体、个人等多主体、多维度、多领域、多视角、多方式的综合生态环保教育效果，在最大范围内、最深层次上以及最大可能性空间里，让更多民众在日常的现实生活中加深环境体验、感受环境快乐、接受环保认同，从而真正理解人与自然间的本真关系，认识并践行“绿色、低碳、环保、健康”的重要社会历史意义与价值，在提升民众绿色生活质量的同时促进“人—自然—社会”整体的辩证和谐可持续。

就是说，通过开展广泛的生态公益性活动，让绿色生产生活消费出行等不只是成为民众人生价值追求的目标，更是成为民众应该践行和倡导的健康、合理、科学的社会生产生活方式；让民众广泛动起来，从身边做起、从小事做起、从现在做起，积极参与绿色志愿服务、绿色公益活动，在政府和企业之外形成一种更加坚实的并对前者具有监督规约之功能的社会环保力量，为我们生活得更绿色健康安全可持续做出自己应有的贡献；如此，既为民众未来的健康成长与发展创造了良好的生态环境、社会环境，更是完善了人格修养、强化了人格魅力、凸显了人格尊严，使人更成为人而立于天地之间。

总之，构建新型社会生活模式、倡导绿色生活、践行绿色消费、推行绿色出行、推进生态公益活动等是一个动态演化的复杂系统工程、更是一个全新的历史使命与课题，需要我们从各方面进行生态的考量、论证、研究，推陈出新，宣传教育，并辅以严格的生态性法律法规制度、政策法则条例等的政治保障和规约规制规导。换言之就是，要在全社会范围内加强绿色文化建设和绿色政治建设，强调生态环保意识指导下的经济社会发展与经济社会生活方式的生态性转化与发展以及政治法律制度的生态性转化与发展，做到文化软实力与经济政治硬实力双管齐下、双轮驱动；如此，才能真正形成全社会范围内的生态环保联防、联控、联治的生态性实践活动，推进生态环境问题的根源性治理、生态文明建设的科学化发展、美丽中国梦的全社会实现。

第四节　强化政策法律制度建设

政策法律制度是利益的集中表现，是在全社会范围内，对人们行为更加符合利益需要的强制性规范和协调，使之最终形成人们的理念自觉、行为自觉，并涉及经济、政治、文化、社会、生产、生活等各个领域，具有强大的意识形态功能；虽是以国家政治权力机构等政治法律设施形式表现并贯彻执行，但是，使其真正转化为常规性日常生产生活等具体实践活动的，却是全体社会成员。

实践活动的生态性转化与发展并非想象中的那样自然而然如期而至的，其现实转化与发展是受多重因素的制约和冲击的，这里除了需要所谓的思想观念理念等生态性的更新、社会生产生活等方式的生态性转化与发展，更需要国家政策法律制度等的生态性强化与保障。就是说，实践活动的生态性转化与发展不只是需要思想观念、理想信念、生产生活方式等这些相对较为柔和的软式手段来规制、规约、规导并践行，更是需要国家政策法律制度等相对较为刚性的硬式手段来强力推行和保障。

这是因为，现实社会，人类所从事的一切社会实践活动仍然是以利益的争夺、占有、享用为核心，主导人类行为的仍然是利益至上的思维和观念，而这里的所谓利益又主要是表现为物质利益、私有利益，而并非生态利益、人类整体利益，且这种利益观和这种利益观指导下的人类实践行为又具有极强的惯性和动力；所以，我们必须要用强制性手段来扭转此利益观的根本转化，就像一辆只有油门没有刹车的狂奔中的汽车，我们必须给其加上刹车，而这一强制性手段就是对国家政策法律制度的生态性强化与发展。

一 加快生态文明制度建设

制度是在国家性质上、从国家政权的维度根本确立、巩固、维护并发展既定的利益，是最根本的行为规制，具有本源性意义，属于根本性保障，并同一定的机制体制相结合，通过规范、管理机制体制间的系统性、整体性和协同性来保障各项政策、事业的落实与推进，并依靠具体的政治法律等强制性手段综合发挥作用。所以，生态文明制度建设就是要通过社会制度、国家政权的形式，把生态权益、生态利益、生态环境的保护等确定为基本国策，上升到国家整体发展战略的高度，从全局强调生态环境保护与经济社会发展的互补递增关系。既有单一制度建设，更有制度体系建设，既有制度的完善，更有制度的加强，通过制度建设把既定的政治目标、社会目标等转变为具体的政策法律法规，并进而内化为人们日常行为理念、外化为人们具体实践活动。

新一届中央领导集体在习近平总书记的英明领导下，更是极为强调和重视与时俱进地推进以人为本的生态文明的制度性建设，从法律制度机制体制的生态性建设视角自上而下地强力推进实践活动的生态性转化与发展。正是这种大合大开的制度创新、思想创新、理论创新的推动和保障，才使我国的经济社会发展逐步走向以人为本的生态安全可持续性新常态。而这种生态性的实践活动新常态化发展不仅为生态环境问题的现实解决提供了新的实践路径，为社会的未来发展指明了方向，同时，又必将进一步极大地丰富实践活动的具体内容，彰显实践活动的本真力量；我们必须对此予以积极地肯定和全面地推进，而这里最为核心的就是在马克思主义哲学实践观、马克思主义社会实践自然观指导下加快生态文明制度建设，充分发挥我们的制度优势、制度力量，从制度上给予我们实践活动生态化转向与发展不竭的力量。

为此，党的十八大明确提出，生态自然环境的保护、建设、修复与美化必须依靠科学严谨的社会制度，同时加强生态文明建设的制度宣传教育、生态立法的科学推进、机制体制的生态变革等。而随后的十八届三中全会又进一步提出深化生态文明的制度建设，构建系统完整的生态文明制度体系。包括一系列具体的最严格的源头保护制度、损害赔偿制度、责任追究制度、生态激励制度、生态补偿制度，以及环境保护管理制度、自然资源资产产权制度和用途管制制度、企事业单位污染物排放总量控制制度等；从其性质和功能上又可分为“别无选择的强制性制度、权衡利弊的选择性制度和道德教化的引导性制度等”[①] 正式制度和非正式制度。强调用制度保护生态环境、用制度建设生态环境、用制度发展生态环境，而这里的制度又因其维护的是人民大众的根本利益而得到最广大人民的真心拥戴和鼎力支持。就是说，这里的制度是建立在人民利益根本一致基础上以人为本地发挥历史性作用的。

恩格斯曾深刻指出：“我们这个世纪面临的大变革即人类同自然的和解以及人类本身的和解。”[②] “在敌对的利益关系被消灭以后，主体的竞争，即主体在资本与资本、劳动与劳动等等上的竞赛，就会被建立在以人为本的基础上。”[③] 这里讲的大变革主要就是人与自然和解基础上的人类自身的和解，而这种和解后的人类实践活动就不再是以利益争夺与享用为主导，即人所从事的不再是极端物质利益性生产生活实践活动，而是以人的建设与发展为本的生态性实践活动为主体，并外在表现为主体人之间为经济社会的公平正义和谐可持续性生存与发展而进行的各种实践活动的人文性竞赛；此时，人与人间的关系不再是敌对的利益关系，而是根本利益一致基础上的主体人之间平等关系，人们在自然上的关系也不再是主体人之间的竞争，而更是各种社会性劳动实践的竞赛，并完全是建立在以人为本的基础上。而这里敌对关系的消灭就是私有制的消亡、公有制的确立，即生产资料由过去的私人占有转化为全民所有，也即自然资源能源的全民占有，在此基础上，才有了以人为本的生态性实践活动的转化与发展，在人与自然关系上才有了人与自然的和解，在人与人关系上才有了人类本身的和解；而这里对生产资料的全民占有即对自然资源能源的全民占有就是社会主义公有制的确

① 沈满洪：《生态文明制度的构建和优化选择》，*Environmental Economy*，2012 年第 12 期。

② 《马克思恩格斯全集》第 1 卷，人民出版社 1995 年版，第 603 页。

③ 同上书，第 614 页。

立，正是这种非敌对关系的全民共有性决定了社会主义社会内部矛盾是非对抗性的，其矛盾、问题的解决完全可以通过自身的不断调整、不断完善来处理，现实生活中表现为社会主义经济体制以及在此基础上建立的政治体制等社会主义制度的自我完善和发展，即我们常说的社会主义社会自身内部的改革。

因此，面对我国目前日益严重的生态环境问题，尤其是雾霾的处理、问题水、问题食品等严重危及民众生命健康安全的污染问题，我们完全有信心、有能力通过社会主义社会自身内部的调整、完善来解决。为此，党和国家政府制定和修改了一系列新的法律法规、出台了一系列新的政策来应对生态环境问题的科学解决，并通过对社会主义社会机制、体制、制度等各方面的改革来加以严格贯彻落实，形成了一系列、一整套越来越完善的并具有强制高效性和广泛普适性的国家、社会治理体系。这些法律法规政策的制定、完善、实施，以及机制、体制等更深层次上的全面深化改革，都充分彰显了党和国家处理生态环境问题的民本思想和坚强的决心意志，并深具整体辩证的哲学思维、实践思维和大世界、大战略的长远发展眼光。尤其是生态文明制度建设、美丽中国梦的构建等国家大政方针的提出，更是把生态环境的改善、保护、修复、建设与美化以及自然资源能源的节约、保护和新能源的研发、使用等上升到国家治理层面、文明制度发展层面，而与经济社会发展的其他层面内容相提并论，一起构成了我国社会未来科学发展的“五位一体”总格局、总部署、总战略，并实际构成了全面建设小康社会总目标的重要组成部分；十八届五中全会更是进一步提出了“四个全面”“五大发展理念”等更具先进性、科学性、整体性、辩证性的发展战略部署，强调经济社发展的整体推进、全面推进，强调党和国家在经济社会发展中的领导地位、主导地位和功能的整体发挥、责任的全面落实。

正是党和国家所做的这些制度创新、理念创新、机制体制改革等，从根本上确保了我国生态环境问题的科学处理、经济社会发展的合理布局以及人民群众根本利益的维护与发展，既彰显了党全心全意为人民服务的党性原则、民本思想，更是体现了社会主义社会本质内在要求和社会主义社会制度的优越性，既符合民心所向，更符合社会主义社会历史发展规律以及整个人类社会历史发展规律。这些创新和改革都是建立在对社会主义社会本质认识以及对社会主义社会特定历史发展阶段的科学认识基础上提出的，是对我国以往经济社会历史发展经验教训的科学总结，更是对我国社会历史未来发展的科学规划，是党和人民集体智慧的结晶，更是马克思主义基本原理与中国具体实际相结合而发展的最新理论成果，是党的事业，更是人民的事业，既坚持了党的理想信念、社会主义本质、社会主义制度性质不变，又坚持了人民群众是社会历史创造者同时也更是社会历史发展成果受益者的马克思主义唯物史观立场、观点和方法。因此说，这些创新和改革是科学的、可行的，是符合民意和现实要求的，是能够得到最广大人民群众的理解、拥护和支持的，因而，也必然是能够取得历史性成功和发展的。

就是说，所有这些创新和改革在推动我国经济社会更加合理科学发展的同时，又充分实现了对生态自然环境的保护、修复、建设与美化，做到了开发中有保护、保护中有发展、发展中有创新，实现了人与自然的双赢而发展，维护了人在自然关系上的公平正义和谐可持续，并集中表现为生态文明制度建设的科学推进和发展。这是社会主义制度特有的自我超越性，也是社会主义制度强大生命力之所在，这是历史上任何其他社会制度所无法比拟的。历史上任何其他社会制度包括现在盛极一时的资本主义制度，都只是一个阶级对另一个阶级的阶级压迫、剥削，都只是对统治阶级利益的维护，而不是对社会全体公民利益的维护与发展，因而，在人与自然的关系上更不会去真正考虑对自然的保护、修复、建设与美化，更不会去考虑如何实现人与人在自然利益上的公平正义和谐可持续。所以，面对生态环境问题，我党及时提了出旨在根源性解决人与自然关系矛盾、维护人与自然公平正义和谐可持续的生态文明制度建设的伟大战略转移目标。

生态文明制度的建设与发展就是指生态文明这一更高级的人类文明形态与国家社会制度相结合而发展，从制度的高度、文明的视角对生态环境问题进行根源性解决，在解决生态环境问题的过程中实现我国经济社会的全面建设与发展，实现人民根本利益的维护与发展，推进人与人、人与社会、人与自然、甚至人与自身间的真正公平正义和谐可持续，并渗透到经济社会发展的各个环节、人民社会生活的各个领域，以及国家政府的各个部门和党的各项事业中。由此可见，我国的生态文明制度建设与发展并不是单一地解决生态环境问题，而更是在解决生态环境问题过程中解决人的问题、社会问题，实现的不只是人与自然间的矛盾解决，更是人与人、人与社会、人与自身间矛盾的解决，是在生态正义、生态公平、生态利益基础上实现人的正义、社会的公平，以及人民大众的根本利益。

所以，在生态文明制度建设与发展中，我们不能把它与经济社会的发展相抵触、相对立，与人民根本利益的维护与发展相矛盾、相冲突，不能为了所谓的经济社会发展而延缓、推迟甚至否定、抛弃对生态自然环境的保护建设修复与美化，不能再走过去那种对自然的先污染后治理、先破坏后修复、先浪费后节约甚至只污染不治理、只破坏不修复、只浪费不节约的老路子、老方法，必须改变过去那种高污染、高消耗、高浪费的生产生活等实践活动方式。在衣、食、住、行、用等日常生活中、在生产分配交换消费等各个环节中，我们必须做到这些实践活动的生态性转化与发展，形成一个人人都以自己实践活动的生态性为荣并使其常态化的生态大气场，如此，才能真正推进生态文明制度建设与发展。

所以，就此意义可以说，生态文明制度建设与发展的具体实现路径就是社会生产生活等各种实践活动的生态性转化与发展，只是这种转化与发展不是自然而然的，而更是人文推进的，是有强制性社会制度保障的，是有更高级人类文明形态规范规约规制的；因此，也正是因此，人类实践活动生态性转化与发展更是需要生态文明制度的建设与发展来给予政治保障。所以，加强生态文明制度建设与发展就是对人类实践活动生态性转化与发展的政治保障、强有力推进，而实践活动生态性转化与发展则是生态文明制度建设与发展的具体路径和载体，二者可以说是内容与形式的关系，是本真一体共同推进的。

二 加快法律法规的生态化修订与完善

法律法规是指国家政权按照一定的司法程序把既定的利益和权益上升为国家意志并以强制性手段予以保障和落实，与国家制度、机制体制等形成社会治理与管理功能上的互补，目的就是创立并维护利益生成与发展所需的社会秩序，在最直接意义上规范人的行为与理念，为符合利益需要的政策法规制度的贯彻执行提供强制性保障。因而，加快法律法规的生态化修订与完善，就是要把生态文明建设推进到依法治国的高度，以法律手段维护生态公平正义，推进人类实践活动生态化发展。

法律制度的主要功能之一就是维护所谓的社会公平正义，尤其是维护在利益分配与享用上的所谓权利与义务；但是，社会公平正义和利益的分配与享用在不同历史时期有着不同的具体内容与规定。这是由于社会生产力发展的有限性、阶段性与人们社会生成的欲望的无限性、自利性之间的矛盾决定的，而这也正是国家、阶级、私有制产生和存在的根源；因而，整体上，由此导致的人们在物质利益的创造、分配、享用上必然存在社会性的不公平、非正义。这种状态下，其反映的是法律制度的物质利益性发展和其功利性价值取向，所以，此种法律制度的存在与发展必然具有其自身特有的阶级性，其维护的只是某一特定阶级的利益，而并非最广大人民群众的根本利益，在阶级社会更是表现为对统治阶级即有产者的利益维护，而对大多数被统治者即无产者则是剥削与压迫。

正是由于社会性的不公平、非正义的存在，才会有国家法律制度的存在并发挥作用的必然，尽管在特定历史阶段，其维护的所谓公平正义也具有阶级性，但是整体上二者成反比例辩证运行，即社会所谓的公平正义度越低，社会矛盾就越激化，就越需要国家法律制度给予强制性协调和管制；反映在人与自然关系上，就是规定、调整、维护人在自然上的权利与义务，这也正是生态自然环境因素逐渐演变为法律制度化的过程即生态政治化过程的必然；一旦人们在人与自然关系上实现了公平正义，此时的法律制度就是生态性的，这一过程也就是法律制度逐渐具有生态性的过程即政治生态化的过程，由此，也才能真正实现人类社会历史发展的公平正义。由此可见，法律制度的物质利益化发展其实就是生态政治化过程的最初动力，但是，由于此时的社会公平正义不是建立在生态自然环境的共享、共建基础上，而只能是扭曲的、狭隘的、虚假的，而其实质却是对少数既得利益者利益的维护；而法律制度的生态性发展即政治的生态化过程，由于这里实现了人与自然的共享、共建、共同发展，此时的社会公平正义才是真正本真的发展；二者内在关联性及其发展是与生态环境问题对人的危害呈现显性并日益恶化相关，并内在地统一于人对自然的各种实践活动中，这也是生态与政治联姻的必然发展历程，也是人与人在自然上进行利益博弈的必然结果。

因此，面对现时代的生态环境问题，人与人在自然上的利益博弈已经不再是过去单一地从自然中获利，而更是以对自然的保护、建设、修复为基础和导向的人类整体利益的创造；反映在法律制度上则是如何实现法律制度的科学性、生态化发展，做到科学执政、依法执政、民主执政、生态执政的有机统一，以此来保护生态自然环境、实现生态安全，在此基础上实现并保障全体人民的生态权益。就是说，关注生态安全、树立生态民生理念、实现并确保人民大众的生态权益是当今人类社会发展的主流价值导向；生态安全、环境安全、能源安全等非常规安全问题已经成为国际社会安全的重要组成部分；因此，如何实现人与自然的和谐可持续逐渐成为当今国际社会共同面对的重大问题，并由经济社会领域渗透到政治文化科技、法律制度，甚至军事国防等领域。所以，法律制度的生态化发展就是要以强制性手段通过对人与人、人与社会异化关系的克服来实现人与自然异化关系的克服，即把生态自然环境的保护、建设、修复与美化以法律制度的形式纳入国家的核心制度设计和决策上来，以此来突出和彰显生态执政在社会和谐发展中的极其重要性、紧迫性。

尤其是 20 世纪五六十年代，西方社会“绿色政治”的兴起，更是把人与自然关系问题推进到主流政治行列，这不仅是决定一个国家能否实现自身的可持续性生存与发展和在国际社会中能否具有生态话语权，更是与政党政治的科学性、可行性、可持续性相关，并直接决定该政党的生死存亡。一定意义上可以说，生态环境问题即人与自然关系问题已经成为影响政党和国家形象甚至直接决定其生死存亡的重要因素。所以，面对我国的生态自然环境问题，我们更要顺应时代发展、响应民众呼声，摒弃“人类中心主义”，从全球的高度重新审视和处理人与自然关系的和谐可持续性生存与发展，争取国际社会生态话语权，实现法律制度的生态性转化与发展，综合运用立法、行政、税收等强制性手段对生态自然环境进行保护、建设、修复与美化，同时发挥政府和民间两方面的作用，做到强制和鼓励双管齐下，教育与惩罚并用，以此推动企业、社会、个人在生产生活等具体实践活动中节能减耗，实现环保绿色发展，并积极研发、利用新能源和可再生资源等。

由此可见，生态环境问题与经济社会发展问题同等重要，生态安全、生态公平正义就是人自身的安全、人类社会本真的公平正义，对生态自然环境的保护就是对人自身的保护，对生态自然环境的建设就是对人自身的建设，人在自然上的权益就是人在社会中享用各种权益的基本保障。因此，我们必须把生态、经济、社会等结合起来推进节能、环保和资源再生利用的绿色生产生活方式成为日常化行为，统筹经济、政治、文化、科技、教育、法律、制度、社会等各种手段，调动社会各方面积极因素，构建人与自然辩证和谐可持续的生存与发展模式，在全社会形成以节约环保为荣、以尊重自然为荣的良好社会风尚，培育和践行生态责任感、环保自豪感、节约光荣感，在改善、优化生态自然环境过程中实现人的公平正义可持续。就是说，法律制度的生态化就是要从政治的视角强制性规范、引导人们的实践活动生态化走向自由、自觉、自律，实质是实践活动生态化发展的强力推进。

这一点，在国外，尤其是在发达的欧美国家，已经有了很多可资借鉴的成功经验，实践中也确实取得了环保与发展共赢的可喜成绩；当然，发达国家的环境改善是与他们野蛮地推行生态殖民政策紧密不可分，是以对广大发展中国家的资源能源掠夺和环境污染转移为代价的，并是造成生态环境问题的全球性蔓延、恶化的根源，这是一种既损人最后又害己的极端愚蠢的自掘坟墓式行为，这是我们必须时刻保持清醒的认识并予以坚决抵制和批判的。

我国是社会主义国家，推行的是以公有制为主体的社会主义制度，广大人民群众的根本利益是一致的，党是工人阶级的先锋队、更是最广大人民群众利益的代表，以人为本、执政为民是党的执政理念，也是党对全体人民所做的庄严政治承诺；因此，坚持党的领导、依法治国和人民当家做主是内在统一的，这就为我们推行法律制度的生态化转向、维护人民群众的生态权益、确保生态安全可持续提供了坚实的政治保障。因而，面对我国日益严重的生态环境问题，人民群众对生态安全、生态可持续、生态公平正义，以及生态权益的要求越来越强烈，我党适时推出了生态文明建设的伟大战略转移目标，从基本国策、战略任务，以及民生福祉的高度，运用整体辩证的生态性哲学思维，并以极大的政治责任感、历史使命感全力推进经济、政治、文化、社会、生态等紧密结合的具有中国特色的社会主义事业“五位一体”的总体布局。这也充分体现了我党对人与自然辩证和谐可持续性生存与发展规律以及具有中国特色社会主义建设与发展规律认识上的深化，标志着我党生态执政理念的形成并开始发挥其具体实践作用。

只有从生态执政的视角，才能以执政为民的宗旨自觉地实现法律制度的生态性转化与发展，才能从生态政治的高度确保经济社会的生态性发展，实现人与自然关系上的公平正义和谐可持续，从而逐步化解严重的生态危机，确保最广大人民群众的生态权益，构建资源节约型、环境友好型、生态安全型社会。但是，过去相当长一段时期，由于法律制度的生态化发展不完善、不健全，致使我国人民权力的行使，尤其是生态权益的维护，出现了扭曲、变形。于是，我国政府及相关职能部门就环境立法、环境执法上做出了一次又一次的重大调整和细化，各种有关生态环境保护、建设、修复与美化的法律法规逐渐走向成熟并开始发挥社会性作用与意义，环境保护、建设、修复与美化的理念也正在悄然发生着历史性变化并日益根植于广大人民心中，人对自然的保护、建设、修复与美化的具体实践活动也正在逐步趋向法律的轨道而具有更大的自由和空间。

总之，我党历来都很重视生态立法、环境立法的建设，强调依靠最严格的生态制度、最严密的生态法律积极推进我国经济、社会、生态发展的新常态；同时强调生态自然环境的保护、建设、修复与美化既是“攻坚战”又是“持久战”，我们必须以坚定的意志朝着蓝天绿水的目标不断前进。新常态通常可以理解为事物发展中不同以往的相对稳定的状态，而这里的新常态是指在生态的法律制度的保障下经济、社会、生态（即“人—自然—社会”）整体辩证可持续性生存与发展的新状态，是指在党的生态执政理念领导下全民参与的一切实践活动生态化发展的新状态，其实质就是党的生态顶层设计和最广大民众的生态全民参与。

由此可见，推进实践活动生态化发展、实现社会发展的生态文明转向、确保人民群众的生态权益和生态公平正义就必须有完善科学合理的社会调控体系并提供法律制度的生态政治保障；单纯依靠遵循“丛林法则”的市场行为是不能形成对人类有目的、有意识的自主实践活动所造成的生态缺失，以及由此带来的人际间的不公平非正义行为进行有效的校正。这是因为个体人的物质利益理性与人类整体的公共生态利益理性之间有着天然的、客观的、因而也是难以自觉协调的不一致性；所以，此类问题的解决必须依靠人文的具有生态性的法律制度、机制体制，以及相关的生态性政策法规等作为上层建筑的行政手段，做到顶层设计全面参与，强力推进实践活动生态性转化与发展。

三　自然的全民化、共享化

历史上，政策法律法规制度包括机制体制等，无论有着何种性质、何种程度、何种方向的生成、变化与发展，其实质都是维护并发展既有者的既有利益，是利益既有者意志的政治集中表现，尤其是在阶级社会，更是统治阶级既有利益的政治维护与保障。而这种利益最直接、最基础的就是对自然的私人占有与享用，并表现为物质利益的创造与享用；这就必然催生出以自然为基础的各种利益争夺，并进而演变为各种经济问题、政治问题、社会问题等各种人的问题，尤其是现代社会，更是进一步演变为直接危及人的生命健康安全可持续的生态环境问题，造成人类实践活动严重的生态缺失。

“生产资料的社会占有，不仅会消除生产的现存的人为障碍，而且还会消除生产力和产品的明显的浪费和破坏，……此外，这种占有还由于消除了现在的统治阶级及其政治代表的穷奢极欲的浪费而为全社会节省出大量的生产资料和产品”。“一旦社会占有了生产资料，商品生产就将被消除，而产品对生产者的统治也将随之消除。社会生产内部的无政府状态将为有计划的自觉的组织所代替。生存斗争停止了”。“人们第一次成为自然界的自觉的和真正的主人，因为他们已经成为自身的社会结合的主人了”，“这是人类从必然王国进入自由王国的飞跃”。[①] 就是说，只有实现了生产生活资料的社会占有，即自然的全民化、共享化，而不再是自然的私人占有与享用，人才成为自然界真正的主人、才成为自己与社会结合的主人，人对自然的生产生活等实践活动才不再只是为了获取单一的物质利益而处于无序的争夺状态，人才不会受产品的役使，人与人间也不再会为了所谓的生存而相互进行各种利益的争斗，而是人与自然的和谐共生、共享、共建、共同发展，此时，生产生活等实践活动才不会对自然生态造成破坏而更是对自然生态的美化与建设，人才能从必然王国进入自由王国。

马克思主义创始人认为，人在劳动中感到幸福、喜悦，并充分展现自己才能的根本前提，就是拥有生产、生活资料，只有这种前

① 《马克思恩格斯全集》第20卷，人民出版社1971年版，第307—308页。

提下，人的活动的主体能动性（包括自主性、自律性、自我发展性等）“才能得到充分发展，才显示出它的全部力量，才获得适当的典型的表现形式”①。而要做到这一点，就必须实现人们对自然的共有、共享、共建，只有这样，人与人在对自然的各种实践活动中才不是利益性争夺而更是为了人的和谐幸福生活和全面自由发展，而这一过程本身既是消灭私有制实现人的解放、自然的解放过程，更是人类实践活动生态化发展的过程，这也就是马克思主义创始人所讲的人与人、人与自然关系的共产主义解决与发展，“只有在资本创造的物质基础上，并且只有通过工人阶级和整个社会在这个创造过程中经历的革命，才有可能实现”②。

马克思正是从人类社会历史在自然基础上的实践生成与发展的视角把私有制看作异化劳动、异化消费，也即“人—自然—社会”彼此异化对立的根源，并把资本主义制度看作私有制、异化劳动、异化消费发展到极致的现当代政治形态，把资本主义社会看做人与自然关系现当代异化的极端社会形态，看作人与自然关系极度紧张的历史发展阶段。因此，人与自然矛盾的解决取决于人，取决于人在社会实践活动中的自我解放与发展，并最终是为了人的发展，为了人的全面自由可持续发展，其途径就是消灭导致人类社会一切不平等、非公平正义的奴隶劳动、徭役劳动、雇佣劳动等异化劳动的社会形式，消灭使人、人的活动被奴役的一切社会关系、生产关系等，其实质就是消灭私有制这一导致异化劳动、异化消费的本质根源，并由此进入共产主义的社会主义革命以及人类社会实践活动生态化的科学发展。从而，使人类公平的共同占有、享用生产生活资料和劳动成果。

历史上，私有制每一种形式的发展都在一定程度上促进了人

① 《马克思恩格斯全集》第 19 卷，人民出版社 1963 年版，第 463 页。
② 《马克思恩格斯全集》第 26 卷，人民出版社 1974 年版，第 466 页。

的发展、社会的发展，以及人与自然关系的发展，并为人的最终全面自由可持续的生存与发展创造了必要而又充分的雄厚物质基础，这是其历史性存在与发展的根本原因；但是，私有制下，人与人在对自然的关系中遵循的是弱肉强食的“丛林法则”，不仅造成人与自然关系的对立、异化，而且造成人类社会生产生活等方方面面的对立和异化，致使人类社会生活充满了众多苦难、灾害和不幸；而所有这些又都是在人类具体的历史的社会性实践活动中得以展开的，而这种实践活动就是非生态性的，且是私有制本身无法解决的，这又是其必然被历史性辩证超越和彻底消除的根本原因。因此，消灭私有制，推进实践活动的生态化，实现自然资源能源的全民共享、共建，是彻底消除人世间一切对立、异化，而走向“人—自然—社会”整体辩证和谐可持续生存与发展的历史必然选择；尽管其实现途径会因时因地而各异，但是，都必须由人类具体、历史的社会实践活动来完成，并具体到为生态性实践活动的转化与发展。

消灭私有制进入共产主义的社会主义革命则是强调从政治解放的意义上来实现人与自然关系的和解，即通过对资产阶级的政治革命来实现人与人的公平正义，进而实现人与自然的真正解放，即实现人对自然资源能源的共有、共享、共建。但是，这只是消除“人—自然—社会”对立、异化的一种形式，且是极端形式，其预设前提是：这种对立、异化极度紧张，并外在表现为不占用生产生活资料的人越来越多，且他们生存的极为艰辛、生活的极为不幸，不进行革命，自身就无法继续生存。正是基于此，马克思才提出“全世界无产者，联合起来”[①] 的斗争口号。然而，在现实具体的社会历史进程中，随着社会生产力的发展、社会物

① 《马克思恩格斯选集》第1卷，人民出版社1995年版，第307页。

质财富的剧增，尽管实践活动的非生态性没有改变，即“人—自然—社会”对立、异化的实质性根源没变，但是，其具体内容已经发生了诸多改变，并集中表现为生态环境问题日益成为全球社会普遍关注的民生大问题，如此，人们这里关注的更多的是生态公平正义，以及自身的生态利益安全需要。所以，面对这些变化了的问题，其解决的路径再以革命、斗争的形式就显得极为不合时宜，且现实社会中也是行不通的；但是，由于这些问题产生的实质性根源仍然是私有制，以及私有制下形成并至今一直占据主导地位的人类中心主义实践价值观，和这种价值观指导下的人类非生态性实践活动；所以，此问题的科学解决尽管仍然是要实现对自然资源能源的共有、共享、共建，但其实现路径则是以实践活动的生态性转化与发展为主导。

所以，实践活动生态化发展作为现时代生态环境问题解决的科学路径，其内在本质规定追求的就是生态公平正义基础上的整个人类社会的公平正义，正是这种内在本质规定性决定了其超阶级性这一特性，此时，其维护的才是最广大人民群众的根本利益，而不再是某一特定阶级的利益。这是因为生态环境问题是全球共同面对的普遍性问题，尽管其产生有着阶级、利益上的因素，但其问题本身及其解决路径不存在阶级、国别、意识形态的差异，不存在“姓社”和“姓资”的区分；这里的普遍性主要是指生态环境问题的危害，这种危害不只是对生发地居民的生命健康完全可持续具有负面效应，而且会影响到周边地区居民、甚至全球居民的生命健康完全可持续，这种危害不会因个体人的身份、地位、权力、财富等的社会性差异而有所不同，这已经为现时代生态环境问题的全球性影响所证实，正是这种危害的全球性、普遍性迫使人类共同面对；所以，旨在解决这一实践问题的科学路径——人类实践活动生态化，就必须排除阶级、利益上的差异和分歧，而去追求生态公平正义基础上的整个人类社会的公平正义，以此来实现自然资源能源的共享、共建、共管基础上的整个人类社会的可持续性存在与发展，维护人的生态利益、确保人的生态安全。

正是人类实践活动生态化发展的这种公平正义性和超阶级性决定了全民参与成为可能、全球协作成为可能，其实质就是人们对自然的共享、共建、共同发展，并且只有通过这样的方式才能真正实现人类实践活动的生态化发展，才能真正实现生态环境问题的科学解决；当全世界人民都去这样做时，也就真正实现了生态公平正义基础上的整个人类社会的公平正义，而这一实现过程本身也就是对私有制的消除。这是因为，私有制的存在必然导致人与人在自然关系上的利益争夺，并外化为人世间一切不公平、非正义，而由私有制必然导致的阶级的实质也必然就是一部分人对另一部分人的不公平、非正义，并进一步渗透到人对自然的不公平、非正义。所以，对私有制的消除，其实质也就是要消除人与自然关系不公平、非正义基础上的人类社会的不公平、非正义，而这一点，也正是实践活动生态化发展所要解决的问题。由此，人与自然的问题也就演变成了人与人的问题、人类社会的问题，即人类社会自身生存与发展所内在具有的普遍必然性的问题，并上升为生态公平正义基础上的人的公平正义和谐可持续性问题。

就是说，人类实践活动生态化发展首要关切的是生态安全、生态正义、生态公平、生态可持续，即人对自然的公平正义，而其目的却是在此基础上的人的全面自由可持续性生存与发展，即人类社会自身的公平正义，而不再只是对自然一味地掠夺、占有和享用，一味地强调人类自身所谓的幸福、自由。就是说，人类自身的生命健康安全可持续才是人最为关切的共同的利益，以自然自身的可持续性存在与发展为根基的物质财富的创造、精神生活的丰富才是人类社会主导性价值追求，而为了人的可持续性生存与发展而对生态自然环境自身运行系统所进行的保护、建设、修复与美化才是人类共同的责任。所以，此类性质的人类实践活动生态化处理的就是人与自然间的公平正义可持续，以及以自然为中介的人与人、人与社会、人与自身间的公平正义可持续，这里既包括同代人间的公平正义可持续，又包括代际人间的公平正义可持续。所以，这也就必然要求全球参与、全民协作，以实现人们对自然资源能源的共享、共建、共同发展，而这种对自然资源能源的共享、共建本身就是对私有制的辩证消除，其实践成果则更是惠及全人类。

总之，过去整个人类社会历史的发展几乎就是在私有制基础上以生态自然环境的极大损坏为代价的，这是因为，私有制本身就是在对公共自然资源能源的不公平分割基础上产生并运作的，其目的是要谋求私人利益或局部利益最大化，所以，这种发展实质就是一种破坏，既是对自然的损坏、更是对人自身的损坏；尽管随着人类社会生产力的发展，尤其是科技生产力的发展，社会物质财富极大丰富，但是，由于人与人在自然关系上的利益争夺而导致的人与人间的不公平、非正义的深化、尖锐化、复杂化，并外在表现为生态环境问题的全球蔓延、深化，人类从中获取的幸福感、安全感并未因此而增加，相反，却因此而更加深感危机。所以，我们现在需要做的就是，实现我们人类物质性、精神性等各种社会实践活动的生态化发展，实现对自然的共享共建共同发展，从而根本消除私有制基础上的人类社会的不公平、非正义；而人类实践活动生态化发展的客观必然性也就根源于经济社会发展的可持续性、生态环境承载力的有限性，以及人类自身生存与发展的安全健康性；因此，其内在本质规定性必然是旨在消除私有制，消除其导致“人—自然—社会”对立、异化的阶级性和非公平正义性，并最终走向无阶级压迫剥削、无对立异化竞争的真正公平正义和谐的人类社会。

据此，由上可知，人类实践活动生态化发展其实质就是整个人类社会的公平正义性和超阶级性发展，其追求的终极目标就是人与自然整体辩证和谐可持续的存在与发展基础上的人的全面自由发展，即发展成果的全面共享，并外在表现为人对自然资源能源的全球化共有、共享、共建、共同发展，而其具体实现路径就是做到全民公平参与、全球正义协作，并表现为生态区域性协作和最终的生态全球化发展。只有这样，我们才能真正按照人的本性和自然规律合理科学地调节人类一切实践活动，从而真正合理科学地协调人与自然的本真关系，真正开启人类社会历史发展的又一新航程，也即真正人类社会历史发展的新开始。

本章小结

综上所述可见，人类实践活动是具体的行为，因此，人类实践活动的生态性转化与发展：不只是需要人类主观思想意识即人生观、世界观、自然观、价值观、发展观等的生态性转变，不只是需要推进生态自然环境在人类社会历史发展中的共享、共建、共同发展，即实现人与自然间在更高阶段上最为“原始性”的和谐辩证一体的本真关系而发展；更是需要我们从人类社会历史发展中的各个具体环节具体展开，并主要表现为经济、政治、文化、教育、科技、生产、生活，甚至国防、军事等各个具体环节的生态性转化与发展。如此，我们才能真正培养具有生态意识、生态责任、生态实践观、生态价值观的生态人，大力发展具有生态科技支撑的生态生产力，真正从事具有生态安全可持续性的社会生产和生活，全面落实人本身内在具有的生态责任，并从法律制度上给予其转化与发展的强制性生态政治保障。

正是这些具体环节的生态性转化与发展才真实地构成了实践活动生态性转化与发展的现实展开，并真实地构成了实践活动生态性转化与发展的实际内容。当然，这些具体环节的生态性转化与发展之间并不是绝对的并列关系，更不是绝对的对立关系，更没有彼此间的先后、优劣、主次之分；尽管在具体践行中会因为特定的原因而突出某一环节或某几个环节的历史性作用；但是，整个环节彼此间是相互协调辩证一体地共同推进的关系。

人类实践活动的生态性转化与发展是一个理论问题，更是一个实践问题；需要我们从哲学的高度对此进行理论探究，实现对其的本质性认识，更需要我们从实际出发实事求是、求真务实地去践行，做到理论与实践的具体历史的统一而发展；理论上的科学认识在最根本意义上就是为了实践的科学运行，没有科学理论指导的实践，其发展的最后结果只能是自我毁灭，同样，没有实践支撑的理论，也只能是“纸上谈兵”。

所以，我们必须把对实践活动的生态性理论认识转化为具体的生态性实践行为，并在这一转化中使其得以验证、丰富和发展，做到二者同向正比例的辩证协调发展；而这一转化和发展同样又是需要很多具体环节和中介的，尤其是在现时代各种高新技术迅猛升级更替的历史大背景下，理论和实践更是很难原始性的直接统一，然而事实上，也正是这些环节和中介才使得这种转化与发展更精细、更严密、更科学，并因此而更具有保障性、发展性、可持续性。

因此，人类实践活动生态性转化与发展的具体展开和科学推进，首先就是要而且必须是要摒弃旧的人生观、世界观、价值观、发展观、自然观等，坚持科学合理的马克思主义社会实践自然观尤其是马克思主义哲学世界观，以及整体辩证和谐可持续性的生态文明发展观；其次，才能进而根本转变人类非生态性的生产生活等实践活动方式，走人与自然和谐共生的可持续性生存与发展道路，实现自然的全民共享、共建、共同发展，而其最为有效性的现实路径就是生态区域性协作，并最终由区域性协作走向全球化发展；同时，还要将人与自然的和谐共生这一人类终极目标纳入整个人类社会构建的和谐体系中，与社会公平正义和谐发展的其他环节紧密结合，即与经济、政治、文化、科技、教育、法律、制度等环节相辅相成、辩证统一，从而使人类社会历史发展呈现出鲜明的时代性、严密的逻辑性和生态的可持续性。

结 束 语

实践活动生态化　只有起点没有终点

实践活动的生态性转化与发展是实践活动历史性发展中一次根本性大变革，即实践活动在更高层次上由非生态性向生态性的演化与推进，涉及实践活动各个构成要素和环节间的生态性转化与发展，既有主体人的生态性转化与发展，更有客体对象及其活动中介的生态性转化与发展，同时更是伴随着实践活动目的、过程、结果的生态性转化与发展，并根植于现实社会生产生活的方方面面。

实践活动的生态性变革与发展直接关系到人类社会历史未来发展的整体和谐可持续，强调的是人与自然的对象性辩证一体的生存与发展，即人的解放、自然的解放，以及真正人类社会历史的开始，并具体涉及人类社会历史发展的真正公平正义性、全面自由性、和谐可持续性，以及人类自身本质力量的真正回归，等等。而所有这些的实现，也都只是人类社会历史发展长河中的又一个新的更高起点，且需要我们从理论上不断做出更加符合人性的可持续性哲学探析。

哲学介入现实是有其特殊的内在规定性，但其最终建构的还是人的精神信仰，目的就是为了人的真正解放。而人的解放是一种历史活动，需要“在现实的世界中并使用现实的手段才能实现”[①]，

① 《马克思恩格斯选集》第1卷，人民出版社1995年版，第74页。

并“以生产力的巨大增长和高度发展为前提”[①]。这里的现实手段，在最根本意义上，就是指人对自然的一切实践活动，并集中体现为以生产力的发展也即人类实践活动能力的发展为特征和目标的人类物质性、精神性生产生活实践活动。自人类出现以来，人与自然间就在人对自然的物质性、精神性社会实践活动中发生着矛盾运动，并由此获得彼此各自的存在与发展，因此，只要有人的存在，人对自然的各种社会实践活动就不会终止，人与自然间的矛盾就不会彻底解决，而人类社会历史就是在这一矛盾运动中得以永恒展开、丰富与发展的。因而，作为旨在实现人与自然间整体辩证和谐可持续性生存与发展的，即科学辩证的处理人与自然间矛盾运动的生态化的实践活动必然是永无止境的发展过程。

尤其是在今天，我们正处于人类社会历史发展的大变革时期（即传统工业文明向生态文明的转换，并表现为传统工业文明的生态转向、人类社会历史发展的生态转向等），人与自然整体辩证和谐可持续的生态自然观、社会发展观等还远未被大多数人所接受，还远未转化并形成人类实践活动的新常态，而以对自然的掠夺、占有和对物质财富的创造、享用为特点的现代性仍占主导地位，并仍然突出表现为人与人之间利益的争夺和分割，致使人与自然矛盾运动异化发展的突出表现——生态环境问题日益普遍化、尖锐化、危机化，而所有这些问题的解决都必须实现人类社会实践活动的生态性转化与发展。

而作为人类实践活动生态化发展在现实社会生活中的最有效展开形式—生态区域性协作也不是一帆风顺、一蹴而就的。区域性协作就是要在发展中实现区域内利益的共享、风险的共担，这

① 《马克思恩格斯选集》第1卷，人民出版社1995年版，第86页。

里必然会涉及区域内各方既有利益者利益的重新调配与分享，以及社会责任、生态责任等的公平落实等，同时，还需要对区域内经济社会政治文化等各个方面各个环节进行利益协调，必会引起各方不同的反应和行为，尤其是，由生态区域性协作走向生态全球化运作，更是在国际范围内受到来自不同利益集团的各种反向作用。

所以，生态文明建设及其实践的具体化—人类实践活动生态化必然会遭遇长期的顽固抵制，尤其是在利益的整合仍然是以人的利益、自我利益为核心，而不是以人与自然整体利益、人类社会永续性公平正义和谐发展以及个体人的全面自由发展为基点和目标的背景下，这种转化与发展必然是困难重重甚至“危机四伏”；因此，我们现代社会发展的首要任务就是破（即对传统非生态性社会发展模式弊端进行理论和实践的批判），并在破的过程中实现对其的建设性辩证否定（即立的任务）。而破与立的辩证统一本身就是永无止境的发展过程，且在这一过程中还存在着理念本身的生态性转化、理念到实践的转化，以及实践活动生态化的具体实现程度、表现状态等多层次多阶段的复合发展。

另外，人类实践活动生态性的转化与发展本身也是一个动态演化过程，是对过去人类实践活动生态缺失的积极矫正、辩证否定，是对未来人类实践活动自身的科学性、可持续性发展的构建，是一种构建与否定并存并以建设为主的复合辩证发展过程，是一个涉及人类社会历史物质性、精神性实践生成与发展方方面面的复杂性系统工程。既然人类实践活动生态化本身是一个动态演化的复合辩证发展的复杂系统工程，即过程的集合体、发展的系列、动态的演进；那么其自身的复杂性、系统性、动态性、发展性、过程性等特性必然决定其无论是在实践上还是在理论上都必须是起点而不能是终点。

再者，人类实践活动生态化的实质就是要实现人类社会历史生态自然环境安全基础上的可持续性科学化发展（理论上表现为科学的生态文明发展观），就是要实现人与自然整体辩证和谐可持续性演进（理论上表现为人与自然整体和谐的可持续发展论），就是要实现具有自然性的社会人的全面自由可持续性生存与发展（理论上表现为人的全面自由发展论）。这些理论与实践的发展本身就是人们对美好未来的一种期待，更是人们必须长抓不懈的历史责任与使命。

最后，人类实践活动的生态性这一静态概念（即人与自然不可分）孕育着社会的和谐辩证可持续，而生态化这一动态过程（即人与自然相互生成、互为中介、辩证发展）则滋生着一定程度上的失衡与动乱。所以，奢想实践活动生态化、生态文明建设、美丽中国梦的实现一蹴而就，就是犯了急于冒进的主观主义错误，其结果只能是事与愿违、适得其反。因此，旨在科学解决生态环境问题的人类实践活动生态化既是一场轰轰烈烈的“攻坚战”更是常抓不懈的“持久战”，只有起点，没有终点。

黎明前总会有黑暗，大灾过后必是天下太平。随着生态自然环境问题给人类自身生存与发展带来的毁灭性危害的日益显现，随着人与自然整体辩证和谐可持续的生态自然观、社会发展观的日益普及，即可持续的生态文明发展观日益深入人心，就会有越来越多的人接受并坚决践行人类社会生态文明的生存与发展，人类实践活动也就步入了新常态化发展，即以人为本的生态可持续发展。所以，对此，我们要在发展中坚持，在坚持中发展，努力做到实践活动生态化的不断科学、完善、可持续，以期最终实现人与自然的双重“解放”、人的全面自由发展。

所以，我们每个人都必须以强烈的生态责任感、历史使命感积极参与生态文明建设，自由自觉自愿地推进实践活动生态化发展，以环保为荣，以节约为荣，以遵循自然规律并在实现对自然的美化建设中发展自身为荣，并做好攻坚克难、打持久战的思想准备。只有这样，我们才能像过去几十年在马克思主义哲学、中国特色社会主义理论指导下创造出令世界震惊的经济社会发展奇迹那样，在马克思主义社会实践自然观指导下再次创造出生态文明建设的新奇迹，才能真正实现经济发展、生态良好、社会和谐的辩证统一、全面推进，并引领整个人类社会走向对自然的全民共享、共建、共同发展。

参考文献

一　马列经典及中共文献类

[1]《马克思恩格斯选集》第1、2、3、4卷，人民出版社1995年版。
[2]《马克思恩格斯文集》第1、2、10卷，人民出版社2009年版。
[3]《马克思恩格斯全集》第1卷，人民出版社1995年版。
[4]《马克思恩格斯全集》第3卷，人民出版社2002年版。
[5]《马克思恩格斯全集》第19卷，人民出版社1963年版。
[6]《马克思恩格斯全集》第20卷，人民出版社1971年版。
[7]《马克思恩格斯全集》第23卷，人民出版社1972年版。
[8]《马克思恩格斯全集》第25卷，人民出版社2001年版。
[9]《马克思恩格斯全集》第26卷，人民出版社1974年版。
[10]《马克思恩格斯全集》第30卷，人民出版社1995年版。
[11]《马克思恩格斯全集》第42卷，人民出版社1979年版。
[12]《资本论》（第3卷），人民出版社2002年版。
[13] 恩格斯：《自然辩证法》，人民出版社1984年版。
[14] 马克思：《1844年经济学哲学手稿》，人民出版社1979年版。
[15] 中共中央文献研究室编：《十六大以来重要文献选编》（上、中、下），中央文献出版社2011年版。
[16] 中共中央文献研究室编：《十七大以来重要文献选编》（上、

中、下），中央文献出版社 2013 年版。
[17] 中共中央文献研究室编：《十八大以来重要文献选编》（上），中央文献出版社 2014 年版。
[18]《中共中央关于全面深化改革若干重大问题的确定》，人民出版社 2013 年版。
[19]《习近平谈治国理政》，外文出版社 2014 年版。
[20] 中共中央宣传部编：《习近平总书记系列重要讲话读本（2016 年版）》，学习出版社、人民出版社 2016 年版。

二 国内专著类

[21] 靳利华：《生态文明视域下的制度路径研究》，社会科学文献出版社 2014 年版。
[22] 秦书生：《生态文明论》，东北大学出版社 2013 年版。
[23] 杜秀娟：《马克思主义生态哲学思想历史发展研究》，北京师范大学出版社 2011 年版。
[24] 李惠斌、薛晓源、王治河：《生态文明与马克思主义》，中央编译出版社 2008 年版。
[25] 王春益：《生态文明与美丽中国梦》，社会科学文献出版社 2014 年版。
[26] 陈家宽、李琴：《生态文明——人类历史发展的必然选择》，重庆出版社 2014 年版。
[27] 许崇正、杨鲜兰：《生态文明与人的发展》，中国财政经济出版社 2011 年版。
[28] 王学俭、宫长瑞：《生态文明与公民意识》，人民出版社 2011 年版。
[29] 贾卫列、杨永岗、朱明双：《生态文明建设概论》，中央编译出版社 2013 年版。

[30] 赵建军：《如何实现美丽中国梦——生态文明开启新时代》，知识产权出版社2013年版。

[31] 严耕、杨志华：《生态文明的理论与系统建构》，中央编译出版社2009年版。

[32] 郑湘萍：《生态学马克思主义的生态批判理论研究》，中国书籍出版社2013年版。

[33] 徐再荣：《20世纪美国环保运动与环境政策研究》，中国社会科学出版社2013年版。

[34] 高国荣：《美国环境史学研究》，中国社会科学出版社2014年版。

[35] 余谋昌：《环境哲学：生态文明的理论基础》，中国环境科学出版社2010年版。

[36] 中国科学院可持续发展战略研究组：《2013中国可持续发展战略报告——未来10年的生态文明之路》，科学出版社2013年版。

[37] 周鑫：《西方生态现代化理论与当代中国生态文明建设》，光明日报出版社2012年版。

[38] 左亚文：《资源　环境　生态文明——中国特色社会主义生态文明建设》，武汉大学出版社2014年版。

[39] 邓纯东：《实现中国梦的生态环境保障——中国特色社会主义生态文明建设》，红旗出版社2014年版。

[40] 崔永和：《走向后现代的环境伦理》，人民出版社2011年版。

[41] 崔永和、程秀波、杨仁忠、郭利娟：《全球化与生态文明论纲》，当代中国出版社2002年版。

[42] 郇庆治：《重建生态文明的根基——生态社会主义研究》，北京大学出版社2010年版。

[43] 洪大用、马国栋：《生态现代化与文明转型》，中国人民大学

出版社 2014 年版。
[44] 崔小勇：《中外治国方略箴言集——论生态文明与环境保护》，国防大学出版社 2009 年版。
[45] 徐民华、刘希刚：《马克思主义生态思想研究》，中国社会科学出版社 2012 年版。
[46] 李世书：《生态学马克思主义的自然观研究》，中央编译出版社 2010 年版。
[47] 孙道进：《马克思主义环境哲学研究》，人民出版社 2008 年版。
[48] 王诺：《欧美生态批评——生态学研究概论》，学林出版社 2008 年版。
[49] 增文婷：《"生态学马克思主义"研究》，重庆出版社 2008 年版。
[50] 时青昊：《20 世纪 90 年代以后的生态社会主义》，上海人民出版社 2009 年版。
[51] 刘增惠：《马克思主义生态思想及实践研究》，北京师范大学出版社 2010 年版。
[52] 张云飞：《唯物史观视野中的生态文明》，中国人民大学出版社 2014 年版。
[53] 杜明娥、杨英姿：《生态文明与生态现代化建设模式研究》，人民出版社 2013 年版。
[54] 林红主编，严子杰副主编：《生态文明建设案例教程》，中共中央党校出版社 2013 年版。
[55] 姜春云：《生态新论》，新华出版社 2013 年版。
[56] 程伟礼、马庆：《中国一号问题：当代中国生态文明问题研究》，学林出版社 2012 年版。
[57] 王丹：《马克思主义生态自然观研究》，大连海事大学出版

2014 年版。
[58] 傅华：《生态伦理学探究》，华夏出版社 2002 年版。
[59] 胡锦涛：《坚定不移沿着中国特色社会主义道路前进 为全面建成小康社会而奋斗》，人民出版社 2012 年版。
[60] 张坤民：《可持续发展论》，中国环境科学出版社 1997 年版。
[61] 葛荣晋主编：《道德与现代文明》，中国人民大学出版社 1991 年版。
[62] 解保军：《马克思自然观的生态哲学意蕴》，黑龙江人民出版社 2002 年版。
[63] 马驰：《新马克思主义文论》，山东教育出版社 1998 年版。
[64] 唐正东：《马克思恩格斯哲学原著选读》，北京师范大学出版社 2010 年版。
[65] 郭剑仁：《生态地批判——福斯特的生态学马克思主义思想研究》，人民出版社 2008 年版。
[66] 秦刚：《中国特色社会主义理论体系》，中共中央党校出版社 2008 年版。
[67] 刘宇：《实践智慧的概念史研究》，重庆出版社 2013 年版。
[68] 刘放桐：《马克思主义哲学与现代西方哲学研究》，北京师范大学出版社 2012 年版。
[69] 王南湜：《追寻哲学的精神走向实践哲学之路》，北京北京师范大学出版社 2006 年版。
[70] 刘习根：《总体与实践》，重庆出版社 2013 年版。
[71] 杨国荣：《人类行动与实践智慧》，生活·读书·新知三联书店 2013 年版。
[72] 李爱华：《以科学态度对待马克思主义：马克思恩格斯的思想与实践》，学习出版社 2012 年版。
[73] 徐长福：《走向实践智慧——探寻实践哲学的新进路》，社会

科学文献出版社 2008 年版。
[74] 丁立群等：《实践哲学：传统与超越》，北京师范大学出版社 2012 年版。
[75] 中央党校马克思主义哲学教研室：《马克思主义经典著作精选导读》，中共中央党校出版社 2011 年版。
[76] 陈昌曙：《哲学视野中的可持续发展》，中国社会科学出版社 2000 年版。
[77] 钱俊生、骆建华：《环境 · 人口与可持续发展》，党建读物出版社 2000 年版。
[78] 邹进泰、熊维明：《绿色经济》，山西经济出版社 2003 年版。
[79] 钱俊生、余谋昌：《生态哲学》，中共中央党校出版社 2004 年版。
[80] 郭艳华：《走向绿色文明》，中国社会科学出版社 2004 年版。
[81] 庞元正主编：《全球化背景下的环境与发展》，当代世界出版社 2005 年版。
[82] 姬振海主编：《生态文明论》，人民出版社 2007 年版。
[83] 于海量：《环境哲学与科学发展观》，南京大学出版社 2007 年版。
[84] 尹奇得主编：《环境与生态概论》，化学工业出版社 2007 年版。
[85] 李季、许艇主编：《生态工程》，化学工业出版社 2008 年版。
[86] 诸大建主编：《生态文明与绿色发展》，上海人民出版社 2008 年版。
[87] 谢家雍：《生态哲学三角三元模型初探》，人民出版社 2008 年版。
[88] 傅治平：《生态文明建设导论》，国家行政学院出版社 2008 年版。

[89] 巴忠倓主编：《生态文明建设与国家安全》，时事出版社 2009 年版。

[90] 徐汉国、杨国安：《绿色转身：中国低碳发展》，中国电力出版社 2010 年版。

[91] 张雅静：《休闲文化生活支持体系研究》，中国社会出版社 2010 年版。

[92] 黄承梁、余谋昌等：《生态文明：人类社会全面转型》，中共中央党校出版社 2010 年版。

[93] 刘铮、刘冬梅：《生态文明与区域发展》，中国财经经济出版社 2011 年版。

[94] 董振华：《创新实践论》，人民出版社 2011 年版。

[95] 宋晓梧主编：《社会发展转型战略》，学习出版社 2012 年版。

[96] 沈满洪、程华、卢根晓等：《生态文明建设与区域经济协调发展战略研究》，科学出版社 2012 年版。

[97] 马翠玲：《践行循环经济，走绿色发展之路》，中国环境科学出版社 2012 年版。

[98] 陆小成：《区域低碳创新系统：综合评价与政策研究》，中国书籍出版社 2012 年版。

[99] 陶火生：《生态实践论》，人民出版社 2012 年版。

[100] 孟赤兵、芶在坪、徐怡珊：《人类共同的选择：绿色低碳发展》，冶金工业出版社 2012 年版。

[101] 刘芳主编：《中国民间环保组织》，安徽文艺出版社 2012 年版。

[102] 刘芳主编：《世界环保组织》，安徽文艺出版社 2012 年版。

[103] 刘铮、艾慧主编：《生态文明意识培养》，上海交通大学出版社 2012 年版。

[104] 赵建军、王治河主编：《全球视野中的绿色发展与创新——

中国未来可持续发展模式探寻》，人民出版社 2013 年版。
[105] 周训芳、吴晓芙：《生态文明视野中的环境管理模式研究》，科学出版社 2013 年版。
[106] 欧阳志云、郑华：《生态安全战略》，学习出版社 2014 年版。
[107] 段忠桥：《当代国外社会思潮》，中国人民大学出版社 2004 年版。
[108] 俞可平主编：《生态马克思主义概论》，中央编译出版社 2007 年版。
[109] 徐艳梅：《生态学马克思主义研究》，社会科学文献出版社 2007 年版。
[110] 衣俊卿：《西方马克思主义概论》，北京大学出版社 2008 年版。
[111] 王金福：《实践的唯物主义——对马克思"新唯物主义"哲学的一种理解》，苏州大学出版社 1996 年版。
[112] 徐牧：《大变局：中国模式的崛起与西方模式的衰落》，九州出版社 2010 年版。
[113] 赵载光：《天人合一的文化智慧——中国传统生态文化与哲学》，文化艺术出版社 2006 年版。
[114] 王耘：《复杂性生态哲学》，社会科学文献出版社 2008 年版。
[115] 安启念：《新编马克思主义哲学发展史》，中国人民大学出版社 2004 年版。
[116] 李秀林、王于、李淮春：《辩证唯物主义和历史唯物主义（第五版）》，中国人民大学出版社 2004 年版。
[117] 高清海：《马克思哲学基础》（上册）（下册），北京师范大学出版社 2012 年版。
[118] 欧力同、张伟：《法兰克福学派研究》，重庆出版社 1990 年版。

［119］李青宜：《“西方马克思主义”的当代资本主义理论》重庆出版社 1990 年版。

三 国外著作类

［120］［印］萨拉·萨卡：《生态社会主义还是生态资本主义》，张淑兰译，山东大学出版社 2008 年版。

［121］［英］克里斯托弗·卢茨主编：《西方环境运动：地方、国家和全球向度》，徐凯译，山东大学出版社 2012 年版。

［122］［美］蕾切尔·卡森：《寂静的春天》，吕瑞兰、李长生译，上海译文出版社 2014 年版。

［123］［英］特德·本顿主编：《生态马克思主义》，曹荣湘、李继龙译，社会科学文献出版社 2013 年版。

［124］［德］马丁·耶内克、克劳斯·雅各布主编：《全球视野下的环境管治：生态与政治现代化的新方法》，李慧明、李昕蕾译，山东大学出版社 2012 年版。

［125］［英］马克·史密斯、皮亚·庞萨帕：《环境与公民权：整合正义、责任与公民参与》，侯艳芳、杨晓燕译，山东大学出版社 2012 年版。

［126］［德］弗里德希·亨特布尔格、弗莱德·路克斯、玛尔库斯·史蒂文：《生态经济政策在生态专制和环境灾难之间》，葛竞天、丛明才、姚力、梁媛译，东北财经大学出版社 2005 年版。

［127］［美］J. 唐纳德·休斯：《世界环境史 人类在地球生命中的角色转变》，赵长凤、王宁、张爱萍译，电子工业出版社 2014 年版。

［128］［英］乔纳森·休斯：《生态与历史唯物主义》，张晓琼、侯晓滨译，江苏人民出版社 2011 年版。

[129] [荷] 阿瑟·莫尔、[美] 戴维·索南菲尔德:《世界范围的生态现代化——观点和关键争论》,张鲲译,商务印书馆2011年版。
[130] [美] 戴维·佩珀:《生态社会主义:从深生态学到社会正义》,刘颖译,山东大学出版社2012年版。
[131] [德] A. 施密特:《马克思的自然概念》,欧力同、吴仲昉译,商务印书馆1988年版。
[132] [德] 恩斯特·卡希尔:《人论》,甘阳译,西苑出版社2003年版。
[133] [美] 弗·卡普拉、查·斯普雷纳克:《绿色政治——全球的希望》,石音译,东方出版社1988年版。
[134] [德] 卡尔·柯尔施:《马克思主义和哲学》,王南湜、荣新海译,重庆出版社1989年版。
[135] [德] 奥特弗里德·赫费:《实践哲学 亚里士多德模式》,沈国琴、励洁丹译,浙江大学出版社2011年版。
[136] [英] 齐格蒙特·鲍曼:《全球化人类的后果》,郭国良、徐建华译,商务印书馆2013年版。
[137] [法] 让·鲍德里亚:《消费社会》,刘成富、全志钢译,南京大学出版社2014年版。
[138] [美] 赫伯特·马尔库塞:《单向度的人 发达工业社会意识形态研究》,刘继译,上海译文出版社2014年版。
[139] [英] 卡尔·波普尔:《历史决定论的贫困》,杜汝楫、邱仁宗译,上海人民出版社2009年版。
[140] [英] 杰拉德·德兰蒂:《现代性与后现代性知识,权力与自我》,李瑞华译,商务印书馆2012年版。

四 中文期刊文献类

[141] 黄娟、陈军:《生态文明:概念体系与内在逻辑》,《中国地

质大学学报》2012 年第 4 期。

[142] 余谋昌：《生态文明：建设中国特色社会主义的道路—对十八大大力推进生态文明建设的战略思考》，《桂海论丛》2013 年第 1 期。

[143] 陈德钦：《生态文明建设的哲学意蕴探析》，《当代世界与社会主义》2009 年第 3 期。

[144] 高艳：《以生态消费看社会主义生态文明的建设》，《长春理工大学学报》2013 年第 5 期。

[145] 刘思华：《中国特色社会主义生态文明发展道路初探》，《马克思主义研究》2009 年第 3 期。

[146] 方时姣：《论社会主义生态文明三个基本概念及其相互关系》，《马克思主义研究》2014 年第 7 期。

[147] 余莉：《马克思实践生态观的发端》，《河南社会科学》2013 年第 12 期。

[148] 黄克亮：《马克思主义视域中的生态文明观研究》，《探求》2010 年第 4 期。

[149] 罗健、夏东民：《全面推进中国特色社会主义生态文明建设——基于马克思社会有机体理论的视阈》，《毛泽东邓小平理论研究》2012 年第 8 期。

[150] 佟维：《人的全面发展视域中的生态文明建设》，《兰州学刊》2008 年第 11 期。

[151] 任铃：《生态人：生态文明建设的主体依托——基于马克思主义整体性思想和方法的思考》，《南京政治学院学报》2013 年第 3 期。

[152] 李桂花、张建光：《中国特色社会主义生态文明建设的基本内涵及其相互关系》，《理论学刊》2014 年第 2 期。

[153] 盛明伟：《中国特色社会主义生态文明建设的哲学范式》，

《中共云南省委党校学报》2013 年第 3 期。

[154] 张荣华、原丽红：《中国特色社会主义生态文明建设论析》，《理论学刊》2008 年第 8 期。

[155] 谭超：《中国特色生态文明建设几个问题研究》，《黑龙江史志》2009 年第 23 期。

[156] 杨卫军：《从可持续发展到建设美丽中国：党的生态文明建设思想的演进与实现路径》，《探索》2013 年第 4 期。

[157] 魏连：《当代中国生态文明建设的理性自觉与理解优化》，《马克思主义研究》2014 年第 7 期。

[158] 王晓政：《当代中国特色社会主义生态文明建设的路径探索》，《湖南社会主义学院学报》2012 年第 4 期。

[159] 荣开明：《党的十六大以来的生态文明建设思想》，《江汉论坛》2011 年第 2 期。

[160] 于中涛、袁野、李桂红、陈曦：《关于生态文明及其意义的哲学解读》，《辽宁行政学院学报》2009 年第 12 期。

[161] 左守秋、高健：《简论生态文明及其实现路径探析》，《世纪桥》2010 年第 17 期。

[162] 王国泽：《建设生态文明促进科学发展——学习党的十七大精神的体会》，《山西社会主义学院学报》2007 年第 4 期。

[163] 赵树丛：《牢固树立中国特色社会主义生态观——深入学习贯彻习近平总书记关于生态文明建设的重大战略思想》，《河北林业大学学报》2014 年第 3 期。

[164] 余谋昌：《环境哲学与人类新文明建设》，《南京林业大学学报》2006 年第 3 期。

[165] 孔翔、杨宏玲：《基于生态文明建设的区域经济发展模式优化》，《经济问题探索》2011 年第 7 期。

[166] 王灿发：《论生态文明建设法律保障体系的构建》，《中国法

学》2014 年第 3 期。

[167] 方发龙:《马克思物质变换理论对我国区域生态文明建设的启示》,《经济问题探索》2008 年第 9 期。

[168] 巴志鹏:《生态文明观的源起与发展》,《河南社会科学》2009 年第 3 期。

[169] 王子彦、李宁:《对"适度消费"概念的不同理解》,《东北大学学报》2005 年第 2 期。

[170] 王倩:《生态文明建设的区域路径与模式研究——以汶川地震灾区为例》,《四川师范大学学报》2012 年第 4 期。

[171] 黄枬森:《生态文明建设的哲学基础》,《鄱阳湖学刊》2010 年第 1 期。

[172] 张秀、张国平:《生态文明建设的哲学思考》,《兰州学刊》2012 年第 4 期。

[173] 黄勤:《我国生态文明建设的区域实现及运行机制》,《国家行政学院学报》2013 年第 2 期。

[174] 黄勤、杨小荔:《我国省区生态文明建设战略比较研究——基于各地"十二五"规划的分析》,《江西社会科学》2012 年第 1 期。

[175] 王雨辰:《当代生态文明理论的三个争论及其价值》,《哲学动态》2012 年第 8 期。

[176] 崔永和、童路雯:《传统人道主义的生态限度及其出路》,《河南师范大学学报》2012 年第 4 期。

[177] 崔永和:《生态思维普适化与生态实践本土化的辩证统一》,《河南师范大学学报》2009 年第 5 期。

[178] 崔永和:《生态哲学视域下的中国城乡同步发展》,《唯实·哲学世界》2011 年第 6 期。

[179] 崔永和:《坚持"以人为本":从"两种生产"到"三种生

产"》,《青海社会科学》2009 年第 6 期。

[180] 陈墀成、余玉湖:《论人与自然的和解——马克思恩格斯生态哲学思想探析》,《厦门大学学报》2013 年第 4 期。

[181] 苗启明:《马克思生态哲学的双重历史架构》,《哲学学报》2013 年第 5 期。

[182] 李迅:《推进新型城镇化建设重在做好顶层设计》,《环境保护》2013 年第 2 期。

[183] 曹孟勤:《人是与自然界的本质统一——质疑"人是自然的一部分"和"自然是人的一部分"》,《自然辩证法研究》2006 年第 9 期。

[184] 胡锦涛:《在中央人口资源环境工作座谈会上的讲话》,《人民日报》2004 年。

[185] 赵勇等:《西方人与自然伦理关系思想述评》,《西北农林科技大学学报》2005 年第 6 期。

[186] 佘正荣:《中国传统生态思想的理论特质》,《孔子研究》2001 年第 5 期。

[187] 何玉宏:《生态哲学对社会学的影响与启示》,《求索》2007 年第 1 期。

[188] 郭小平:《科学的危机与人的困惑》,《读书》1990 年第 12 期。

[189] 黄英娜等:《20 世纪末西方生态现代化思想述评》,《国外社会科学》2001 年第 4 期。

[190] 赵闯等:《西方生态马克思主义思想探析》,《辽宁大学学报》2010 年第 3 期。

[191] 胡智俊:《论消费实践中的主客体关系》,《现代商业》2008 年第 33 期。

[192] 李琴:《消费主客体关系的哲学新思考》,《社会科学论坛》2010 年第 6 期。

[193] 骆沙舟:《“西方马克思主义”消费异化评析》,《厦门大学学报》1995 年第 4 期。

[194] 赵洵:《论马克思的消费理论》,《中国福建省委党校学报》2002 年第 6 期。

[195] 曹明德:《论消费方式的变革》,《哲学研究》2002 年第 5 期。

[196] 韩震:《关于消费的哲学反思》,《现代哲学》2003 年第 3 期。

[197] 张海滨:《全球环境与发展问题对当代国际关系的挑战》,《世界经济与政治》1993 年第 3 期。

[198] 倪志安:《从实践出发理解人类世界的统一性》,《哲学研究》2011 年第 9 期。

[199] 倪志安、李丽昆:《坚持实践的“以人为本”发展观》,《探索》2006 年第 5 期。

[200] 倪志安:《论“人—自然—社会”的协调发展规律》,《哲学研究》2012 年第 10 期。

[201] 倪志安:《论从实践理解世界的物质性和自然世界的先在性》,《重庆邮电大学学报》2011 年第 3 期。

[202] 倪志安、侯继迎:《论马克思的实践唯物论》,《西南师范大学学报》2006 年第 1 期。

[203] 倪志安:《论马克思的实践哲学》,《西南师范大学学报》2003 年第 1 期。

[204] 倪志安:《论马克思生态思想“实践的三重维度”》,《理论月刊》2016 年第 1 期。

[205] 倪志安:《论马克思新哲学的实践逻辑》,《哲学研究》2009 年第 12 期。

[206] 倪志安:《论马克思新哲学的实践思维方式》,《西南师范大学学报》2005 年第 1 期。

[207] 倪志安、周君才:《论马克思主义的实践生产力观》,《哲学

研究》2006 年第 11 期。
[208] 毛世英、刘艳菊：《全面理解生态文明与三大文明之间的关系》，《社会主义研究》2008 年第 4 期。
[209] 谢斌：《人类社会经济发展形态演进的生态化趋势——兼论生态化管理的创新发展方向》，《经济体制改革》2011 年第 4 期。
[210] 陈美球、金志农、蔡海生：《生态化的基本内涵及生态化水平评价指标构建的基本原则》，《生态经济》2012 年第 3 期。
[211] 谢斌：《生态化管理对领导者主体的素质要求及其内涵》，《理论与改革》2011 年第 2 期。
[212] 郑慧子：《生态文明：一个人类学的解释》，《河南大学学报》2011 年第 5 期。
[213] 江峻任：《生态文明视域下的价值主体及其生态责任》，《长沙理工大学学报》2014 年第 1 期。
[214] 郭珉媛：《生态政府：生态社会建设中政府改革的新向度》，《湖北社会科学》2010 年第 10 期。
[215] 余晓菊：《实践的合理性：人类走出困境的现实途径》，《湖南师范大学社会科学学报》2003 年第 1 期。
[216] 关胜侠、高文武：《实践消费生态化的方法论要求》，《海军工程大学学报》2009 年第 3 期。
[217] 高文武、关胜侠：《实践消费生态化的主要目的》，《武汉大学学报》2009 年第 6 期。
[218] 彭福扬、徐勇、刘红玉：《把生态化追求纳入创新战略》，《湖南师范大学社会科学学报》2008 年第 1 期。
[219] 黄娟：《生态民生化与民生生态化》，《鄱阳湖学刊》2012 年第 4 期。
[220] 崔永和、吴胜然：《论当代人的环境需要与环境生产》，《唯

实·哲学世界》2007 年第 2 期。

[221] 崔永和:《马克思的“社会自然观”与现代人的环境责任》,《河南师范大学学报》2006 年第 1 期。

[222] 崔永和:《哲学对实践的双重功能探微——马克思主义哲学中国化中的一个重要问题》,《吉首大学学报》2006 年第 2 期。

[223] 赵理文:《生产力发展的双重动力与经济增长方式的根本性转变》,《中共中央党校学报》2006 年第 2 期。

[224] 赵理文:《论历史发展的合主体性》,《中共中央党校学报》2004 年第 1 期。

[225] 佘正荣:《生态文化素养:创建生态文明所必需的国民素质》,《南京林业大学学报》2008 年第 3 期。

[226] 单培勇:《生态文明与国民素质》,《科学社会主义》2011 年第 3 期。

[227] 崔永和:《人与自然关系:唯物史观的生长点》,《华中科技大学学报》2012 年第 1 期。

[228] 赵理文:《制度、体制、机制的区分及其对改革开放的方法论意义》,《中共中央党校学报》2009 年第 5 期。

[229] 吴瑞敏:《从“退缩的自然界”到“自由的自然界”——马克思论人的自然界限》,《学术月刊》2012 年第 12 期。

[230] 任暟:《科学发展观:中国环境伦理学的理论基点》,《马克思主义研究》2009 年第 7 期。

[231] 李本洲:《福斯特生态学马克思主义的生态批判及其存在论视域》,《东南学术》2009 年第 3 期。

[232] 李啸虎:《略论马克思“人类学的自然界”观念》,《上海交通大学学报》1997 年第 2 期。

[233] 王福生:《历史唯物主义与马克思的自然观》,《学术月刊》

2011 年第 12 期。

[234] [美] 约翰·贝拉米·福斯特:《萨沙·利利·马克思、启蒙思想与生态批判》,《马克思主义与现实》2013 年第 6 期。

[235] 焦坤:《论马克思在〈1844 年经济学哲学手稿〉中的共产主义思想》,《理论探讨》2007 年第 5 期。

[236] 俞吾金:《论抽象自然观的三种必须形式》,《上海交通大学学报》1999 年第 4 期。

[237] 李彬彬:《马克思共产主义思想的起源——重新思考"巴黎手稿"对共产主义的七条论证》,《马克思主义与现实》2013 年第 3 期。

[238] 韩秋红:《马克思"人与自然"思想探析——读〈1844 年经济学哲学手稿〉》,《东北师范大学学报》1997 年第 4 期。

[239] 张一兵:《马克思历史唯物主义中的历史概念》,《哲学研究》1998 年第 9 期。

[240] 周鑫:《重思马克思〈1844 年经济学哲学手稿〉的自然观——兼论对于生态文明建设的指导意义》,《中共贵州省委党校学报》2009 年第 6 期。

[241] 黄瑞祺、黄之栋:《〈1844 年经济学哲学手稿〉的生态视角:马克思思想的生态轨迹之一》,《鄱阳湖学刊》2009 年第 1 期。

[242] 闵浩宇:《论建构绿色生活方式的社会化途径》,《新西部》2009 年第 24 期。

[243] 罗玉莲、习萍、匡仁伟:《教育发展合生态性思想探源》,《教育探索》2007 年第 7 期。

[244] 罗昌勤:《文化生态学视角下探析民族地区文化产业的生态缺失及对策——以广西红水河流域民族文化产业发展为

例》,《经济与社会发展》2011 年第 10 期。
[245] 倪志安、王培培:《马克思实践自然观对我国生态文明建设的理论启示和实践启迪》,《西南大学学报》2011 年第 2 期。
[246] 陈翠芳:《论科技生态化的内涵和基本特征》,《科技管理研究》2014 年第 19 期。
[247] 黄爱宝:《政府生态责任终身追究制释读与构建》,《江苏行政学院学报》2016 年第 1 期。
[248] 曾林:《我国生态公共产品制度建设研究》,《桂海论丛》2014 年第 1 期。
[249] 刘辉、陈方淑:《生态法律责任的社会化简论——以生态法律责任保险的社会化为视角》,《社会科学家》2009 年第 10 期。
[250] 谢中起、吕明丰:《生态责任:责任政府的生态之维》,《科技管理研究》2009 年第 7 期。
[251] 邓贤明:《责任政府视域下政府生态责任探析》,《前沿》2011 年第 7 期。
[252] 曹孟勤:《企业生态责任生存的内在逻辑》,《贵州社会科学》2008 年第 8 期。
[253] 宋宝莉、揭筱纹、窦玉凯:《企业承担生态责任:构建和谐社会的第一步》,《生态经济》2006 年第 10 期。
[254] 黄志东、宁晓明:《论美丽中国视域中的生态责任教育》,《湖北社会科学》2013 年第 5 期。
[255] 田景洲:《从生态文明看企业生态责任》,《南京林业大学学报》2008 年第 3 期。
[256] 温远光:《世界生态教育趋势与中国生态教育理念》,《高教论坛》2004 年第 2 期。
[257] 朱江:《生态教育与高校学生生态意识的培养》,《东北师范大学学报》2013 年第 3 期。

[258] 沈月、赵海月：《生态文化视域下生态教育的内涵与路径》，《学术交流》2013 年第 7 期。

[259] 李高峰：《国际视野下的生态教育实施与展望》，《中国校外教育》2008 年第 S1 期。

[260] 魏国孝：《坚持生态教育思想 实现大学教育生态化》，《宁夏大学学报》2004 年第 6 期。

[261] 刘海霞、刘煦：《生态教育内容的立体构建》，《中国成人教育》2012 年第 16 期。

[262] 徐羿、周亦嘉：《试论生态马克思主义视域下的生态实践观》，《中共四川省委党校学报》2013 年第 1 期。

[263] 邓志宏：《生态危机威胁下的生态实践观辩证解读》，《前沿》2015 年第 2 期。

[264] 关春玲：《生态哲学的重生：论马克思实践观的生态哲学意义》，《复旦大学学报》2013 年第 5 期。

[265] 李龙强、李桂丽：《马克思主义实践观与生态文明建设——〈关于费尔巴哈的提纲〉中人与自然关系的当代解读》，《甘肃理论学刊》2012 年第 2 期。

五　学位论文类

[266] 陶庭马：《生态危机根源论》，苏州大学，2011 年。

[267] 刘晓东：《实践唯物主义视域下人类实践生成研究》，山西大学，2010 年。

[268] 李琦：《实践人本论的建构维度及当代价值》，陕西师范大学，2012 年。

[269] 邱跃华：《科学发展观视域下我国产业生态化发展研究》，湖南师范大学，2013 年。

[270] 焦君红：《人对自然的权利与义务问题研究》，河北师范大

学，2008 年。

[271] 马晓明：《生态马克思主义的理论图式、价值追求与现实启示》，吉林大学，2010 年。

[272] 徐莹：《生态道德教育实现方法研究》，山东师范大学，2013 年。

[273] 李生：《当代中国生态移民战略研究——以内蒙古草原生态移民为例》，吉林大学，2012 年。

[274] 王连芳：《当代中国共产党人的生态文明思想研究》，河北大学，2012 年。

[275] 刘嘉尧：《藏区社会发展中的生态补偿实践研究》，兰州大学，2013 年。

[276] 梁飞：《高兹生态政治思想研究》，山东大学，2013 年。

[277] 杨勇兵：《从马克思自然观的视角透析生态危机的社会根源》，苏州大学，2011 年。

[278] 胡莹：《福斯特生态学马克思主义思想研究》，黑龙江大学，2013 年。

[279] 姜国凡：《马克思生态观研究》，山东师范大学，2013 年。

[280] 吴迪：《马克思生态经济思想视域下的循环经济研究》，首都师范大学，2013 年。

[281] 周娟：《马克思恩格斯生态文明思想研究》，安徽大学，2012 年。

[282] 王丹：《马克思主义生态自然观研究》，大连海事大学，2011 年。

[283] 黄安胜：《基于“两型社会”的城镇化发展研究》，福建师范大学，2013 年。

[284] 陈燕：《实践的合理性探析》，黑龙江大学，2005 年。

[285] 伍国勇：《农业生态化发展路径研究——基于超循环经济的视角》，西南大学，2014 年。

[286] 冯婉玲：《马克思自然观的实践特征》，华南师范大学，2007 年。

[287] 尹华健:《马克思哲学的实践生存论转向及其当代意义》，西南政法大学，2008 年。

[288] 李小红:《佩珀的生态学马克思主义思想研究》，山西大学，2012 年。

[289] 李红梅:《社会主义新农村生态文明建设研究》，武汉大学，2011 年。

[290] 侯子峰:《生态学马克思主义研究——以“控制”与“解放”为视域》，首都师范大学，2012 年。

[291] 高保全:《资源型地区政府生态责任问题研究——以山西省转型发展为例》，苏州大学，2011 年。

[292] 卢红兵:《循环经济与低碳经济协调发展研究》，中央党校，2013 年。

[293] 许进杰:《资源环境约束下的居民消费模式研究》，西南财经大学，2009 年。

[294] 仇竹妮:《从“控制自然”到“解放自然”——威廉·莱斯的生态批判理论研究》，东北师范大学，2013 年。

[295] 郝栋:《绿色发展道路的哲学探析》，中共中央党校，2012 年。

[296] 田坤:《乌托邦与生态社会主义》，苏州大学，2012 年。

[297] 许继芳:《建设环境友好型社会中的政府环境责任研究》，苏州大学，2010 年。

[298] 牛文浩:《生态社会主义研究——基于社会主义生态文明的视角》，东南大学，2013 年。

[299] 乔刚:《生态文明视野下的循环经济立法研究》，西南政法大学，2010 年。

[300] 朱桂云:《科学发展观引领下的生态文明城市建设研究——以贵阳市为例》，武汉大学，2014 年。

[301] 崔照忠:《区域生态城镇化发展研究——以山东省青州市为

例》，华中师范大学，2014 年。

［302］李想：《人与自然和谐共生研究》，中共中央党校，2010 年。

［303］江振国：《哲学视角下的消费模式转变研究》，中共中央党校，2015 年。

［304］杨法庭：《绿色技术创新的制度研究——基于生态文明的视角》，中共中央党校，2014 年。

六 外文期刊文献类

［305］Naffziger，D. W.，Ahmed，N. U.，Montagno，R. V.，Perceptions of environmental consciousness in U. S. small businesses：an empirical study［J］. *Sam Advanced Management Journal*，2003，68（：2）：23.

［306］Becker，M.，Ladha，J. K.，Ali，M.，Green manure technology：Potential，usage，and limitations. A case study for lowland rice［J］. *Plant & Soil*，1995，174（1）：181－194.

［307］Rasmus Lema，Adrian Lema. Technology transfer? The rise of China and India in green technology sectors［J］. *Innovation & Development*，2012，2（1）：23－44.

［308］Shefferson，R. P.，Salguero-Gómez，R.，Eco-evolutionary dynamics in plants：Interactive processes at overlapping timescales and their implications［J］. *Journal of Ecology*，2015，103（4）：789－797.

［309］Gibon，A.，Sheeren，D.，Monteil，C.，et al.，Modelling and simulating change in reforesting mountain landscapes using a social-ecological framework［J］. *Landscape Ecology*，2010，25（2）：267－285.

［310］Gandy，M.，From urban ecology to ecological urbanism：an

ambiguous trajectory [J]. *Area*, 2015, 47 (2): 150-154.

[311] Fischedick, K. S., From Survey to Ecology: The Role of the British Vegetation Committee, 1904-1913 [J]. *Journal of the History of Biology*, 2000, 33 (2): 291-314.

[312] Jian, D. L. Y., Paganin, D. M., Thomson, J. R., et al. Thermodynamic extremization principles and their relevance to ecology [J]. *Austral Ecology*, 2014, 39 (6): 619-632.

[313] Wolkovich, E. M., Cook, B. I., Mclauchlan, K. K., et al. Temporal ecology in the Anthropocene [J]. *Ecology Letters*, 2014, 17 (11): 1365-1379.

[314] Young, R. F., Interdisciplinary foundations of urban ecology [J]. *Urban Ecosystems*, 2009, 12 (3): 311-331.

[315] Weyerer, S., Häfner, H., The stability of the ecological distribution of the incidence of treated mental disorders in the city of Mannheim [J]. *Social Psychiatry & Psychiatric Epidemiology*, 1989, 24 (2): 57-62.

[316] Zhang, J. F., Sun, Q. X., Causes of Wetland Degradation and Ecological Restoration in the Yellow River Delta Region [J]. *Forestry Studies in China*, 2005, 7 (2): 15-18.

[317] Clark, J. C., Groves, S., Teaching primary science: emotions, identity and the use of practical activities [J]. *Australian Educational Researcher*, 2012, 39 (4): 463-475.

[318] Bromiley, P., Rau, D., Towards a practice-based view of strategy [J]. *Strategic Management Journal*, 2014, 35 (8): 1249-1256.

[319] Bowen, G. M., Roth, W. M., The Practice of Field Ecology: Insights for Science Education [J]. *Research in Science Educa-*

tion, 2007, 37 (37): 171 -187.

[320] Perkins, P. E., Feminist Ecological Economics And Sustainability [J] . *Journal of Bioeconomics*, 2007, 9 (3): 227 - 244.

[321] Patterson, M., Glavovic, B., From frontier economics to an ecological economics of the oceans and coasts [J]. *Sustainability Science*, 2013, 8 (8): 11 -24.

[322] Bo A C. Valuing Nature: Connecting Eco-Economy and the Capability Approach [J] . *Review of Political Economy*, 2015, 27 (4): 1 -26.

[323] Huan, Q., Growth Economy and Its Ecological Impacts upon China: A Red-green Perspective [J] . *International Journal of Inclusive Democracy*, 2008, 4 (4): 7.

[324] Zografos, C., Howarth, R. B., Deliberative Ecological Economics for Sustainability Governance [J] . *Sustainability*, 2010, 2 (11): 3399 -3417.

[325] Turner, R. K., Bateman I J, Georgiou S, et al., An ecological economics approach to the management of a multi-purpose coastal wetland [J] . *Regional Environmental Change*, 2004, 4 (2): 86 -99.

[326] Fang, C., Wang, J. A., Theoretical Analysis of Interactive Coercing Effects Between Urbanization and Eco-environment [J]. *Chinese Geographical Science*, 2013, 23 (2): 147 - 162.

[327] Bréchignac, F., Protection of the environment: how to position radioprotection in an ecological risk assessment perspective [J]. *Science of the Total Environment*, 2003, 307 (1 -3):

35 -54.

[328] Helena, B. , GEOGRAPHY AND ENVIRONMENTAL EDUCATION/Geografia a environmentálna vychova [J] . *Technológia Vzdelávania*, 2011, 6 (3): 373 -392.

[329] Xu, X. , Yang, G. , Tan, Y. , et al. Ecological risk assessment of ecosystem services in the Taihu Lake Basin of China from 1985 to 2020 [J] . *The Science of the Total Environment*, 2016, 554 -555: 7 -16.

[330] Galic, N. , Hommen, U. , Baveco, J. M. , et al. Potential application of population models in the European ecological risk assessment of chemicals Ⅱ: Review of models and their potential to address environmental protection aims [J] . *Integrated Environmental Assessment & Management*, 2006, 6 (3): 35 -36.

后　记

本书是在我的博士学位论文基础上修改而成。我觉得，知识改变命运，知识造就社会，知识更能净化人的灵魂、提升人的品位、增强人的自我认识。而哲学更是在更高层次上凝练、提升人类智慧之精华、文明之精髓，充实、丰富和发展人类自我确证、自我成长的本质力量、主体意识和担当精神。马克思主义哲学体系更是博大精深，思想浩瀚无边，不只是在理论上，更是在实践上为我们人的发展、问题的处理、社会的和谐、人与自然矛盾的解决等提供了科学的辩证实践解决之思维和路径。正如习近平总书记所言：不学哲学的人必须要有哲学思维，学哲学的人必须要有问题意识。无论是社会、国家、民族还是个人，其发展不只是要有科学技术、文化艺术等基础知识来支撑，更是需要有哲学尤其是马克思主义哲学思想理论来引领和规范，并内化为人的思想理念、外化为人的实践行为。这也是我这么多年继续求学并继而转为哲学的原因，而首次把我引向哲学殿堂的是河南师范大学政治与科学管理学院的老师们，尤其是我的硕士导师冷天吉教授和平时对我关爱有加、言传身教的单培勇研究员、程秀波教授，更是以他们那高尚的人格、渊博的学识、仁爱真挚的情怀使我与马克思主义哲学有了不解之缘，不只是使我对原本陌生的哲学产生了兴趣并继续翱翔的勇气和信心，更是使我深刻领悟了人生哲理：人的发展只有起点没有终点，只有对事物的本质性认识才能找到相对优化的实践解决方案。

而真正使我能够继续攀登哲学高峰、沐浴哲学之精华的是我的恩师——博士生导师赵理文教授。恩师如师如父。正是赵老师人本关怀的大爱才使我得以有幸进入中央党校继续接受哲学智慧的洗礼，在我三年博士求学的生活与成长中，赵老师始终以慈父般的胸怀、长者的风范、学者的智慧给予我以人生与治学的启迪、点拨、教诲与关爱，不只是对我论文的选题、开题、论文框架、论文写作以及研究的重点难点等环节给予悉心的学术指导，对我论文的草稿、初稿进行细致的圈点删改，更是在其字里行间中、一言一行上给予我深切的关爱、呵护与鼓励。这是一种温暖的力量、智慧的力量、使人成长的力量，是一种关爱学生身心健康和学术创新的成长成才的师者风范，更是长辈对晚辈的期盼，使我在求学中感悟到的不只是学识的增进，而更是对人生的思考。只有人自身的健康成长，才会有学术的健康发展，才会有发展中的人对社会、国家、民族的意义和价值，才会彰显学人肩责；而对人的关注则是一种与物质无关但又能推进物质发展的幸福，是我们永久的人生信仰和价值追求，这不只是理论问题而更是实践问题；而这也正是马克思主义哲学本质应有之意，更是我党立党立国利民之本，所以，我们所从事的所有实践活动都必须以人为本、关注人、关注人的健康与发展，这是一种精神、一种态度、一种责任，更是人格向导。赵老师这种人本关怀的大爱和深厚坚实的哲学素养以及精湛严谨的学术才华，带给我的不只是感悟、启迪、鞭策，更是鼓励与帮助和潜移默化的教诲，是我求教终生、受益终生的。

师恩难谢，再精练的语言也是难以表达，唯有在今后的工作学习生活中尤其是在随后跟进的学术研究上多做努力，在自我成长的历程中不断提升学术发展上的自我，进而更好地展示一个知识分子于国于民于己的责任与良知。

求学是一种磨刀工程，而做学问则更是需要具有一种坐冷板凳的功夫，需要耐得住寂寞、甚至忍受孤独，但不只是如此，而更是与身边所有与己学术研究相关学者专家的直接或间接的理解支持帮助须臾不可分。这里，我想重点感谢在我三年的党校博士生涯中对我学习成长给予授业解惑的徐伟新教授、韩庆祥教授、边立新教授、庞元正教授、侯才教授、阮青教授、董德刚教授等，尤其是对我论文给予直接性指导与建议的董振华教授、赵建军教授、杨信礼教授、李海青教授、金民卿教授、王晓林教授等，他们以各自长期学术研究累积的睿智思维和学识而慷慨向授并给予时效性的建设性意见和中肯的指导性建议，同时也要感谢中共中央党校研究生院的相关领导和老师对学生生活学习提供的更多便利性服务，所有这些都为我论文的顺利写作、学术研究的继续推进注入了鲜活的力量和空间，帮我走出学术的困惑和论文中的纠结点，大有拨开云雾见晴天、柳暗花明又一村的清爽感觉。感恩之情也就随之不禁油然而生，在此，我一并向他们表示由衷的谢意。

另外，还要感谢我的博士师兄师姐师妹：赵玉洁师姐、罗兵师兄、江振国师兄和曹凤珍师妹，以及所谓的师兄但更是兄弟的任九光弟、李红松弟和陈跃峰弟，同时还有博士同学赵永宏兄、汪如磊兄、李树陈兄、张平阁兄、王昶兄、王书杰弟、王广峰弟、徐愚弟、张虎弟、王厚全弟、杨杰弟、郝涛弟、杨洋弟，以及刘雅琪、王子凤、王春丽、丰琰、何海燕、刘思妗、张晓媚同学，尤其是谷晓东和张祎两位弟弟以及硕士生李海涛弟，更是在我三年的博士生涯中提供了诸多实质性帮助，是他们给予了我生活和学习上的阳光、雨露、乐趣、信心和力量，与他们有着学术上的探讨、论争和人生感悟的分享，更是有着生活上彼此的相互帮助、甚至雪中送炭。对于他们的帮助，我没有当面言谢，不是同学之情、兄妹之谊无足挂齿，而是深感语言的苍白无力，但是，在此毕业之际，我还是想以已拙笔笨语向他们道声诚挚的谢意。

无须扬鞭自奋蹄。人格至善、人性的彰显才是我们不断追求的“最高学位”，而学识和知识的累积只是达此目的之手段和过程。动物尚懂反哺养育之恩，人更需感恩之心，感恩妻子儿女、感恩父母兄弟姐妹亲人、感恩恩师同学朋友，感恩所有帮助过自己的一切大爱之人。只有感恩之人，才能真正体会幸福、拥有快乐、感受阳光、沐浴雨露，才能真正彰显个性、成就自我、体现价值、发挥才智，才能真正利国、利民、利自己，也才能真正立于天地之间而为人。幸福源于拼搏，快乐始于奋斗，自信成于追求，成功在于责任，而感恩则是我们勇敢前行、永不歇足的真正动力和依靠。

另外，我非常感谢西北师范大学马克思主义学院的领导和同事对我的生活关怀和工作的支持，也非常感谢中国社会科学出版社喻苗编辑对本书所付出的心血和汗水。

谢平振

2016 年 12 月 1 日